V&R

Reiner Andreas Neuschäfer

Von allen Seiten umgibst du mich

Anthropologie

Religionsunterricht praktisch

Unterrichtsentwürfe und Arbeitshilfen
für die Sekundarstufe II

Herausgegeben von
Frauke Büchner, Michael Wermke, Birgit Zweigle

Vandenhoeck & Ruprecht

In Erinnerung an meinen Konfirmator
Pfarrer Erich Walter Fuchs, Schwanenberg
**4.11.1932 † 2.1.2007*

Kuckuck

Wir Vögel singen nicht egal;
Der singet laut, der andre leise,
Kauz nicht wie ich, ich nicht wie Nachtigall,
Ein jeder hat so seine Weise.

Matthias Claudius

Sämtliche Bibelzitate entstammen, wenn nicht anders angegeben:

Die Lutherbibel, revidierter Text 1984, durchgesehene Ausgabe in neuer Rechtschreibung,
© 1999 Deutsche Bibelgesellschaft Stuttgart.

Bibliografische Information der Deutschen Nationalbibliothek

Die Deutsche Nationalbibliothek verzeichnet diese Publikation in der Deutschen Nationalbibliografie;
detaillierte bibliografische Daten sind im Internet über http://dnb.d-nb.de abrufbar.

ISBN 978-3-525-77620-9

Printed in Germany.
Satz: weckner media+print GmbH, Göttingen
Druck und Bindung: ® Hubert & Co, Göttingen

Gedruckt auf alterungsbeständigem Papier.

Inhalt

A Theologisch-didaktischer Überblick

Das Thema und seine Entfaltung

Ich weiß nicht ...
Ich will ja geliebt werden.
Ich will, was alle wollen.
Jemanden, der um mich ist und mich versteht.
Aber ich will auch in Ruhe gelassen werden.
Auf eigenen Füßen stehen und meinen Weg selbst suchen.

So ambivalent drückt in dem mit sieben „Oscars" gekrönten Kinofilm „Out of Africa" (1985) die junge Felicity ihre Sehnsucht nach dem Glück aus, das ihr der Schritt über die Schwelle ins Erwachsenenleben bescheren soll. So, wie sie es beschreibt, wird dieser Schritt ein Spagat: Geborgenheit und Selbstständigkeit, Gehalten-Sein und Frei-Sein, Halt geben und halt sagen.

Damit ist das Lebensgefühl beschrieben, das insbesondere junge Menschen bis heute prägt: Sie wollen hinaus, sind mit Recht stolz auf die eigene Meinung, die eigene Leistung, auf die unverwechselbaren Merkmale ihrer Persönlichkeit. Zugleich ahnen sie, dass sie vor den Unwägbarkeiten des Lebens nicht allein stehen möchten, allein auch nicht bestehen können, und dass sie die Eckdaten ihres Lebens nicht selbst setzen und nicht immer nur aus eigener Kraft ändern, verändern oder verstehen können. Der Mensch ist nicht nur Produzent seiner selbst!

„Keiner lebt sich selbst und keiner stirbt sich selbst ... Darum: wir leben oder sterben, so sind wir ..." – *ja, wessen?* Dies erst ist die Frage, an der sich die Geister scheiden; in der *These* würden wohl die meisten Menschen Paulus Recht geben (Röm 14,8) – wo er hingegen *schlussfolgert*, beginnt die Suche.

In wessen Hand ist der Mensch? In der Hand eines blinden Schicksals, eines Tyrannen? Einer fernen, fremden Macht, die nicht auf den Einzelnen achtet? Oder in der Hand des liebenden Gottes, der Menschen schuf, segnete und begleitete, der sich Freunde unter den Menschen suchte und dennoch allem, das lebt, gerecht werden will? Der in Jesus Christus als Mensch zur Welt kam und durch sein Sterben den Tod besiegte?

Auch das können Fragen sein angesichts der menschlichen Suche nach Sinn im Leben, nach dem Geheimnis „Leben" und nach einem Leben, das ihm gelingen soll. In der letzten der Antwortmöglichkeiten zeigt sich, welche Perspektive der christlich orientierte Religionsunterricht hier eröffnen kann – nicht als Verkündigung, wohl aber als das Angebot, das seit Mose und Mirjam, seit Sara und Abraham und schließlich und endlich seit der Zeitenwende besteht und trägt. Eine Auseinandersetzung mit diesen Traditionen und Themen und dann auch untereinander macht Schüler/innen und Lehrkräfte zu Lernenden, die „Gesicht zeigen" dürfen.

Der Psalmvers des Titels benennt eine Realität, die Menschen vor Jahrtausenden und im Lauf von Jahrtausenden mit Gott wahrnehmen:

Von allen Seiten umgibst du mich (Psalm 139,5).

Gerade dieser Psalm ermisst die Ambivalenz und Vielseitigkeit:

Der Betende empfindet Gott

- als die Hand, die ihn hält ... *und hältst deine Hand über mir* (V.5)
- als das Auge, das ihn prüft ... *prüfe mich und erkenne, wie ich's meine* (V.23)
- als die Hülle, aus der er nicht ausbrechen kann ... *Wohin soll ich fliehen ...?* (V.7)
- als Horizonterweiterung ... *wie schwer sind für mich, Gott, deine Gedanken!* (V.17)
- als Achtsamen ... *Deine Augen sahen mich, als ich noch nicht bereitet war.* (V.16)

und hält Gottes unentrinnbare Gegenwart aus in der Erkenntnis, dass die Werke dieses Allgegenwärtigen und Achtsamen gut sind – und wunderbar:

Ich danke dir dafür, dass ich wunderbar gemacht bin! (Psalm 139,14)

Gut,

dass Du, Gott, mich siehst,
dass Du, Gott, weißt, wie ich etwas gemeint habe,
dass Du, Gott, den Überblick über meine
Augenblicke hast,
dass Du, Gott, mich noch besser verstehst als
ich mich selbst.

Der Mensch an der Schwelle zwischen Grenzen und Freiheit – das ist das Thema von Schülerinnen und Schülern, wenn der Schulabschluss näher rückt. Das war – anders und doch ähnlich – das Thema von Adam und Eva, Mose und Abraham, König David und Jesaja; von Jesus und denen, mit denen er konfrontiert war, von Paulus, Elisabeth von Thüringen, Martin Luther, Dietrich Bonhoeffer, Mutter Theresa und immer wieder in der Geschichte und Gegenwart von Theologie und Kirche.

Es ist das Thema des Ringens um die eigene Stellung im und zum Leben, das Thema des Miteinanders in Gesellschaft und Politik, das Thema der Debatten um Krieg und Frieden, um Umweltschutz und Umgang mit Mitgeschöpfen, um Gewalt und Moral, um Gentechnologie und anderen wissenschaftlichen Fortschritt, um Grenzen und Chancen, um Arbeit und Freizeit, um Leiden und Lieben.

Wenn der Mensch sich auf den Weg macht, sein Glück zu suchen: Was tut er sich, anderen, seiner Umwelt an, was gewinnt er, was darf er, was sollte er achten? Es geht um Machbarkeit, Ohnmacht und Macht, die Sehnsucht nach eigener Vergöttlichung und darum, wann es Zeit ist, innezuhalten und zu sagen: *Aber nicht mein, sondern dein Wille geschehe!* (Lk 22,42).

Anstelle einer spezifischen „Lehre vom Menschen" oder Anthropologie zeichnen sich die biblischen Einsichten und Einblicke zum Thema Menschsein durch ihren narrativen und dialogischen Charakter aus. Es wird von Menschen erzählt – von ihren Gedanken, Gefühlen, Gefährdungen, Hoffnungen, Leistungen, Fehlleistungen, Beziehungen, Erfahrungen, von ihrem Reden und Handeln und nicht zuletzt – von ihrem Ende! Der Dialog des Menschen mit Gott (insbesondere Klagelieder, Psalmen) spielt ebenso eine Rolle wie die Hinwendung Gottes zum Menschen (Hiob, Abraham, Mose, Propheten, Paulus u.a.). Der Mensch ist also in erster Linie coram Deo (vor Gott) Mensch. Sein Dasein erlebt der Mensch dabei durchaus ambivalent: Zum einen ist er Ebenbild Gottes und zum anderen ist er zugleich eine im Konflikt mit Gott lebende Person. Menschliche Existenz gibt es daher stets nur unter der Bedingung von Zweifeln und Fehlern, von Unsicherheit und Ungewissheit – trotz aller Erfahrung von Glück, Erfolg, Gelingen und Segen. In unterschiedlichen Akzentuierungen wird in der Bibel der Mensch vorgestellt als: Geschöpf Gottes, bedürftig, gewürdigt, unantastbar, auf Vertrauen angewiesen, durch die Macht der Sünde von Gott entfremdet, unsicher, in Jesus Christus von der Macht der Sünde befreit, in Konflikte verstrickt und in Jesu Nachfolge gerufen. Gottebenbildlichkeit heißt eben nicht, mit Gott identisch (und damit letzten Endes göttlich!) zu sein. Der Mensch bleibt immer Gottes Gegenüber.

Wo eine christliche Anthropologie in der Schule zur Sprache kommt, hat sie durch kritisches Nachfragen zur Irritation beizutragen:

- Muss man den Menschen so wie vielfach in der Gesellschaft und den Medien sehen – oder gibt es dazu Alternativen?
- Wird der Mensch nicht oft zu sehr funktionalisiert und reduziert?
- Ist es nicht gut, wenn der Mensch letzten Endes ein Rätsel bleibt?
- Ist die Einsicht in die Bedürftigkeit des Menschen nicht letzten Endes eine heilsame Vorstellung?

Wo in der Schule christliche Anthropologie zum Tragen kommt, kann sie etwas zum Ausdruck bringen, was sich junge Menschen eben nicht selbst erdenken und sagen können.

Diese unterschiedlichen Aspekte und Akzentuierungen werden in den vorliegenden Arbeitsmaterialien berücksichtigt, verstehen sich aber in Einheit und Ergänzung zu den anderen Bänden der Reihe „Religionsunterricht praktisch. Unterrichtsentwürfe und Arbeitshilfen für die Sekundarstufe II, hg.v. Frauke Büchner, Michael Wermke und Birgit Zweigle, Göttingen 2003ff." sowie zu dem Schulbuch „Perspektiven Religion, Göttingen 2000" und nicht zuletzt zu den eigenen Einfällen und Einsichten der Lehrkräfte selbst! Darüber hinaus kann sich das Internet einerseits als ressourcen- und facettenreiches didaktisches Medium und als „Handwerkszeug" im Religionsunterricht erweisen und andererseits als Unterrichtsgegenstand selbst in medienkritischer Perspektive zum Tragen kommen.[1]

1 Siehe grundsätzliche Einsichten und praktische Hinweise bei Daniel Schüttlöffel und Bernd Trocholepczy: Internet und Religionsunterricht, in: Harry Noormann u.a. (Hg.): Ökumenisches Arbeitsbuch Religionspädagogik, 3. Aufl. Stuttgart 2007, S. 312-316, und Manfred L. Pirner: Besondere Chancen einer medienweltorientierten Religionsdidaktik, in: Michael Wermke u.a. (Hg.): Religion in der Sekundarstufe II. Ein Kompendium, Göttingen 2006, S. 328-356, sowie Frank Wessel: Religionsunterricht online unterstützen, in: Ulrike Baumann (Hg.): Religons-Methodik. Handbuch für die Sekundarstufe I und II, Berlin 2007, S. 193-207.

Eine besondere Chance ergibt sich aus den Möglichkeiten bei www.rpi-virtuell.net, das nicht nur ein Forum für die Einrichtung eines eigenen Seminarraums bieten kann, sondern auch selbst aktuelle Unterrichtsmaterialien und Texte präsentiert.[2]

Zur Arbeitsweise mit den Materialien und Bausteinen

Bausteine, die alle Entscheidungen der Lebenswahl beeinflussen, sofern der Gott der Bibel und Jesu als Schöpfer, Bewahrer und Gegenüber erfahren wird, sollen mit den Sch. erarbeitet werden; sie sind variabel zu erschließen und zu verzahnen, je nachdem, unter welcher Leitfrage sie befragt werden sollen.

Drei Wege der Erarbeitung sind grundsätzlich denkbar:

- Die Bausteine werden der Reihe nach oder in Auswahl erarbeitet. Ein mitwachsendes Poster dokumentiert Aspekte des Menschseins vor Gott.
- Die Bausteine werden im laufenden Unterricht punktuell zu Rate gezogen, wo immer eine Frage zum Verhältnis von Gott und Mensch aufbricht, etwa unter aktuellen ethischen Themenstellungen.
- Die Gruppe wählt ein aktuelles Thema, über das sie sich eine christlich fundierte Meinung bilden will, etwa: „Grenzen des Machbaren", „Soziale Gerechtigkeit", „Hilfe zum Sterben – Hilfe zum Leben?" und erschließt sich mithilfe der Bausteine Kriterien für ihre Urteilsbildung.

Folgende anthropologische Dimensionen lassen sich mit den Materialien beleuchten:

Der Mensch als Subjekt: Was kann, was darf, was will er? Was ist seine Hoffnung? Was ist Glück? Was ist, jenseits von Gelingen, erstrebenswert? Was ist Lebenssinn?

Der Mensch als Objekt: Was darf ein Mensch einem Menschen antun? Welche Grenzen sind gegenüber Menschen – auch gegenüber denen, die „nicht sind wie ich" – zu respektieren? Wie weit kann ich gehen? Was wären Grenzüberschreitungen? Wie ertrage ich das Anderssein der/des Anderen?

Leben an sich: Achtung vor Menschen hat zu tun mit der Achtung vor dem Leben überhaupt.

Leben im Allgemeinen/Mensch im Besonderen: vor Gott, in Gottes Hand, gefragt von Gott. Gerufen, getragen, erkannt und geliebt. Was bedeutet das? Für den Wert jedes Menschen, des Einzelnen, meiner Selbst?

Schließlich der Mensch Jesus: Was bedeutet das, wenn Christen glauben, in Jesus sei Gott Mensch geworden? Was bedeutet es, dass er gestorben ist – für mich – und dass er auferstanden ist – für mich. Das Leben siegt über den Tod. Ist das eine mögliche Perspektive?

Die Sch. wären überfordert und vom Kern der Auseinandersetzung ausgeschlossen, würden sie das alles in noch so gehaltvollen Sachtexten erarbeiten müssen. Darum wird viel Wert darauf gelegt, Aufgaben, Impulse und Materialien ebenso vielschichtig, mehrdimensional und atemberaubend zu wählen und anzubieten, wie die umrissenen Fragen es selbst sind. Nicht nur lesen, sondern schreiben, nicht nur hören, sondern spielen, nicht nur schreiben, sondern gestalten, nicht nur lernen, sondern „anprobieren" – so sollen hier „heiße Eisen" angepackt werden. Das wird bisweilen auch weh tun – und kann dennoch, aufs Ganze gesehen, Freude machen. Weil es Sinn macht. Und natürlich: Weil es die Lebenskompetenz junger Menschen fordert und fördert. Es hilft, den eigenen Standpunkt angemessen auf den Punkt und gegenüber anderen zur Sprache zu bringen. Und es ist eine Anbahnung daran, andere Standpunkte genau wahrzunehmen, zu achten und angemessen damit umzugehen. Das eigene Gewordensein, die eigenen Bewusstseinsbindungen, Erfahrungen und Überzeugungen schwingen immer mit, wenn Vorstellungen des Menschseins, zum Menschsein, zur Menschlichkeit zum Tragen kommen. Daher legt die vorliegende Unterrichtshilfe Wert auf Kommunikation, Interaktion, Aktion und Kreativität – ohne dass theoretische und textliche Lernarrangements aus dem Blick geraten. Wissenschaftspropädeutik erschöpft sich nämlich nicht in der Annäherung an eine Arbeit mit Texten, sondern hat die Gesamtpersönlichkeit mit ihrer Biografie und insbesondere Bildungsgeschichte mit einzubeziehen. Beispielsweise geht es bei einer Begegnung mit der Bibel nicht nur einfach um das *Verstehen* von Texten, sondern auch um ein *Geschehen* am Menschen.

Bei alledem ist zu beachten, dass es sich bewusst um „Bausteine" handelt: Sie können entweder alle oder eben nur zum Teil zum Bau einer Anthropologie verwendet werden. Fragen der Anthropologie sind jedoch nicht losgelöst von anderen Grundthemen wie Gottesfrage oder Christologie zu behandeln. Vielmehr sind

2 Siehe die praktisch ausgerichteten Ausführungen bei Julia Born: Das eLearning-Praxisbuch. Eine anwendungsorientierte Didaktik zur Konzeption und Begleitung online unterstützter Lernangebote, Hohengehren 2008.

Bezüge und Parallelen sowie Abhängigkeiten bewusst zu machen: Die Gottesvorstellung wirkt sich auch auf die Einstellung zum Menschsein aus und dies wiederum auf die Sicht auf *den* Menschen(sohn) Jesus Christus.

„Bausteine" auch deshalb, weil die religiöse Bildung und Begleitung junger Menschen in der Oberstufe unter vielfach veränderten Voraussetzungen und Rahmenbedingungen erfolgt. Nicht selten sind, wenn es um Religions- oder Ethikunterricht geht, funktionalistische Tendenzen auszumachen, die vergessen lassen könnten, dass es um die jungen Menschen selbst, um deren Standortbestimmung und um sie auch in ihrer *derzeitigen* Lebensphase geht. Von daher zielen die vorliegenden Arbeitsmaterialien auf eine Erweiterung auch der *gegenwärtigen* Lebenskompetenz junger Menschen. Materialien zur Anthropologie berücksichtigen bislang kaum, dass ein Abiturabschluss nach zwölf Schuljahren in der Sekundarstufe II in der Regel zu einer Reduzierung der Gesamtstundenzahl des Religionsunterrichts während der Schulzeit und zu um ein Jahr *jüngeren* Sch. führt – und damit zu entwicklungspsychologisch anders einzuschätzenden Persönlichkeiten. Dies ist insbesondere auch deshalb neu zu berücksichtigen, weil einerseits die veränderte Kursplanung durch Zentralabitur zur Kurzplanung werden kann und andererseits mit geringerem oder anders verinnerlichtem Wissen, mit weniger gefestigten Fertigkeiten und Fähigkeiten zu rechnen ist durch mindestens ein Jahr weniger Religionsunterricht (dazu oftmals nur noch einstündig!). Eine Verlängerung der wöchentlichen Beschulung oder eine Ganztagsbeschulung, bei der die Schule zum hauptsächlichen Aufenthaltsort wird, geht nicht spurlos an den Sch. vorüber. Eine besondere Situation für den Religionsunterricht der Oberstufe ist oftmals in Ostdeutschland auszumachen, da dort normalerweise (!) „im Oberstufenkurs Schüler/innen mit erheblich unterschiedlichem Vorwissen und Vorerfahrungen am Religionsunterricht teilnehmen. Es kann (...) vorkommen, dass Schüler/innen, die bis zur 10. Klasse den Ethikunterricht besuchten, sich in einer Lerngruppe mit Schüler/innen wiederfinden, die seit dem 1. Schuljahr durchgängig zweistündig in Religion unterrichtet wurden oder erst seit dem 5. Schuljahr – oftmals einstündig – einen Religionsunterricht erlebten, zumeist zugleich klassen- und jahrgangsübergreifend usw."[3]

Die Quellenangaben zu den jeweiligen Texten sind bewusst *unter* das jeweilige Arbeitsblatt platziert. Dies soll den Sch. vor Augen führen, wie eine Literaturangabe konkret aussehen kann und dass ein Text immer im Kontext von Autor/in und Veröffentlichungsmedium zu sehen ist. Denn die Sch. werden nicht nur in der „one-click-world" von Google, Wikipedia usw., sondern auch im sogenannten „deep web" (Datenbanken, Online-Bibliothekskataloge, E-Journals u.a.m.) und in der Welt gedruckt vorliegender Information (Bücher, Zeitschriften, Broschüren u.ä.) mit einer oft verwirrenden Informationsfülle und Vielfalt konfrontiert. Informationskompetente Sch. zeichnet es aus, dass sie Art und Umfang der benötigten Information vorab bestimmen, geeignete Informationsmittel identifizieren, diese effizient und effektiv nutzen und dann die benötigte Information auch beschaffen, kritisch einschätzen und verarbeiten.

Literatur:

Adam, Gottfried: Art. „Mensch", in: Lachmann, Rainer u.a. (Hg.): Theologische Schlüsselbegriffe. Biblisch – systematisch – didaktisch, 2. Aufl. Göttingen 2004, S. 227-230

Baumann, Ulrike u.a.: Religionsdidaktik. Praxishandbuch Sekundarstufe I und II, Berlin 2005

Becker, Ulrich u.a.: Religion und Bildung im kulturellen Kontext. Analysen und Perspektiven für transdisziplinäres Begegnungslernen. Festschrift für Harry Noormann, Stuttgart 2008

Biewald, Roland: Einblicke Religion. Ein Studienbuch, Göttingen 1996, S. 149-202

Blixen, Karen: Jenseits von Afrika. Roman (Originaltitel: Out of Africa), Reinbek 2003

Büchner, Frauke: Kreativ – auch in der gymnasialen Oberstufe?, in: Wermke, Michael (Hg.): Aus gutem Grund: Religionsunterricht, Göttingen 2002, S. 118-129

Burkhardt, Helmut: Einführung in die Ethik. Grund und Norm sittlichen Handelns (Fundamentalethik), Gießen u.a. 2005 (2. Aufl.)

Buschmann, Gerd: Das Menschenbild (in) der Werbung, in: Magazin für Theologie und Ästhetik 2003 (H 26), S. 1-15

Dressler, Bernhard: Blickwechsel. Religionspädagogische Einwürfe, Leipzig 2008

3 Reiner Andreas Neuschäfer: Als evangelische Religionslehrkraft im grünen Herzen Deutschlands. Vom Werden, Wachsen und Wirken eines neuen Unterrichtsfachs, in: Hanne Leewe/Reiner Andreas Neuschäfer (Hg.): Zeit-Räume für Religion. Fünfzehn Jahre Religionsunterricht in Thüringen, Jena 2006 (Religionspädagogik im Diskurs; 3), S. 46-70, hier S. 66. Vgl. Matthias Hahn/Reiner Andreas Neuschäfer: Kompetent für differenzierenden und individualisierenden Religionsunterricht. Herausforderungen für die Fortbildung von Religionslehrern/-innen in Ostdeutschland, in: Zeitschrift für Pädagogik und Theologie 58./2006 (Heft 2), S. 136-148.

Herrmann, Christian (Hg.): Wahrheit und Erfahrung – Themenbuch zur Systematischen Theologie Bd. 2: Christologie, Anthropologie, Erlösung, Heiligung, Wuppertal 2005

Hille, Rolf; Klement, Herbert H. (Hg.): Ein Mensch – was ist das? Zur theologischen Anthropologie, Wuppertal 2004

Kliemann, Peter: Thema: Mensch. Material für den Unterricht in der Oberstufe. Schülerheft, Stuttgart 1995. Dazu: Lehrerkommentar, Stuttgart 1995

Kraus, Thomas J.: Wer bin ich? Identität und Selbstfindung. Ein unterrichtspraktisches Handbuch mit Arbeitsblättern für die Klassen 10-13 in der Fächern Religion und Ethik, Limburg; Kevelaer 2003

Lachmann, Rainer u.a. (Hg.): Ethische Schlüsselprobleme. Lebensweltlich – theologisch – didaktisch, 2. Aufl. Göttingen 2008

Magirius, Georg: Unterwegs geborgen. Von der Suche nach Heimat, Ostfildern 2008

Maße des Menschlichen. Evangelische Perspektiven zur Bildung in der Wissens- und Lerngesellschaft. Eine Denkschrift, hg.v. Kirchenamt der EKD, Gütersloh 2003

Neuschäfer, Reiner Andreas: Das brennt mir auf der Seele. Anregungen für eine seelsorgliche Schulkultur, Göttingen 2007

Nipkow, Karl Ernst: Christliche Pädagogik und christliches Menschenbild, in: Ders.: Christliche Pädagogik und Interreligiöses Lernen, Friedenserziehung, Religionsunterricht und Ethikunterricht, Gütersloh 2005, S. 39-56

Noormann, Harry u.a. (Hg.): Ökumenisches Arbeitsbuch Religionspädagogik, 3. Aufl. Stuttgart 2007

Orth, Gottfried: Siehst du den Balken nicht? Soziale Gerechtigkeit, Göttingen 2008

Pannenberg, Wolfhard: Anthropologie in theologischer Perspektive, Göttingen 1983

Peters, Albrecht: Der Mensch, Gütersloh 1979

Rupp, Hartmut; Konstandin, Kurt: Was ist der Mensch? Materialheft, Stuttgart 2000. Dazu: Lehrerheft, Stuttgart 1999

Schlink, Edmund: Ökumenische Dogmatik. Grundzüge, 3. Aufl. Göttingen 2005

Schmidinger, Heinrich; Sedmak, Clemens (Hg.): Topologien des Menschlichen. Human- und Naturwissenschaften im Dialog über das heute verfügbare Wissen über den Menschen, Darmstadt 2008ff.

Schmidt, Günter Rudolf: Religionspädagogik. Ethos, Religiosität, Glaube in Sozialisation und Erziehung, Göttingen 1993

Schoberth, Wolfgang: Wozu theologische Anthropologie? In: Verkündigung und Forschung 2/2006, S. 38-54

Schulte, Andrea; Wiedenroth-Gabler, Ingrid: Religionspädagogik, Stuttgart 2003

Schwendemann, Wilhelm; Stahlmann, Matthias: Anthropologie – biblische Perspektiven. Eine Unterrichtseinheit für die Oberstufe, Stuttgart 2006

Wermke, Michael u.a. (Hg.): Religion in der Sekundarstufe II. Ein Kompendium, Göttingen 2006

B Bausteine

I. Hinterm Horizont geht's weiter. Vision und Religion

Einen neuen Himmel, eine neue Erde

M1

> Und ich hörte eine große Stimme vom Thron her, die sprach:
> Siehe da, die Hütte Gottes bei den Menschen!
> Und er wird bei ihnen wohnen, und sie werden sein Volk sein und er selbst,
> Gott mit ihnen, wird ihr Gott sein;
> und Gott wird abwischen alle Tränen von ihren Augen,
> und der Tod wird nicht mehr sein,
> noch Leid noch Geschrei noch Schmerz wird mehr sein;
> denn das Erste ist vergangen.
>
> Offb 21,3–4

Das ist eine Vision, eine Verheißung, ein Hoffnungsbild für eine noch unerreichte Zukunft. Kein Leid mehr, keine Krankheit, weder Trauer noch Tod. „Ach, wäre es doch schon so weit!", seufzt mancher Mensch. Warum noch warten?

Und sind wir nicht längst auf dem Weg? Das Poster an der Wand – eine Pop-Ikone, ein Kinoheld, ein Fußballgott – Götter in meiner „Hütte". Den Tod – ich sehe ihn nicht mehr;

Hinter Krankenhauswänden wird gestorben, wenn, ja wenn es überhaupt sein muss; denn schließlich: Wozu gibt es „Halbgötter in Weiß"? Nicht einmal Gräber bleiben; der Trend geht zu anonymen Urnenbeisetzungen, Seebestattungen oder Friedwäldern. Leid und Schmerz – ich lasse sie nicht zu; ich betäube mich, ich lenke mich ab. Wenn ich es nicht schaffe, schmerzfrei zu sein, bin ich selbst schuld, habe ich es nicht richtig gemacht. Oder, besser noch: Schuld sind immer die anderen.

Ja, wir haben uns allein auf den Weg gemacht. Wie bitte? Du meinst: Wir hätten doch lieber auf Gott warten sollen? Wozu? Spielt er nicht lieber Fußball? Du habest kein gutes Gefühl, sagst du. Und weinen müssest du immer noch und fühlest dich allein …

Martina Steinkühler, 2005 (unveröffentlicht)

Theologisch-didaktische Aspekte

Das vorgezogene Arbeitsblatt **M1** ist als Einstimmung sowohl der Unterrichtenden als auch der Gruppe gedacht. Es bietet die Möglichkeit, menschliche, lebensweltliche Horizonte zu verknüpfen mit Gottes langem Atem – *tausend Jahre sind vor dir wie ein Tag* (Psalm 90) –, Gottes Versprechen mit den Verheißungen der Werbe- und Medienwelt, Gottes Fürsorge mit den Egozentrismen menschengemachter Idole und Götzen (siehe auch Baustein VII).

Es lässt sich entdecken und andiskutieren, welche Aspekte die Frage nach dem Menschen im Angesicht Gottes zur Sprache bringen wird:

- Mit was für einem Gott rechnet „die Bibel“?
- Was kann der Mensch von diesem Gott erwarten?
- Was kann der Mensch allein? Was nicht?
- Wovon träumt der Mensch? Wovon Gott?
- Was ist Glück?
- Was ist Schuld?
- Wem bin ich Rechenschaft schuldig?
- Was ist gut, was böse?
- Wie weit habe ich es in der Hand, zu wählen?

Thema ist der Mensch, genauer: *ich* – christlich betrachtet gibt es nichts Größeres. Denn Gott selbst wurde Mensch; wurde menschlich, um seine Verheißung wahr zu machen:

Ich will euch trösten, wie einen seine Mutter tröstet (Jes 66,13).

Intentionen und Kompetenzen

- Die Sch. entdecken, dass sich Fragen des Lebens – Sinn, Tod, Glück, Leid, Gerechtigkeit und Schuld – für Menschen „vor Gott“ anders darstellen (können) als für Menschen „ohne Gott“. Die Sch. erfahren, dass die eigentliche und entscheidende Frage nicht ist, *ob* jemand glaubt, sondern *was* bzw. *woran* jemand glaubt. Und sie stellen die Frage nach dem eigenen Standpunkt in – einem achtungsvollen Miteinander angemessener – Abstimmung mit anderen Überzeugungen.
- Die Sch. können mit biblischen und religiösen „Sprachspielen“ umgehen, die ihnen in traditionellen und tagtäglichen Texten, Bildern und Erfahrungen begegnen. Sie können sie als solche einordnen und zur Sprache bringen.
- Die Sch. positionieren sich zur Frage, inwiefern Religion als Integral menschlicher Lebensläufe anzusehen ist und erkennen die Lebensrelevanz dieser Frage.

Literatur und Medien

Allgaier, Karl: Die Fortsetzung der Literatur mit anderen Mitteln. Literaturverfilmungen, in: BiblioTheke. Zeitschrift für katholische Bücherei- und Medienarbeit Heft 1/2008, S. 10-15 (auch unter: www.borro.de (Publikationen/Aufsätze und Dokumentationen)

Baumann, Ulrike: Zugänge Jugendlicher zu Religion und Glauben, in: Baumann, Ulrike u.a.: Religionsdidaktik. Praxishandbuch für die Sekundarstufe I und II, Berlin 2005, S. 10-20

Biehl, Peter: Heimat in theologischer und religionspädagogischer Perspektive, in: JRP 14 (1997), S. 42-56

Biehl, Peter/Schulz, Petra: Autobiographische Miniaturen. Ein Beitrag zur kommunikativen Religionspädagogik. Lebenswege – Denkwege – Leidenswege, Jena 2006 (AHRp; 5)

Daryl, Duke (Regisseur): Die Dornenvögel (DVD), Warner Home Video 2004 (466 Min.)

Eurich, Johannes/Brink, Alexander: Vom Eigennutz zur Sinnsuche. Zum Modell des homo oeconomicus, in: Glaube und Lernen 21/2006 (Heft 1), S. 58-71

Grill, Ingrid: „Aber meine Augen werden ihn schauen ...“ – Hiob, Erlangen 1994 (Arbeitshilfe für den evangelischen Religionsunterricht an Gymnasien; Themenfolge 97)

Kirsner, Inge/Wermke, Michael (Hg.): Gewalt. Filmanalysen für den Religionsunterricht, Göttingen 2004

Kirsner, Inge/Wermke, Michael (Hg.): Religion im Kino. Religionspädagogisches Arbeiten mit Filmen, 2. Aufl. Jena 2005

Leewe, Hanne/Elster, Jutta/Sangkuhl, Regina: Kirchengeschichte – ein herausforderndes Thema. Projekt- und Unterrichtsideen, Neudietendorf: PTI 2004 (CD-ROM)

Lohfink, Ralf: Filme deuten und produzieren, in: Baumann, Ulrike (Hg.): Religionsmethodik. Handbuch für die Sekundarstufe I und II, Berlin 2007, S. 68-84

Lost, Christine: Das Leben als Lehrtext. Lebensläufe der Herrnhuter Brüdergemeine, Hohengehren 2007

McCullough, Colleen: Die Dornenvögel. Roman, München 1977

Mertin, Andreas/Futterlieb, Hartmut: Werbung als Thema des Religionsunterrichts, Göttingen 2001

Pirner, Manfred L.: „Film/Fernsehen/Video“, in: Adam, Gottfried; Lachmann, Rainer (Hg.): Methodisches Kompendium für den Religionsunterricht Bd. 2: Aufbaukurs, Göttingen 2006 (2. Aufl.), S. 309-321

Spieker, Hartmut (Hg.): Hiob – Auseinandersetzungen mit einer biblischen Gestalt, Zürich 2008

Wermke, Michael: Die Wiederentdeckung der Religion – zwischen individueller Besinnung und populärkulturellem Megatrend, in: Brockhaus Jahrbuch Enzyklopädie, Leipzig u.a. 2007, S. 290-293

Unterrichtsideen

M1: Einen neuen Himmel, eine neue Erde

Horizonte – mit und ohne Gott – Das Arbeitsblatt **M1** bietet eine Vielzahl von Einstiegsmöglichkeiten:

Eine Vision ausgestalten: Die Sch. erhalten zunächst nur den Text der Offenbarung als Ausschnitt. Zu zweit oder in Kleingruppen gestalten sie darum herum die „neue Erde“ – unter Zuhilfenahme von Zeitschriften, Prospekten, evtl. privaten Fotos, mit Symbolen, Farben, beliebigen weiteren Werkstoffen. Als Leitfragen begleiten die Arbeit:

- Was ist *qualitativ neu* an Ihrer neuen Erde? – Gestalten Sie vor allem den Unterschied.
- Wo ist *Gott* auf Ihrer „neuen Erde“? – Gestalten Sie vor allem Gottes Wirkung.

Auswertung: Entweder zeigen Freiwillige ihre Gestaltungen (Die Gruppe teilt Beobachtungen mit, stellt Fragen ohne zu bewerten), oder es wird eine Ausstellung aufgebaut. Freiwillige „Sachverständige“ führen die Gruppe durch die Ausstellung und geben zu jedem Erzeugnis einen (vorüberlegten, keinesfalls abwertenden oder spottenden) Kommentar.

Mit oder ohne ...: In Partnerarbeit werden Szenen entwickelt – wahlweise zu einem der beiden Themen: „Das kann ich allein!“ oder „Da war ich ganz verlassen.“ Das Handlungsgerüst umfasst folgende Elemente: A hat einen Traum; A will seinen Traum verwirklichen; B bietet Unterstützung an; A entscheidet: ja oder nein; A vor dem Ergebnis seiner Bemühungen.

Die Szenen werden vorgespielt – die Zuschauer diskutieren, ob B's Einsatz hilfreich war/gewesen wäre.

Als Haus- oder Stillarbeitsaufgabe: Finden Sie „B“ in Text **M1**. Schreiben Sie ihm/ihr einen Brief, aus dem hervorgeht: Was halten Sie von seinen/ihren Versprechungen? Welche Wirkung trauen Sie (bzw. eine Rolle, in die Sie schlüpfen) ihm/ihr zu?

Die Besprechung dieser Aufgabe bietet die Möglichkeit, unmittelbar über Gott und Gottesbilder ins Gespräch zu kommen – offen, da voraussetzungslos; zugleich an den biblischen Kontext der Johannes-Offenbarung gebunden durch das Zitat. Hier kann, bevor Gottes Anspruch expressis verbis verhandelt wird (Bausteine III bis VIII) bereits ein erster Austausch stattfinden: Wie nah, wie fern ist mir Gott? Was erwarte ich von ihm? Kann ich mir vorstellen, dass er eingreift, dass er hilft, dass er *nach mir* fragt?

Zwei Seelen ...: Die Sch. haben in Gruppen den Auftrag, ein Werbekonzept zu entwickeln – wahlweise für einen Duft, der Dynamik und Freiheit verheißt, oder für einen Einschlaftee für Gestresste. Beim Sichten der Lösungen werden die Bedürfnisse der jeweiligen Zielgruppe beschrieben. Als stiller Impuls kommt anschließend an die Tafel: „Zwei Seelen wohnen, ach, in meiner Brust“ – Die Sch. entdecken, dass Menschen beide Sehnsüchte zugleich haben können: nach Freiheit und nach Geborgenheit.

Als Haus- oder Stillarbeitsaufgabe: Schlüpfen Sie in die Rollen des „Du“ in **M1**: Drücken Sie sein „ungutes Gefühl“ aus: in einem Tagebucheintrag, einem Gedicht, einer zeichnerischen Lösung o.Ä.

Ein neuer Himmel und eine neue Erde – oder: die Seh(n)sucht nach Heimat

Gute Erfahrungen habe ich damit gemacht, den Anthropologiekurs vom Begriff „Heimat“ oder „Zuhause“ ausgehen zu lassen und mit den Sch. zu erarbeiten: Was wird in der Gesellschaft und Kultur und noch vielmehr in der eigenen Familie unter „Heimat“ oder „Zuhause“ verstanden? Dazu hatten die Sch. zunächst die Aufgabe, einen typischen Gegenstand mitzubringen, den sie mit ihrer Heimat und dem engen Wohnumfeld verbinden. Die Herausforderung lag für die Sch. in der Begrenzung auf *einen* Gegenstand. Die Erläuterungen der Sch. zu ihren Gegenständen waren geprägt von Umschreibungen der vielen Facetten von Geborgenheit. Diese mündeten in verschiedene Umschreibungen dessen, was Heimat/Zuhause im Kern ausmacht:

Heimat ist der Ort,

- an dem ich meine Ruhe habe;
- wo ich zufrieden bin;
- wo ich mich geborgen weiß;
- wo ich mich gehen lassen kann;
- wo ich mich anerkannt fühle;

- wo ich nicht so tun muss, als wenn nichts wäre;
- wo ich trotz meines Versagens bleiben darf;
- wo ich trotz aller Unmenschlichkeiten menschlich behandelt werde.

Diese Sehnsucht nach Heimat, danach wirklich Mensch sein zu dürfen vor Gott und den Menschen, spielt in den anthropologischen Fragen permanent eine Rolle. Diese Sehnsucht liegt in der Spannung zwischen zwei Polen: rückwärts gewandt nach dem Paradies (wörtlich: „bei Gott") und zukunftsorientiert nach dem Reich Gottes. Das Erstere ist ebenso notwendig wie das zweite: *Regression* (zurück zu den Wurzeln, zum Ursprünglichen) und *Progression* (Hoffnung und Befreiung) gehören beide zum Menschsein notwendig dazu. Somit lenkt die Sehnsucht nach Heimat den Blick zurück zur „verlorenen" Heimat und sie legt das Augenmerk auf die Seh(n)sucht nach einer „erhofften" Heimat. Mit den Sch. lassen sich davon ausgehend diejenigen Fragen, die sie im Anthropologiekurs aufgreifen möchten, thematisieren und anhand der beiden Pole kategorisieren. Ein anderer Weg lässt sich ähnlich beschreiten anhand von Fotos, die als Motive verschiedene Häuser wiedergeben, und von den Sch. ausgewählt werden sollen:

– In welchem Haus könnten Sie sich vorstellen, sich zuhause zu fühlen?
– In welchem Haus würde es Ihnen schwer gemacht, sich zuhause zu fühlen?

Beide Fragen und die Auswahl der Fotos sind zu begründen. Zur Bündelung sind die „positiven" Heimatfotos nebeneinander zu legen und auf Ähnlichkeiten bzw. auf gemeinsame Punkte hin zu untersuchen. Ebenso sind die eher „abstoßenden" Fotos nebeneinander zu legen und nach Parallelen zu durchforschen.

Eine Annäherung von der anderen Seite ermöglicht die Wahrnehmung der Gestaltung von Hauseingängen: entweder durch Fotos oder durch eine Exkursion werden die Eingänge in Blick genommen:

- Was sagen sie evtl. aus über die Besitzer bzw. Bewohner?
- Gibt es evtl. eine Markierung (C+M+B 2008 – und was bedeutet diese?) oder sogar einen Hausspruch neben oder über der Tür (v.a. in älteren Bauernhäusern üblich, zumeist mit christlichem Anklang)?
- Was kann eine Eingangsgestaltung für den Alltag im Haus ausmachen?

M2–M6 „Fallbeispiele" Grenzen und Horizonte

Wie weit kommt der Mensch aus eigenem Planen und Handeln? Wo überlässt er Gott das Feld? Wo will er ihn los sein, wo vermisst er ihn? Eine Umschau in der Lebens- und Medienwelt sowie bei markanten Persönlichkeiten des Alten und Neuen Testaments (Hiob, Prediger, Jesus, Paulus) sensibilisiert für unterschiedliche Einstellungen und Erwartungen.

Die Vorschläge der Arbeitsblätter begleitend können Sch. ergänzend oder auch alternativ angeregt werden, selbst „Fallbeispiele" zu suchen – etwa durch Umfragen im Bekanntenkreis: Rechnest du mit Gott? Was tust du für ihn – was tut er für dich?

- Langzeitbeobachtungen in der Medienwelt: Gott in den Schlagzeilen der Boulevardpresse;
- Geistliche im Fernsehprogramm: Es gibt ein eigenes Genre „Pastorenserien" – so wie „Arztserien"; auch Kriminalfilme und andere Fernsehfilme ranken sich gern um die Rolle und Person einer Pfarrerin/eines Pfarrers: Woran werden sie kenntlich? Haben sie ein „besonderes Verhältnis" zu Gott? Wie ist es dargestellt? (Ein Nebenaspekt: Ist ein deutlicher Unterschied zu der Darstellung der Konfessionen zu entdecken?)

Die Beobachtungen und Auswertungen können ihren Niederschlag finden in der Aufführung von Sketchen, die einen bestimmten Aspekt der Gottes- oder Geistlichen-Darstellung der Medien aufs Korn nehmen – wobei ja bekanntlich gerade im Witz auch viel Ernstes verborgen sein kann (z.B. Otto Walkes: Das Wort zum Montag; Jürgen von der Lippe u.a.)

Der Vorschlag **M2** bezieht sich auf den anfangs schon zitierten Film „Out of Africa", der die Religion weitgehend ausklammert. Die zitierte Stelle jedoch ist anschlussfähig an viele lebensweltliche Fragen. Colleen McCulloughs belletristisches Priester-Epos „Die Dornenvögel" hat außer der Kritik am Zölibat und am Ämterehrgeiz der Geistlichen auch in eindringlicher Weise die Frage zum Thema, was Gott von Menschen erwartet und wie er – durch Schicksalsschläge? – in das individuelle Leben eingreift. Hier bietet **M3** Ansätze zur eigenen Auseinandersetzung.

Zur Förderung und Forderung von Medienkompetenz ist medien- bzw. rezeptionskritisch zu fragen: Was passiert, wenn ein Stoff aus dem Medium Literatur hinüberwechselt in das Medium Film (optisch, akustisch, auf Zelluloid oder DVD)? Ähnliche Fragen des Medienwechsels entstehen schon auf dem Weg vom Papier zur

Bühne, beim Hörbuch, bei einer Vertonung, beim Vergleich eines Gemäldes mit einer Photographie usw. Besonders wenn die Sch. dazu motiviert werden können, die literarische Vorlage der Filme zu lesen und mit dem späteren Ergebnis zu vergleichen (detaillierte Angaben dazu finden sich beispielsweise auch bei den Einträgen unter www.wikipedia.de), lassen sich grundsätzliche Fragen diskutieren:

- In welcher Beziehung stehen die Filme und Bücher zueinander?
- Kann ein Film das Buch ersetzen?
- Was bewirken Abweichen oder Folgen, Kürzen und Längen beim Interpretieren der Literaturvorlage? Welche Bedeutung hat für einen Film die „Text-Treue"?
- Kann die Transformation einer Information von einem Medium in ein anderes ein Resultat schaffen, das ein eigenes Ergebnis mit eigenen Gesetzen darstellt und nicht nur von der Ausgangsinformation her einzuschätzen ist?
- Sollte man zunächst das Buch lesen oder geht man besser zuerst ins Kino (bzw. kauft sich das Video/die DVD) oder lässt sich das Hörbuch schenken?

M4 bis **M7** eignen sich zu arbeitsteiliger Gruppenarbeit, wobei der anschließenden Präsentation eine große Bedeutung zukommt: Die Nichtbeteiligten sind nachträglich in den produktiven Prozess der Erarbeitung einzubeziehen, damit die Positionen aller vier Bibel-Persönlichkeiten allen präsent werden und bleiben.

M8a und M8b: Biographie und Religion

Das Arbeitsblatt **M8a** thematisiert Religion und Menschsein auf allgemeiner Basis. Hier könnte zur Verdeutlichung der unterschiedlichen Prägungen und Biographien der Sch. der Einbezug einer religiösen Dimension in die menschliche Erziehung bzw. Bildung thematisiert werden. Mögliche Aufgabenstellung: Es ist gut, wenn ich mich selbst als Erwachsener den Fragen der Kinder stelle und überlege:

- Welche religiöse Bildung und Begleitung habe ich als junger Mensch erlebt?
- Was hat mich als Kind gefördert, worauf hätte ich lieber verzichtet?
- Was leitet mich dabei, wenn ich meinem Kind Religion nahe bringen oder dies vermeiden möchte?
- Diskutieren Sie die These: „Wer sich mit diesen Fragen auseinandersetzt, wird sich leichter den Fragen der Kinder zuwenden und Antworten anbieten können."

In Partnerarbeit oder für sich können die Sch. eine Stellungnahme aus eigener Feder zu Papier bringen mit folgender Aufgabenstellung:

Zu diesem Plädoyer in einer Kindergarten-Zeitschrift gab es eine engagierte Debatte in Form von zustimmenden oder ablehnenden Briefen von Lesern/innen. Verfassen Sie einen eigenen Leserbrief, in dem Sie ein eigenes Beispiel aus Ihrer Kindheit mit einflechten, das verdeutlicht, welchen (positiven oder problematischen) Einfluss Religion haben kann.

Die Frage, inwiefern Religion zum Menschsein dazugehört, lässt sich mithilfe eigener und fremder Lebensläufe bzw. Biographien erarbeiten.[1] Dazu lässt sich mit **M8b** erörtern, inwiefern religiöse Erfahrungen in einen Lebenslauf gehören und wo es Situationen bzw. Gelegenheiten gibt, über eigenen Glauben zu sprechen, ohne dass es für Redende oder Zuhörende peinlich wird.

Zunächst ist mit den Sch. zu überlegen, was sie an ihrer bisherigen Biographie für mitteilenswert halten. Sie sollen reflektieren, wo es Weichenstellungen gab, was bewusst entschieden wurde und was ohne bewusstes Zutun geschah. Lebensläufe für unterschiedliche Situationen machen deutlich, dass jeweils andere Daten und Erfahrungen interessant sind.

Die Sch. arbeiten zunächst allein (20 Min), dann in Vierer-Gruppen, um ein Rollenspiel vorzubereiten: Was will ich von jemandem wissen, mit dem/der ich zusammen wohnen will (20 Min). In der nächsten Stunde werden die Rollenspiele vorgeführt und diskutiert. Bewertet wird von der ganzen Gruppe, ob die Sch. sich an die „Spielregeln" des Rollenspiels gehalten und ob sie ihre Position deutlich und argumentativ vertreten haben.

Als Hausarbeit oder in der Stunde suchen die Sch. im Internet nach Lebenslauf-Mustern (z.B. www.cedefop.eu.int/transparency) und tragen in der nächsten Stunde ihre Erkenntnisse sowie ihre Erinnerungen an das Thema Lebenslauf im Deutschunterricht vor.

1 Nach einer Idee von Hanne Leewe in Jutta Elster/Hanne Leewe/Regina Sangkuhl: Kirchengeschichte. Ein herausforderndes Thema. Projekt- und Unterrichtsideen, Neudietendorf 2004. Die CD-ROM ist erhältlich bei: PTI Drübeck-Neudietendorf (www.pti.ekmd-online.de).

Diskussionsthema könnte u.a. sein, mit welchem Recht und Interesse ein Arbeitgeber einen Lebenslauf verlangt und mit welchem Recht eine Bewerberin/ein Bewerber selbst entscheidet, was er von sich veröffentlichen will (z.B. das Recht einer Bewerberin, eine bestehende Schwangerschaft nicht zu erwähnen. Die Sch. vorher Informationen einholen lassen). Zwei Sch. können diese Diskussion vorbereiten und moderieren.

Im nächsten Schritt beschäftigt sich jeweils eine Gruppe von Sch. mit einem Herrnhuter Lebenslauf (als Hausaufgabe vorbereitend lesen). Die Gruppen stellen sich ihre Texte gegenseitig vor und vergleichen mit den bisher behandelten Formen von Lebensläufen.

Diskussionsthema: Gehören religiöse Erfahrungen in einen Lebenslauf? Warum und in welchen Situationen? In welchen Situationen nicht und warum nicht? Gibt es für uns Situationen und Gelegenheiten, über eigenen Glauben zu sprechen, ohne dass es für Redende oder Zuhörende peinlich wird? Sind/wären solche Gelegenheiten wichtig? Erwarten die Sch. von der Lehrkraft, dass sie von solchen Erfahrungen erzählt?

1. Stellen Sie sich vor, Sie wollen mit drei anderen in eine Wohngemeinschaft ziehen. Was müssen Sie vor einer Entscheidung von den anderen wissen, welche Eigenschaften, Vorlieben, Abneigungen sollten Sie kennen, damit das gemeinsame Unternehmen nicht nach drei Wochen mit einem großen Streit endet? Machen Sie sich eine Stichwortliste für ein Kennenlerngespräch. Was erzählen Sie den anderen von sich in diesem Gespräch? Führen Sie mit drei anderen in einem Rollenspiel der Klasse so ein Gespräch vor.
2. Unter www.cedefop.eu.int/transparency finden Sie Hinweise zu einem Muster-Lebenslauf für eine Stellenbewerbung irgendwo in Europa. Was wird ein zukünftiger Arbeitsgeber von Ihnen wissen wollen, was sind Sie bereit, ihm zu sagen? Vergleichen Sie Ihre Stichwortliste für die WG-Mitbewohner/innen mit diesem Bewerbungs-Lebenslauf. Wenn es Unterschiede gibt, begründen Sie diese.
3. In den Herrnhuter Brüdergemeinen schreiben alle Gemeindeglieder zu Lebzeiten ihren Lebenslauf, der dann – u.U. für die letzte Lebensphase ergänzt durch Kinder – bei der Beerdigung öffentlich verlesen wird.[2]

   Wenn es eine Brüdergemeine in Ihrer Nähe gibt, dann lassen Sie sich das Archiv zeigen, in dem die Lebensläufe seit Jahrhunderten gesammelt und aufbewahrt werden.

   Lesen Sie den Herrnhuter Lebenslauf (**M8b**). Was fällt Ihnen auf?
   - Kennzeichnen Sie im Text die Begriffe und Sätze, die Jesus, den Heiland und Gott kennzeichnen. Wie wird von seinem Eingreifen in das Leben der Menschen gesprochen?
   - Markieren Sie mit einem anderen Farbstift, wie die guten und schlechten Eigenschaften und die Frömmigkeit der Menschen beschrieben werden.
   - Markieren Sie mit einer dritten Farbe, was über die Gemeinschaft der Christen, besonders die Brüdergemeine geschrieben wird. (Wie reden sie über den Tod, wie über ihr Familienleben?)
   - Fassen Sie zusammen, welches Bild von Christus mit welchem Menschenbild zusammentrifft. Bedingen sich beide?
   - Finden Sie heraus, was das „landesherrliche Kirchenregiment“ war und wo seine Folgen im Lebenslauf von Johann Beck auftauchen.
4. Vergleichen Sie mit den Bewerbungs-Lebensläufen und der WG-Stichwortliste. Die Mitglieder der Brüdergemeine schreiben sehr offen über ihren Glauben und darüber, wo sie das Eingreifen Gottes in ihrem Leben gespürt haben. Wo haben wir einen Ort und eine Möglichkeit, uns über religiöse Erfahrungen, Hoffnungen und Enttäuschungen auszutauschen?

2 Siehe grundsätzlich und mit einer Fülle an Beispielen in: Christine Lost: Das Leben als Lehrtext. Lebensläufe der Herrnhuter Brüdergemeine, Hohengehren 2007.

M9 kann als Annäherung in grundsätzlicher Form verwendet werden. Eine Auseinandersetzung kann in einer Pro-Kontra-Diskussion erfolgen zur Frage: Gehört Religion zum Menschsein dazu? Die Sch. sollten die Thematik und Thesen des Textes zunächst bündeln und mit eigenen Worten zusammenfassen, günstigstenfalls in Form von Visualisierungen der Wesensmerkmale des Menschen.

Eine spielerische Annäherung in interaktiver Perspektive ermöglichen sog. „FangFragen-Bälle".[3] Sie sind mit Fragen und Handlungsaufforderungen beschriftet und laden ein zur Kommunikation, humorvollen Interaktion, Entspannung und Begegnung. Der „FangFragen-Ball" wird den Sch. zugeworfen. Die Frage bzw. Aufgabe, die dann am nächsten zum linken Daumen der fangenden Hand liegt, ist laut vorzulesen und zu beantworten.

Zum Abschluss des gesamten Einstiegsbausteins ist ein Rückbezug auf **M1** möglich: Die Sch. drücken in einem Gebet oder Psalm aus, welche Horizonte Gottes Versprechen eröffnet.

3 Erhältlich z.B. bei Manfred Vogt Spieleverlag unter www.mvsv.de.

M2 „Wo lebt das Wasser?“ – Aus dem Kinofilm „Out of Afrika“

„Niemand hat in dieser Höhe je Kaffee angebaut“, erhält die Europäerin zur Antwort, als sie auf dem Land, das ihr Mann in Ostafrika erworben hat, mit dem Kaffeeanbau beginnt. „Ich glaube, es ist nur noch nicht versucht worden“, gibt sie zur Antwort, wahrscheinlich mit innerem Unbehagen, denn sie und ihr Mann haben ursprünglich eine Milchwirtschaft geplant und ihr Mann hat nur aus einem einzigen Grund umdisponiert: Er hatte keine Lust, „dumme Kühe zu hüten“.

Der Film zeigt, wie allmählich eine Kaffeeplantage entsteht, nicht erfolglos, aber doch sehr mühsam. Die Bewässerung der wachsenden Pflanzen ist ein Problem, weshalb die Europäerin Wasser vom nahe gelegenen Fluss staut und kanalisiert. Damit ist ihr afrikanischer Berater nicht einverstanden. „Dieses Wasser lebt in Mombasa.“ Die Europäerin stemmt die Hände in die Hüften und sagt: „Dieses Wasser kann später nach Mombasa fließen. Aber erst wässert es meinen Kaffee.“

Einige Zeit später, bei einem Unwetter, bricht der Damm. Der Afrikaner und seine Mitarbeiter geben sich alle Mühe, das Wasser aufzuhalten. Sandsäcke werden zur Dämmung herangeschleppt, Löcher gestopft. Die Europäerin ist unermüdlich mit bei der Arbeit, aber es zeichnet sich ab, dass alle Anstrengungen vergebens sein werden. Da richtet sie sich plötzlich auf und sagt, mit einer resignierten Handbewegung: „Lass es laufen. Dieses Wasser lebt ja sowieso in Mombasa.“

Erfinden Sie weitere Filmszenen:

Drei Afrikaner beobachten die Bemühung der weißen „Mem“ und tauschen Bemerkungen aus.
Der afrikanische Berater erzählt seinem Bruder von seinem Leben auf der Farm der Weißen – einmal kurz nach dem Kanalbau, einmal nach dem Dammbruch.

Die Weiße führt Tagebuch: Beim Kanalbau, zwischendurch, nach dem Dammbruch …

Der Film ist mit Tagebucheinträgen der Hauptperson unterlegt .. Schreiben Sie selbst einen Eintrag!

Übertragen Sie die Erfahrung der Europäerin auf einen Konflikt zwischen „Natur“ und „Kultur“ heute – wählen Sie ein beliebiges Beispiel.

„Ich habe mit Gott gekämpft" – zum Roman/Film „Die Dornenvögel"

M3

„Als ich klein war, habe ich geglaubt, Gott wohnt hier", sagt Meggie Cleary – und meint einen weiten, hellen Scheunenboden ...

Meggie ist das einzige Mädchen der Familie und stets viel allein und auf sich gestellt. In dem Priester, der die Familie geistlich begleitet, findet sie einen Vertrauten, in den sie sich, als sie älter wird, ernsthaft verliebt. „Du liebst mich – aber Gott liebst du mehr", wirft sie ihm vor, als ihr klar wird, dass er ihretwegen seine Gelübde nicht brechen wird – äußerlich nicht, denn insgeheim kommen die beiden schließlich zusammen und haben sogar einen gemeinsamen Sohn, von dem der Priester erst nach dessen Tod erfährt.

Meggie betrachtet ihr ganzes Leben als ein Ringen mit Gott, den sie als Rivalen erlebt und als einen, der ihr alles nimmt, was ihr wichtig ist.

- Schließlich erfährt sie, dass auch ihr geliebter Sohn Priester werden will. Der Kampf mit Gott bekommt eine neue Dimension. Meggie: „Das kannst du nicht, das lasse ich nicht zu! (...) Gott verrotte, sage ich. Ja, er *verrotte!* Er ist der schlimmste Feind der Frauen, ja, das ist er! Alles, was wir unternehmen, macht er zunichte!" (S. 466f.)
- Weihnachten. Der Sohn soll in Rom seine Priesterweihe erhalten, Meggie will nicht mit dabei sein: „Irgend etwas in mir weiß, dass etwas passieren wird, wenn ich nach Rom reise. Also reise ich nicht. (...) Aber es ist so ein Instinkt, eine böse Vorahnung. Als ob sich die Götter versammeln." (S. 505f.)
- Der Sohn verunglückt beim Schwimmen, nachdem er erfolgreich zwei Frauen vor dem Ertrinken gerettet hat. Meggie: Was können mir die Götter denn noch antun? So hatte sie gefragt, so unendlich töricht. Als ob sie es nicht besser hätte wissen müssen. Versuche die Götter nicht, denn sie lieben es, herausgefordert zu werden. (...) Und was war das, dieses Leben? Von Gott kamst du, zu Gott kehrst du zurück. Staub zu Staub. Asche zu Asche. Leben? Das ist für uns, die wir versagt haben. Gieriger Gott, der die Guten zu sich nimmt und uns, dem verrotteten Rest, diese Welt gibt, damit wir weiter vor uns hinfaulen. (S. 538)

Der geliebte Priester deutet anders: „Dane ist tot? Mein Dane ist tot, mein schöner Dane? Aber das kann doch nicht sein! Er war der vollkommene Priester. Er war all das, was ich nicht sein konnte. (...) Tot? O mein Herr und Gott!" (S. 542)

Erläutern Sie die unterschiedlichen Perspektiven:

Angenommen: Meggie würde Gott für ein Hirngespinst halten – wie würde sie dann mit dem Priester argumentieren? Wie würde sie die Schicksalsschläge in ihrem Leben deuten? (Naturkatastrophen, Armut, zwei Lieblingsbrüder sterben, ein dritter, den sie bemutterte, stirbt im Kleinkindalter)

Was würden Sie dem frisch verliebten Mädchen Meggie, der besorgten Mutter, der trauernden Mutter am Grab des Sohnes über Gott sagen?

M4 Höre mich doch!

Da beschreibt einer sein Leben, nach dem Muster „vorher – nachher“:

Ich war immer ehrlich und offen.
Ich habe Gutes getan.
Ich habe weder genommen,
was mir nicht gehörte,
noch anderen, was sie hatten, geneidet.
Ich habe den Armen gegeben und
habe die Schwachen gestärkt.
Ich habe es gern getan,
aber ich durfte auch denken:

Ich werde in meinem Nest verscheiden
und meine Tage zu zahlreich machen wie Sand am Meer.
Meine Wurzel reiche zum Wasser hin,
und der Tau bleibe auf meinen Zweigen.
Meine Ehre bleibe immer frisch bei mir, und mein Bogen
sei immer stark in meiner Hand … (Hiob 29,18ff.)

Dann aber wurde ich arm und krank
Und den Menschen zum Spott.
Familie, Hab und Gut habe ich verloren,
was bleibt mir als meine Klage:
Ich aber schreie zu dir, aber du antwortest mir nicht;

Ich stehe da, aber du achtest nicht auf mich.
Du hast dich mir verwandelt in einen Grausamen
Und streitest gegen mich mit der Stärke deiner Hand.
Du hebst mich auf und lässt mich auf dem Winde dahinfahren.
Ich weiß ja, du wirst mich zum Tode gehen lassen, zum Haus,
da alle Lebendigen zusammenkommen.
Aber wird man nicht die Hand ausstrecken unter Trümmern
und nicht schreien in der Not? (Hiob 30,20ff.)

Ich habe nichts falsch gemacht
Und doch scheint es allen, als trüge ich Strafe.
Aber nein: Gott ist mein Zeuge: Ich bin unschuldig.
Wie viel leichter wäre mein Unglück zu tragen,
wenn ich mich schuldig fühlte – gestraft, doch nicht so allein:

O hätte ich einen, der mich anhört – hier meine Unterschrift!
Der Allmächtige antworte mir! –, oder die Schrift, die mein
Verkläger geschrieben! Wahrlich, dann wollte ich sie auf meine
Schultern nehmen und wie eine Krone tragen. Ich wollte alle
Meine Schritte ihm ansagen und wie ein Fürst ihm nahen … (Hiob 31,35ff.)

Sie haben den Auftrag, das Hiob-Thema (oben in „klassischer Form“) kreativ auf die Bühne zu bringen – mit möglichst wenig Requisiten und höchstens zwei Personen …
(Vielleicht lesen Sie zusätzlich die Rahmengeschichte Hiob 1–3 und 42,10ff., evtl. auch Gottes Antwort in Hiob 38 bis 40).

Unter der Sonne

M5

Er ist König geworden, mächtig, reich und berühmt.
Am meisten aber pries man seine Weisheit.
Jetzt ist er alt und blickt zurück.
Sein Reichtum freut ihn nicht mehr und der Ruhm wärmt nicht sein Herz.
Es kommt ihm so vor, als habe er zu viel gewollt,
zu viel erreicht und zu wenig … ja, was?
Was quält ihn so? Was macht ihn so müde.
Es ist nicht nur das Alter, sagt er leise …

Es ist alles ganz eitel, sprach der Prediger, es ist alles ganz eitel.
Was hat der Mensch für Gewinn von all seiner Mühe, die er hat unter der Sonne?
Ein Geschlecht vergeht, das andere kommt; die Erde aber bleibt immer bestehen.
Die Sonne geht auf und geht unter und läuft an ihren Ort, dass sie dort wieder aufgehe.
Der Wind geht nach Süden und dreht sich nach Norden und
wieder herum an den Ort, wo er anfing.
Alle Wasser laufen ins Meer, doch wird das Meer nicht voller;
An den Ort, dahin sie fließen, fließen sie immer wieder.

Alles Reden ist so voll Mühe, dass niemand damit zu Ende kommt.
Das Auge sieht sich niemals satt, und das Ohr hört sich niemals satt.
Was geschehen ist, eben das wird hernach sein.
Was man getan hat, das tut man hernach wieder,
und es geschieht nichts Neues unter der Sonne. (Prediger 1,2–9)

Weiter sah ich unter der Sonne: An der Stätte des Rechts war Gottlosigkeit,
und an der Stätte der Gerechtigkeit war Frevel. Da sprach ich in meinem Herzen:
Gott wird richten den Gerechten und den Gottlosen. Denn alles Tun hat seine Zeit.
Ich sprach in meinem Herzen: Es geschieht wegen der Menschenkinder, damit Gott sie prüfe und sie sehen, dass sie selbst sind wie das Vieh.
Denn es geht dem Menschen wie dem Vieh: wie dies stirbt, so stirbt auch er,
und sie haben alle einen Odem, und der Mensch hat nichts voraus vor dem Vieh;
denn es ist alles eitel. (Prediger 3,16–19)

Wenn sein Sohn ihn fragt, worauf es ankomme im Leben, wenn doch alles eitel sei, seufzt er und spricht:

Es ist das Licht süß, und den Augen lieblich, die Sonne zu sehen.
Denn wenn ein Mensch viele Jahre lebt, so sei er fröhlich in ihnen allen und denke an die finsteren Jahre, dass es viele sein werden; denn alles, was kommt, ist eitel. (Pred 11,7f.)

Fürchte Gott und halte alle seine Gebote; denn das gilt für alle Menschen (Pred 12,13)

Sie haben den Auftrag, das Thema „Alles ist eitel" kreativ auf die Bühne zu bringen – mit möglichst wenig Requisiten und höchstens zwei Personen … Lesen Sie zuvor Pred 3 und klären Sie die Bedeutung des Wortes „eitel"!

M6 Jesus und der Versucher

Da ist er in der Wüste.
Die Sonne brennt. Es ist heiß.
Er findet keinen Schatten.
Mach dir Schatten,
sagt der Teufel. Kannst du doch.

Will ich nicht, sagt Jesus.
Welcher Mensch kann sich
Schatten machen in der Wüste?
Ich muss verbrennen wie er.

Die Sonne brennt weiter.
Es wird heißer und trocken.
Er findet kein Wasser.
Mach dir Wasser,
sagt der Teufel. Kannst du doch.

Will ich nicht, sagt Jesus.
Welcher Mensch kann sich
Wasser machen, wenn er Durst hat?
Ich muss dürsten wie er.

Wilde Tiere kommen
und greifen ihn an.
Er kann nicht fliehen.
Mach, dass sie dir nichts tun,
sagt der Teufel. Kannst du doch.

Will ich nicht, sagt Jesus.
Welcher Mensch kann sich
schützen, wenn Schmerz droht?
Ich muss Schmerzen erleiden wie er.

Warum?, fragt der Teufel.
Du hast es nicht nötig.
Ich bin Gottes Sohn, sagt Jesus.
Mein Name ist Gott-bei-uns.
Ich muss leben und fühlen wie alle.

Gut, sagt der Teufel,
dann lass doch mich
für dich Schatten machen,
Wasser und Brot holen
und alle wilden Tiere töten.

Nein, sagt Jesus,
das will ich nicht.
Geh jetzt weg, ich will
dich nicht wiedersehen.
Ich gehe auch. Ich suche
Menschen.

Martina Steinkühler: Wie Brot und Wein.
Das Neue Testament Kindern erzählt,
Göttingen 2005, S. 51

Dieser Text ist eine Interpretation der Geschichte von der Versuchung Jesu, die sowohl Markus als auch Lukas überliefern. Lesen und vergleichen Sie die beiden biblischen Versionen miteinander und mit der oben zitierten: Welches sind die „Versuchungen"? Warum widersteht Jesus ihnen?

Sie haben den Auftrag, das Thema „Ich widerstehe" kreativ auf die Bühne zu bringen – mit möglichst wenig Requisiten und höchstens zwei Personen. Der Bezug zu Jesu Versuchung soll erkennbar sein – und vor allem Ihre Interpretation der Natur der Versuchung und des Motivs des Widerstands.

Gottes letzter Apostel

M7

Die Gemeinde in Korinth beginnt an ihrem Lehrer Paulus zu zweifeln. Anscheinend „macht er nicht genug her"; andere Prediger treten auf und machen viel mehr Eindruck: Sie schildern ihre Heldentaten, lassen sich bedienen und bewirten und haben eine Aura der Heiligkeit um sich her. Paulus gerät in Rage, als er den Korinthern nun schreibt, auch er habe allen Grund, solchen „Ruhm" zu beanspruchen …

Ich bin oft gereist, oft in Gefahren gewesen durch Flüsse, in Gefahr unter Räubern, in Gefahr unter Juden, in Gefahr unter Heiden, in Gefahr in Städten, in Gefahr in Wüsten, in Gefahr auf dem Meer, in Gefahr unter falschen Brüdern, in Mühe und Arbeit, in viel Wachen, in Hunger und Durst, in viel Fasten, in Frost und Blöße und außer dem noch all das, was täglich auf mich einstürmt, und die Sorge für alle Gemeinden. Wer ist schwach, und ich werde nicht schwach? Wer wird zu Fall gebracht und ich brenne nicht?

Wenn ich mich denn rühmen soll, will ich mich meiner Schwachheit rühmen. Gott, der Vater des Herrn Jesus, der gelobt sei in Ewigkeit, weiß, dass ich nicht lüge. … Gerühmt muss werden! … Und wenn ich mich rühmen wollte, wäre ich nicht töricht; denn ich würde die Wahrheit sagen. Ich enthalte mich aber dessen, damit nicht jemand mich höher achte, als er an mir sieht oder von mir hört.

Und damit ich mich wegen der hohen Offenbarungen nicht überhebe, ist mir gegeben ein Pfahl ins Fleisch, nämlich des Satans Engel, der mich mit Fäusten schlagen soll, damit ich mich nicht überhebe. Seinetwegen habe ich dreimal zum Herrn gefleht, dass er von mir weiche. Und er hat zu mir gesagt: Lass dir an meiner Gnade genügen; denn meine Kraft ist in den Schwachen mächtig.

Darum will ich mich am allerliebsten rühmen meiner Schwachheit, damit die Kraft Christi in mir wohne. Darum bin ich guten Mutes in Schwachheit, in Misshandlungen, in Nöten, in Verfolgungen und Ängsten um Christi willen; denn wenn ich schwach bin, so bin ich stark.

2 Kor 11,26–31; 12,1.6–10

Sie haben den Auftrag, das Thema „schwach ist stark" kreativ auf die Bühne zu bringen – mit möglichst wenig Requisiten und höchstens zwei Personen. Der Bezug zu Paulus soll deutlich werden. (Vielleicht lesen Sie zusätzlich Röm 14,7–9 und 1 Kor 13, das Hohelied der Liebe.) Klären Sie auch: Was meint Paulus mit diesem „Pfahl in seinem Fleisch"? Würde die – auch mögliche – Übersetzung „Pfahl für das Fleisch" den Sinn des Textes verändern?

M8a Religion von Anfang an? Kinder und ihr Recht auf Religion

Wer ungute Erinnerungen an seine religiöse Erziehung hat, möchte diese dem eigenen Kind ersparen und entzieht seinem Kind jegliche Möglichkeit, der Religion bewusst zu begegnen. Andere verwechseln Religion mit einem Für-wahr-Halten kirchlicher Lehre und verzichten auf religiöse Elemente in der Erziehung. Wenn jedoch das Recht des Kindes auf Religion zu kurz kommt, bleibt Etliches auf der Strecke, was das Kind für sein Leben braucht.

Kinder kommen in ihrem Alltag ganz selbstverständlich mit religiösen Dingen in Berührung. Das fängt mit dem Arche Noah-Schiff von Playmobil an und hört mit der Kirche oder der Moschee auf dem Weg zum Kindergarten noch lange nicht auf. Gerade wenn es um christliche Dinge geht, kommt jedoch der Vorwurf auf: Da werden Kinder manipuliert und indoktriniert. Sicherlich: Diese destruktive Seite von Religion gibt es auch. Aber man sollte das Kind nicht gleich mit dem Bad ausschütten.

Viele, die bei christlicher Erziehung schnell den Vorwurf Manipulation erheben, merken gar nicht, wie sie selbst ihren Kindern in Sachen Religion etwas „einimpfen": Da wird Kindern selbstverständlich aus Horoskopen vorgelesen, fernöstliche Meditationspraktik nahe gebracht und im Kunstunterricht eine mehrarmige hinduistische Gottheit mit Goldpapier zu Papier gebracht, ohne dass sich darüber jemand aufregt. Hexen tauchen ebenso auf wie Einhörner oder dunkle Mächte. Viele verweigern Kindern die Teilnahme am Weihnachtsgottesdienst, feiern aber Halloween. In punkto Religion wird bei vielen mit zweierlei Maß gemessen.

Kinder erleben Religion, wenn ihre Eltern zum Beispiel an einer Beerdigung teilnehmen oder zum Gottesdienst gehen. Sie bekommen Religion mit, wenn Geschäfte für Weihnachten, Ostern und Erntedank geschmückt sind, wenn sie im Kindergarten das Tischgebet sprechen oder wenn das Dorf Walpurgisnacht feiert. Sie sehen am Straßenrand Wegekreuze, im Fernsehen Engel oder Teufelchen und die Taufkerze auf dem Geburtstagstisch. Kinder kommen nicht als religiös „unbeschriebene Blätter" in Kindergarten und Schule, sondern tagtäglich mit Religiösem in Berührung.

Kinder stellen von sich aus große Fragen, die mit Religion zu tun haben: Woher komme ich? Warum gibt es Leid? Wieso sind andere anders? Was ist, wenn ich sterbe? Gibt es Gott? Warum lügen Menschen? Wie sehen Engel aus? – Solche und ähnliche Fragen kommen oft „aus heiterem Himmel", ohne Vorankündigung. Kinder wollen mit diesen Fragen ernst genommen und nicht allein gelassen werden. Es hilft dem Kind kaum, wenn es die Antwort hört: „Dafür bist du noch zu klein. Das erkläre ich dir später einmal." *Sobald das Kind eine Frage stellt, ist es auch alt genug für eine Antwort, für ein Gespräch darüber.* Kinder haben ein Recht darauf, dass sie ihre Gedanken „auf Augenhöhe" zur Sprache bringen. Sie wollen jemanden, der sie dabei begleitet und unterstützt. Sie brauchen eine Adresse für ihre Fragen, Gedanken und Antworten. Sie benötigen Anregungen, um zu entdecken: Wo kann Religion hilfreich und befreiend sein, wo ist sie eher hemmend und belastend?

Es ist für die Entwicklung der Kinder wichtig, auch die eigene Position der Eltern und Erziehenden in puncto Religion zu erfahren. Nur so lernen sie, sich abzugrenzen, auszudrücken und andere Standpunkte zu akzeptieren. Es nützt nichts, den Kindern die eigene Position zu verheimlichen. Sie lernen nämlich atmosphärisch und bemerken mehr, als wir oft ahnen. Kinder bekommen das Klima mit, wenn zur Kindergarten-Adventsfeier der Zauberer und eben nicht der Nikolaus eingeladen wird. Sie machen sich Gedanken darüber, warum zu Ostern überall Eier auftauchen, aber bei der Frage „Warum musste Jesus sterben?" rumgeeiert wird. Kinder haben ein Gespür dafür, wenn Erzieherinnen zwar viel in Halloween („Süßes – sonst Saures!") investieren, aber Sankt Martin („Teilen kann helfen!") vernachlässigt wird. *Gerade wo versucht wird, speziell alles Christliche außen vor zu lassen, kommen andere religiöse Momente unter der Hand in die Kinderräume.* So wurde in einem sogenannten christlichen Kindergarten das Tischgebet nicht geduldet, aus Rücksicht gegenüber den Kindern aus atheistischen Familien. Aber das Yin-Yang-Symbol aus dem Daoismus wurde mit den Kindern gebastelt und ihnen mit den Worten „Das schenkt dir Kraft, das gibt dir Ruhe und Frieden." um den Hals gehängt. Hier zeigt sich: Es ist nicht die Frage, *ob* ich glaube, sondern *was* ich glaube.

Es ist letzten Endes sogar kinderfeindlich, wenn ich Kindern eine religiöse Bildung und Begleitung vorenthalte nach dem Motto: „Das Kind soll später selbst entscheiden." Oder: „Wir wollen niemandem Religion aufdrängen ...". Kinder können sich nur dann für oder gegen etwas entscheiden, wenn sie es vorher kennengelernt haben. Und irgendetwas bekommen sie auf jeden Fall mit. Es gibt gar keinen „religionslosen Raum", keine neutrale Position, kein Vakuum. Wer also versucht, alles Christliche außen vor zu lassen, hat dem Kind schon die Entscheidung abgenommen. Wenn jemand Religion aus der Erziehung ausklammert, ist das so, als wenn er seinem Kind nie Musik zu Ohren kommen lässt, damit es sich selbst entscheiden kann, welche Musikrichtung es mag.

Ein Kind in Deutschland sollte das *Christentum kennenlernen*, auch wenn es sich nie dazu *be*kennen wird. Denn das Christentum hat die europäische Festkultur, Sprache und Architektur durch und durch geprägt. Etliche Anspielungen in Märchen, Gemälden, Büchern und in modernen Musikstücken sind ohne Ahnung von Religion nicht zu entschlüsseln. Ahnung von Bibel ist *der* Schlüssel, um PC-Spiele oder Kinofilme wie „Harry Potter", „Der Herr der Ringe" oder „Der König von Narnia" zu begreifen. Ein Kind in Deutschland sollte deswegen *auch* biblische Geschichten und christliche Bräuche kennenlernen. Auch in anderen Religionen gibt es Schätze, die mit den Kindern zu heben wären, doch die christlichen Hintergründe unserer Kultur sind deswegen nicht zu vernachlässigen.

Religiöse Texte und Handlungen sind notwendige Impulse für eine gelingende Persönlichkeitsentwicklung von Kindern. So kann eine Seite aus der Kinderbibel die guten und weniger gelungenen Seiten des Tages in Erinnerung rufen. Ein Gebet vor dem Schlafengehen schenkt Ruhe, Hoffnung und Geborgenheit. Eine Kerze weckt Gelassenheit und Vertrauen in das Leben. Die Erinnerung an die Taufe macht dem Kind deutlich, dass es unverdiente Liebe gibt. Ein religiöses Lied kann manche Traurigkeit ertragen helfen oder Stimmungen verändern. Dies sind nur einige wenige Beispiele.

Wenn Kinder von Anfang an Religion als etwas Selbstverständliches erleben, wird ihnen auch ein Schlüssel für die Welt und für ihr Leben mitgegeben. *Das hat nichts mit Manipulation zu tun, sondern damit, Stellung zu beziehen, Gesicht zu zeigen bei der Suche nach einem Weg ins Leben. Zwar muss jedes Kind seinen Weg auch in Sachen Religion* ***selbst*** *finden, aber eben nicht allein!* Deshalb sollten Erwachsene ihre Überzeugungen weder verstecken noch Kindern aufdrängen. Es geht einfach nur um ein Zeigen und Vorstellen. Nicht mehr, aber auch nicht weniger. Wo ich Kindern Raum für Religiöses lasse, öffne ich ein Fenster für das, was über die sichtbare Welt hinausgeht. Es ist förderlich für Kinder, wenn ihren religiösen Fragen gemeinsam nachgegangen und gemeinsam auf Antwortsuche gegangen wird. Die Antworten können dabei ganz unterschiedlich ausfallen und müssen nicht nur Gefallen finden. Doch gerade so lernt das Kind Toleranz. Es wird ihm leichter gemacht, Verschiedenheit zu achten und den Alltag durch Religion unterbrechen zu lassen. Wenn ein Kind mit der Nachricht in den Kindergarten kommt, dass sein Meerschweinchen gestorben ist, kann eben nicht einfach zur Tagesordnung übergegangen werden ...

Religiöse Bildung im Elternhaus und Kindergarten schafft einen Raum und bietet Hilfen für die Bewältigung des Lebens an. Wo dies fehlt oder zu kurz kommt, verpasst das Kind manche Chance, sich über das Leben Gedanken zu machen und Fragen zu stellen. Und man vergibt selbst etwas: neue Einsichten und Impulse *durch* die Kinder.

Reiner Andreas Neuschäfer, 2008. Überarbeitete Fassung des Beitrags „Mama, gibt es Gott? Kinder und ihr Recht auf Religion, in: mobile. Das Familienmagazin Heft 2/2006, S. 12-14

M8b

Lebenslauf

Lebenslauf des grönländischen Missionars Johann Beck, heimgegangen den 19. März 1777 zu Lichtenfels in Grönland

Ich bin den 7. Juni 1706 zu Kreuzendorf bei Leobschütz in Oberschlesien geboren. Mein Großvater Jakob Beck war aus Gotsdorf gebürtig. Da zu seiner Zeit eine große Verfolgung über dasige Einwohner kam, so zogen viele um der Religion willen nach Niederschlesien, um daselbst Gewissensfreiheit zu haben, er aber gedachte an seinen Wohnort zu bleiben und daselbst dem Herrn in der Stille zu dienen. Es währte jedoch nicht lange, so wurde er geschlossen und ins Gefängnis gesetzt und in demselben so geschlagen und gemartert, daß er zum Krüppel wurde und endlich gar den Geist aufgab. Meine Großmutter aber mußte mit ihren beiden Söhnen den Ort räumen, weil sie nicht zu bewegen war, zur katholischen Kirche überzugehen. Sie zog daher nach Leobschütz, wo sie zwar ihren Glauben behalten durfte, ihre Kinder aber wurden gezwungen, katholisch zu werden.

Weil nun mein Vater bei seinen Eltern einen Eindruck vom Heiland ins Herz bekommen hattet, so suchte er sich, als er heranwuchs, allezeit zu Leuten zu halten, die auch einen Funken von der Liebe Jesu im Herzen aufbewahrt hatten, und las mit ihnen die Bibel und andere gute Bücher. Auch unterrichtete er mich und meine vier Geschwister selbst im Lesen, damit uns nicht in der Kirche die Grundsätze der katholischen Kirche eingeprägt werden möchten. Als ich älter geworden und bei anderen Leuten in Dienst gekommen war, so sagte er, wenn ich ihn besuchte, jedesmal zu mir: „Mein lieber Sohn, habe den lieben Gott allzeit vor Augen, so wird es dir in Zeit und Ewigkeit wohl gehen!" Diese Worte fielen mir bei meinen Geschäften sehr oft ein, und machten mich um meine Seligkeit verlegen. Doch verlor sich dieser Kummer nach und nach, und mein Eifer erkaltete.

Einige Zeit darauf kam ich zu einem katholischen Geistlichen in Kreuzdorf als Kutscher in Dienste. Hier bekam ich einmal, als ich bei meiner Arbeit war, einen Trieb im Neuen Testament zu lesen. Es war ein katholisches, denn die lutherischen waren bei harter Strafe verboten. Beim Aufschlagen bekam ich die Stelle Offb 3,15: „Ich weiß deine Werke, daß du weder kalt noch warm bist usw." Diese Worte gingen mir wie Feuer durch Mark und Bein. Ich fiel zur Erde wie ein Toter, und konnte in der großen Angst meines Herzens, welches nichts als Tod und Verdammnis vor sich sah, als ein armer Wurm nur um Gnade und Erbarmung zu Gott schreien. Darauf wurde es mir so, als könnte ich meinen Heiland um meiner Sünden willen gemartert, geschlagen und gekreuzigt vor mir sehen und sich in dieser Gestalt freundlich und herzlich zu mir neigen, mir Trost und Vergebung der Sünden zusprechen und mich aufstehen heißen. Ein schwerer Stein fiel da von meinem Herzen und von Stund an war ich ein Zeuge der mir widerfahrenen Gnade.

Auf Befragen meiner Bekannten, was denn mit mir vorgegangen sei, ich sähe ja ganz anders aus wie zuvor, erzählte ich es ihnen und dann auch meinem Mitknecht, dem seligen Bruder Johann Hadwig, als derselbe des Abends vom Felde kam. Sein Herz wurde dadurch so angefaßt, daß er sogleich in Tränen zerfloß. So ging es auch meinem Bruder Martin und meinem Bruder Jakob. Wir versammelten uns hernach von Zeit zu Zeit und unterredeten uns von unserem Herzen. Dabei ließ uns der Heiland die Erfahrung seiner Verheißung machen: „Wo zwei oder drei versammelt sind in meinem Namen, da bin ich mitten unter ihnen." Es fanden sich auch täglich Mehrere zu uns, die ein Verlangen bezeigten, den Heiland kennenzulernen.

… Weil sowohl meine als Hadwigs Eltern uns gern vom Heiland reden hörten, so besuchten wir sie fleißig, und es fanden sich immer mehrere um ihre Seligkeit verlegene Seelen zu uns, so daß endlich beinahe zwei Dörfer durch unser Zeugnis erweckt wurden. Der Feind aber suchte uns zu hindern, und ich mußte einige Male zum Verhör erscheinen. Allein der Heiland schenkte mir Mut und Freudigkeit, und nach und nach verschwand alle Menschenfurcht.

Johann Beck beschreibt, wie er wegen seines Glaubens verhaftet, verurteilt und ins Gefängnis geworfen wurde. Auf wunderbare Weise befreit, macht er sich schließlich auf den Weg nach Herrnhut.

M8b

Weil ich schon einige Mal in Breslau gewesen war und also wußte, daß sich daselbst Lutheraner befänden, so schlugen wir den Weg dahin ein. Unterwegs nötigte uns der Hunger, öfters gute Leute um ein Stück Brot anzusprechen. Nicht weit von dem Städtchen Strehlen kamen wir in ein Dorf, wo uns ein Bauer freundlich aufnahm und uns etliche Tage lang beherbergte. Hier hörten wir zum erstenmal von Herrnhut und daß daselbst Leute wären, die den Heiland über alles und sich untereinander von Herzen liebten. Von Stund an hatten wir keine Ruhe in unserem Herzen und sehnten uns gar sehr an diesen Ort. (...)

Wir begaben uns also unter dem Schutz unseres lieben Herrn ohne Paß und ohne Reisegeld barfuß und in gar armseligen Kleidern auf den Weg nach Herrnhut, und wiewohl wir die meisten Nächte unter freiem Himmel schlafen mußten, auch öfters unter Regen und Donnerwetter in den Wäldern irre liefen, so kamen wir doch am 31. Mai 1732 mit einem seligen und vergnügten Herzen daselbst an, und wurden mit vieler Liebe und Herzlichkeit aufgenommen. Als ich zum erstenmal in die Versammlung der ledigen Brüder kam, fragte mich der Graf von Zinzendorf: „Was hat dich bewogen, hierher zu kommen?" – Ich antwortete: „Ich wollte gern ganz des Heilands sein und ein beständiges seliges Herz haben." Darauf sagte er: „Das wirst du hier schon bekommen, wenn dir wahrhaft darum zu tun ist."

Ich war bald wie zu Hause, und ob man gleich zur damaligen Zeit auf die umliegenden Dörfer gehen mußte, um sich etwas verdienen zu können, so versäumte ich doch nicht leicht eine Versammlung, sondern kam dazu spät Abends von meiner Arbeit nach Herrnhut, um früh morgens schon wieder an meinem Geschäft zu sein. Der Heiland half mir, daß ich mich gut durchbringen konnte und niemand beschwerlich fallen durfte. (...)

Als der Graf von Zinzendorf zu Anfang des Jahres 1743 der Gemeine bekannt machte, daß ich nach Grönland gehen würde, sagte er: „Wer hätte gedacht, daß von hier aus das Evangelium unter die wilden Heiden gebracht werden sollte, und wer hätte gedacht, daß unser Bruder Beck, der kaum zur Gemeine gekommen ist, nach Grönland gehen sollte." (...)

Von der Zeit an bin ich durch die Gnade meines lieben Herrn in seinem Dienst an den armen Grönländern in diesem Lande geschäftig gewesen. Preis, Ehre und Macht sei ihm von mir armen Erlösten gebracht.

Ein Mitarbeiter Becks setzt den Lebenslauf fort und berichtet von dessen Frau und Kindern, von Reisen nach Europa und der Arbeit in Grönland, besonders von der Übersetzung des Neuen Testaments und des Gesangbuchs in die Landessprache. Schließlich schildert er Becks Sterben:

Nachdem er seine Frau dem Heiland angelegentlich empfohlen hatte, ließ er einen seiner Kollegen kommen und sagte zu ihm: „Ich bin sehr schwach und werde nun wohl zum Heiland gehen. Er hat mich gesucht und zu sich gezogen; ich habe auch die Gnade gehabt, ihm hier in Grönland nach meinem Vermögen zu dienen; ich habe alles gern und mit Willigkeit getan; oft habe ich mir Versehen zu schulden kommen lassen, aber der Heiland wird sie mir vergeben und mich als einen armen Sünder aus Gnaden zu sich nehmen." Darauf verabschiedete er sich von allen Geschwistern und erwartete den Heimruf seines Herrn. „Ach, Herr Jesus," betete er zuweilen, „stärke meine schwache Hütte und erleichtere mir meine Schmerzen; doch was sind dieselben gegen die Marter und Angst, die du für mich und um meinetwillen ausgestanden hast."

aus: Nachrichten aus der Brüdergemeine 1852, S. 967ff.

M9 Der Mensch: ein Wesen mit vielen Aspekten

Für die Bibel sind es insbesondere vier Merkmale, die verdeutlichen, was das Menschsein konkret beinhaltet und in seinem Wesen auszeichnet:

1. Der Mensch ist als Geschöpf ein personales Wesen

Der Mensch ist ein zum bewussten Denken, Wollen und Handeln und zur (sprachlichen) Kommunikation fähiges Subjekt, das von sich als einem „Ich" reden kann. Als Ebenbild Gottes (Gen 1,26) ist er „Statthalter" Gottes und hat auf der Erde Aufgaben (Gen 1,28). Sein „Ich" entsteht quasi in der Begegnung mit dem „Du" und wird in seinem inhaltlichen Sosein maßgeblich durch die Begegnung mit einem personalen Gegenüber (Gott; Mensch) geprägt.

2. Der Mensch ist als Geschöpf ein körperliches Wesen

Der Mensch wird in der Bibel ganz elementar als ein der Erde entnommenes, körperliches Wesen beschrieben, das nach dem Lebensende wieder „zur Erde" wird. Dies ist vom Schöpfer so gewollt und bejaht: „Und Gott sah an **alles**, was er gemacht hatte, und siehe: es war **sehr** gut." (Gen 1,31; vgl. 1 Tim 4,4).

3. Der Mensch ist als Geschöpf ein soziales Wesen

Der Mensch wird in der Bibel unentwegt als Beziehungswesen angesehen und nie als isoliertes Individuum. Vielmehr spielen die Zuordnung zum anderen Geschlecht, zur Familie (z.B. Geschlechtsregister), zur Volksgemeinschaft und zur Menschheit überhaupt eine wesentliche (das Wesen bestimmende!) Rolle!

4. Der Mensch ist als Geschöpf ein religiöses Wesen

Der Mensch wird von Anfang an als ein Wesen vorgestellt, für das eine Gottesbeziehung vorgesehen ist. Dort, wo der Mensch Gott nicht trifft, treten automatisch andere Götter an seine Stelle. Somit hat jeder Mensch etwas, an das er sein Leben rückbindet („religio").

Wo der Mensch als Mensch zum Zug kommen soll, gilt es diese vier Merkmale zu erhalten und zu entfalten: die Personalität, die Körperlichkeit, die Sozialität und die Religiosität. Diesen allen hat der Mensch Rechnung zu tragen und so zur Geltung zu bringen, dass das vorgegebene Ziel des Schöpfers erreicht werden kann. Dies ist die Basis einer christlichen Ethik: der Mensch als Geschöpf. Da der Mensch auch allen „nicht christlichen" Ethiken zugrunde liegt, gibt es zwischen beiden oft einen gemeinsamen Nenner dafür, was unter Menschlichkeit verstanden wird. Allerdings ist für eine christliche Ethik das Verständnis des Menschen abhängig von Jesus Christus, dem quasi exemplarischen Menschen. Damit sind die Gemeinsamkeiten zwischen christlicher und anders positionierter Ethik nicht infragegestellt, wohl aber relativiert. Nämlich dahingehend, dass sich die Tiefendimension des Menschlichen und der Humanität nach christlichem Verständnis erst durch Jesus Christus voll erschließt. Diese Differenz ist bei aller Diskussion um das, was menschlich ist, im Hinterkopf zu behalten. Christliche Ethik beruht auf der Befreiung der Glaubenden zur Gotteskindschaft und setzt die gänzlich unverdient empfangene Erlösung in Jesus Christus voraus. Dies unterscheidet eine christliche Ethik konzeptionell und wesentlich von allen nichtchristlichen Ethiken. Diese Basis und Voraussetzung bewahrt vor Überforderung des Menschen und führt damit letzten Endes zu mehr Menschlichkeit auf dem Planeten der Menschen.

Reiner Andreas Neuschäfer, 2008 (unveröffentlichter Text)

II. Gott schuf den Menschen – sich zum Bilde. Gottebenbildlichkeit und Rechtfertigung

Gott und Mensch – Spiegeleien

M1

Gott warnt und mahnt den Menschen.
Gott ruft und fragt den Menschen.
Gott geht mit Menschen mit.

Gott sagt zu jedem Unrecht nein, das Menschen Menschen tun –
und ja zu jedem neuen Anfang.
Gott hört und sieht das Leid von Menschen und befreit.
Gott wirbt und weint um Menschen.

Und schließlich: Gott wird Mensch.
Teilt Menschenleben, Menschenleid
in Jesus Christus, seinem Menschensohn.

Der Mensch will sein wie Gott.
Der Mensch will lieber ohne Gott sein.
Der Mensch will Gott gern dingfest machen.
Der Mensch will Gott für sich allein.
Der Mensch will richten über Gott und schließlich: schlägt ihn tot.

Der Mensch sucht Gott.
Der Mensch hört Gott und hört auf ihn.
Der Mensch würd Gott gern sehen und sieht ihm nach.
Der Mensch redet mit Gott und ringt mit Gott,
klagt vor Gott und ruft: Gott, sei mir gnädig.

Jetzt erkennt er stückweise, dann aber wird er erkennen,
wie er erkannt ist. (vgl. 1 Kor 13,12)

Martina Steinkühler, 2005, unveröffentlicht

Theologisch-didaktische Aspekte

Biblisch betrachtet verdankt der Mensch seine Würde seiner besonderen Beziehung zu Gott. Der Mensch ist am Anfang von Gott zu seinem Bild und Gleichnis erschaffen. Damit wird der Ursprung seines Seins, sein damit gesetzter Wert bzw. seine Würde und Gottes bleibende Gemeinschaft mit ihm erkannt. *Vor* allem menschlichen Denken, Erfahren und Erkennen war also das Wollen und Wirken Gottes selbst. Belege sind zunächst die beiden Schöpfungsberichte, in denen von der Gottebenbildlichkeit des Menschen (Gen 1,27) wie von seiner Rolle als Gottes „Verwalter" auf Erden (Gen 1,28; 2,15) ausdrücklich die Rede ist. Beide Aussagen geben zu denken und zu fragen und haben in der Geschichte des Glaubens und der Theologie vielfältige Deutungen erfahren. Lebendig und glaubhaft aber werden sie vor allem in der Bibel selbst, in der Art, wie Gott mit Menschen umgeht, und in den gelingenden und misslingenden Versuchen des Menschen, seiner Rolle gerecht zu werden. Vielleicht halten Sie inne und suchen für sich einmal aussagekräftige Bibelstellen (wörtliche Zitate) zu den Aussagen auf dem vorgezogenen Arbeitsblatt **M1**.

Ebenbild und Verwalter – beides deutet auf eines: Gott und Mensch stehen einander gegenüber, sie schulden einander Rede und Gegenrede, sie sprechen eine gemeinsame Sprache (auch wenn es für Gott nur eine unter vielen ist) und teilen die gleichen Sinne (auch wenn Gottes Sinne schärfer sind). Sie haben die gleichen Visionen (auch wenn der Mensch sie nicht wahrmachen kann) und wissen um Gut und Böse (auch wenn es den Menschen überfordert und Gott es ihm gern erspart hätte); sie sehen einander ins Gesicht, sie können lachen und weinen.

Biblische Gottebenbildlichkeit ist als Gabe und Aufgabe, als Verheißung und Verpflichtung, als Bestimmung und Beziehung zu verstehen. *Diese* inhaltliche Füllung des Begriffs sollen die Sch. entdecken und erkunden, bevor sie ihn als Argument z.B. in der Bio-Ethik-Debatte kennenlernen und verwenden. Gerade um christliche Ethik vor einer Überforderung zu schützen, ist mit den Sch. zu verdeutlichen, dass in der Bibel Gott zuerst als der Gebende und dann erst als der Gebietende/Fordernde vorgestellt wird. Der Indikativ steht also vor dem Imperativ! Dies wird besonders deutlich im Zuspruch Gottes als Präambel zum Dekalog in Ex 20,2 und in den neutestamentlichen Reich-Gottes-Gleichnissen.

Gegenüber neueren Formen von Religiosität hat die christliche Rede von der Gottebenbildlichkeit auch die Intention, eine „Göttlichkeit" des Menschen zu bestreiten. Gottebenbildlichkeit bedeutet eben nicht eine wie auch immer geartete Identität mit Gott. Daher sieht das Neue Testament eine Erlösung des Menschen auch nicht in einer Gleichheit mit Gott, sondern umschreibt diese in Bildern ungehinderter Gemeinschaft und unbekümmerter Kommunikation!

Die Gottebenbildlichkeit hat aber auch noch eine andere Dimension, die den Sch. zu vermitteln ist. Denn in ihr gründet sich (auch) die Gleichwertigkeit aller Menschen: Jeder Mensch ist auch aufgrund seiner Gottebenbildlichkeit zur Mit-Menschlichkeit bzw. Humanität verpflichtet. Weil auch der Mit-Mensch Schmerz empfindet, Glück erlebt und endlich ist, ist er so zu behandeln, wie man selbst behandelt werden möchte. Dies um so mehr, als diese Gleichheit aller Menschen wiederum die Basis zum Ertragen der Unterschiedlichkeit und Verschiedenheit aller Menschen ist: Obwohl man gleich ist, ist man verschieden und hat die Andersartigkeit eines anderen Menschen zu ertragen und zu achten. Die Fremdheit des anderen muss nicht Bedrohung oder Beängstigung hervorrufen, sondern kann auch als Beglückung und Bereicherung erlebt werden: „Christsein bedeutet das Recht, ein anderer zu werden." (Dorothee Sölle). Jeder Mensch ist anders und jeder Mensch verändert sich. Das heißt auch: Niemand geht auf in der Gleichartigkeit mit anderen Menschen. Die Masse oder das Kollektiv muss niemand als ein unabdingbares Korrektiv erleben.

Intentionen und Kompetenzen

- Die Sch. üben sich im Formulieren von Beschreibungen, dass der Mensch mehr ist als das, was biologisch, psychologisch, soziologisch über ihn ausgesagt werden kann.
- Sie erkunden, was für ein Gegenüber sich dem Menschen in der Bibel offenbart.
- Sie erproben, was es heißt, wenn Menschen Bilder Gottes sind – für Gott/für den Menschen.
- Sie beschreiben den Wert des Menschen vor einem Gott, der sie geschaffen, gewollt und sich ähnlich gemacht hat.
- Sie können in religiösen Ausdrucksformen der Sprache, Musik und Kultur existenzielle anthropologische Fragen erkennen.
- Sie können sich über verschiedene Ansichten auseinandersetzen und existenziell mit biblischen Begriffen umgehen.

Literatur und Medien

Albani, Matthias; Rösel, Martin: Altes Testament, Stuttgart 2002 (ctb; 92), S. 153-168

Bubmann, Peter/Landgraf, Michael: Musik hören: fühlen – wahrnehmen – sich auf Musik einlassen, in: Dies. (Hg.): Musik in Schule und Gemeinde. Grundlagen – Methoden – Ideen. Ein Handbuch für die religionspädagogische Praxis, Stuttgart 2006, 53-75

Dalferth, Winfried: Christliche Popularmusik als publizistisches Phänomen. Entstehung – Verbreitung – Rezeption, Erlangen 2000 (Studien zur Christlichen Publizistik; 2)

Depta, Klaus: Holy Fire. Christliche Rock- und Popmusik in Religionsunterricht, Jugend- und Gemeindearbeit, Limburg; Kevelaer 1999 (mit CD)

30. Deutscher Evangelischer Kirchentag Hannover 2005 e.V. (Hg.): LebensWeisen, Hannover 2005

Fietz, Siegfried: Von guten Mächten wunderbar geborgen. CD zu Texten von Dietrich Bonhoeffer, Greifenstein 1977 (Titel Nr. 2: Wer bin ich?)

Glaube und Lernen: Schöpfung und Natur, Glaube und Lernen 22./2008 (Heft 1)

Heinzmann, Richard u.a. (Hg.): Menschenwürde. Grundlagen in Christentum und Islam, Stuttgart 2008 (Interkulturelle und interreligiöse Symposien der Eugen-Biser-Stiftung; 1)

Hüffell, Angelika; Hirsch-Hüffell, Thomas: Gott macht aus Nichts eine Welt, Göttingen 2005 (Kinder glauben praktisch; 8)

Jost, Gesine: Negro Spirituals im evangelischen Religionsunterricht. Versuch einer didaktischen Verschränkung zweier Erfahrungshorizonte, Münster u.a. 2003

Kraus, Thomas J.: Wer bin ich? Identität und Selbstfindung. Ein unterrichtspraktisches Handbuch mit Arbeitsblättern für die Klassen 10-13 in der Fächern Religion und Ethik, Limburg; Kevelaer 2003, S. 14-20

Kruhöffer, Gerald: Der Mensch – das Bild Gottes, Göttingen 1999

Kubsch, Ron: Der Mensch – ein Ebenbild Gottes: „Staub und Majestät" – wie kann das sein?, in: Herrmann, Christian (Hg.): Wahrheit und Erfahrung – Themenbuch zur Systematischen Theologie. Bd. 2: Christologie, Anthropologie, Heiligung, Wuppertal 2005, S. 127-143

Leewe, Hanne/Neuschäfer, Reiner Andreas: Ich hatte von dir nur vom Hörensagen vernommen. Gottesbilder. Unterrichtsentwürfe und Arbeitshilfen für die Sekundarstufe II, Göttingen 2005, S. 59-62

Lehmann, Theodor: Negro Spirituals. Geschichte und Theologie, 2. Aufl. Stuttgart 1996

van Oorschot, Jürgen: Menschen – geschaffen als Gottes Ebenbild, in: Hille, Rolf; Klement, Herbert H. (Hg.): Ein Mensch – was ist das? Zur theologischen Anthropologie, Wuppertal; Gießen 2004, S. 40-60

PUR: Kinder sind Tabu (Text und Musik: Hartmut Engler und Ingo Reidl), auf der CD von PUR „mächtig viel theater", 1998, Titel Nr. 4

PUR: Leben (Text und Musik: Hartmut Engler und Ingo Reidl), auf der CD von PUR „Abenteuerland", 1995, Titel Nr. 3

Ritter, Werner H./Pohlmann, Margarete (Hg.): Gut oder Böse. Urteilsbildung in Schule und Gemeinde, Göttingen 2004

Rose, Tricia: „Ein Stil, mit dem keiner klar kommt. HipHop in der postindustriellen Stadt", in: SPoKK (Hg.): Kursbuch Jugendkultur. Stile, Szenen und Identitäten vor der Jahrtausendwende, Mannheim 1997, S. 142-156

Schmidt-Jortzig, Edzard: „Menschenwürde" als Zauberwort der öffentlichen Debatte. Demokratische Meinungsbildung in hoch komplexen Problemfeldern, in: Zeitschrift für Evangelische Ethik 52./2008 (Heft 1), S. 50-56

Schoberth, Ingrid: Zehn Lernwege für den Religionsunterricht. Ab Jahrgangsstufe 10, Göttingen 2008

Westermann, Claus: Am Anfang. 1. Mose, Teil 1: Die Urgeschichte – Abraham, Neukirchen-Vluyn 1986

Zum Bild Gottes geschaffen: Bioethik in evangelischer Perspektive, epd-Dokumentation Nr. 9, Frankfurt am Main 2002

Unterrichtsideen

M2 und M3: Zugänge

„Schöpfung" ist den meisten Sch. selbst bei geringer religionspädagogischer Vorbildung nicht nur ein Begriff, sondern ein „alter Hut":

Jene bunte Kindergeschichte, die einen glauben machen will, Gott sei als großer Zauberer aufgetreten, habe Stück für Stück die Welt aus dem Hut gezogen – am Ende auch zwei nackte Menschen inmitten grünenden und blühenden Überflusses. „Sollen wir uns mit solcher Kinderei beschäftigen? Sollte uns das was zu sagen haben?" Angesichts solcher Widerstände empfehlen Sigrid und Horst Klaus Berg die *Verfremdung*: „Wir müssen die Vertrautheit aufheben, damit die Bibel wieder frag-würdig wird", heißt es in der Einführung ihrer Materialsammlung „Biblische Texte verfremdet"

(München/Stuttgart 1988). Ein solcher Impuls ist der Schöpfungstext von Ludwig Hirsch (**M2**).

- Lesen Sie den Text mit verteilten Rollen. Lesen Sie ihn mehrfach und zunehmend dramatisch.
- Einigen Sie sich auf Regieanweisungen, vor allem auf die Ausgestaltung der Rollen Gottes und des Teufels.
- Angenommen: Der Teufel macht sich ans Werk … Jahrhunderte später betrachtet ein Engel die Erde und die Menschen – *Werke des Teufels* – und schreibt einen Beschwerdebrief an Gott: „Die Menschen, Gott, hättest du lieber selbst machen sollen". Schreiben Sie solche Engelbriefe und lesen Sie sie sich gegenseitig vor.
- Lesen Sie zu zweit den sog. ersten biblischen Schöpfungsbericht (Gen 1,1 bis 2,4) und erarbeiten Sie eine eigene Gestaltung. Dabei soll deutlich herauskommen: Was denkt sich – der *biblische* – Gott bei dem, was er tut? Wie und wozu erschafft er den Menschen?
- Hören Sie sich den Anfang der szenischen Lesung aus „Die Große Hörbibel. Regie: Philipp Schepmann" (Stuttgart 2007) an und interpretieren Sie die „dramatisierte Einspielung der Bibel"!
- Der Mensch – ein Werk des Teufels? Überlegen Sie, wie man auf diese Idee kommen kann – und versuchen Sie, sie zu widerlegen. Gestalten Sie aus Ihren Überlegungen eine Collage, eine bildliche Darstellung, eine kurze Inszenierung für die Gesamtgruppe.

Wer Zeit und Mut hat, kann auch mit einer *Töpferstunde* anfangen: Die Sch. formen mit geschlossenen Augen kleine Menschen – und wundern sich anschließend über das Ergebnis.

Erkenntnisgewinn: „Menschen machen" ist *Handarbeit* und die Ergebnisse sind ebenso individuell, einmalig und unverwechselbar wie die Gedanken, die Empfindungen, die inneren Bilder und die Hände des Schöpfers im Augenblick der Entstehung. „Menschen machen" ist ein „intimes" Miteinander des Künstlers und seines Kunstwerks, das sich aus dem Werkstoff herausformen lässt. Dazu können Meditationstexte entstehen wie (oder ganz anders als) das Beispiel **M3**.

Die Übung, die hier angedeutet ist, braucht einen eigenen Raum und folgende Materialien:[1]

- eine Stange Ton (5 kg) für 12–15 „Menschen" (Bastelladen oder Töpferei),
- unmittelbar vorher mit Draht in Portionen geschnitten,
- feste (Maler-)Plastikplane,
- Tücher zum Verbinden der Augen,
- einige kleine Schalen mit Wasser, alte Handtücher oder auch Papiertücher,
- kleine Pappstreifen und Stifte für die Namensgebung am Schluss,
- evtl. CD-Player mit CD (z.B. Vivaldi: 4 Jahreszeiten; Hans-Jürgen Hufeisen: Die neue Flöte),
- Zimbel,
- eine Holzbohle

Es empfiehlt sich folgender Ablauf:

- Alle sitzen in zwei gegenüberliegenden Reihen am Boden. In der Mitte eine Bahn kräftige Plastikfolie – wie eine lange Tafel. Darauf einige Schalen mit Wasser und einige Tücher zum Trocknen der Hände.
- Wenn jeder gesehen hat, wo was steht, werden die Augen verbunden.
- Jede und jeder bekommt eine Portion Ton, mindestens so groß wie vier Fäuste.
- Von jetzt an sollte nicht mehr gesprochen werden.
- Die Figur am besten aus dem *gesamten* Ton entstehen lassen.
- Da es oft schwer fällt, die Stille zu ertragen, kann Musik helfen.
- Wer seine Figur fertig hat, legt sie vor sich hin.
- Nach ca. 12 Min. erklingt ein Signal – die Aufforderung, zum Abschluss zu kommen. Die Augenbinden werden abgenommen.
- Jeder wendet sich nun zuerst der eigenen Figur zu, kann noch ein paar Stellen glätten und verstreichen.
- Als Nächstes gilt es, einen Namen für die Figur zu finden. Den kann man auf ein kleines Pappschild schreiben.
- Die Figuren werden auf die Holzbohle gelegt, gesetzt oder an eine Stütze (Steine oder Holzscheite) angelehnt, die Namensschilder dazu gelegt.
- Den Abschluss bildet die gemeinsame Begehung. Abwertende Kommentare/Spott sollten sich von selbst verbieten.

1 Nach: Angelika Hüffell/Thomas Hirsch-Hüffell, Gott macht aus Nichts eine Welt, Göttingen 2005 (Kinder glauben praktisch; 8).

M1, M4, M5: „Zum Bilde Gottes"

Unter der Rubrik „Fragen. Zweifel – Sehnsucht" findet sich im Kirchentagsgesangbuch 2005 ein Song, der das Motto des 30. Kirchentags „Wenn dein Kind dich morgen fragt" aufnimmt, um darauf zu antworten „Mehr als dies" (**M4**). Das ist eine Antwort auf die Frage nach dem Sinn des Lebens wie auf die Frage nach dem Menschsein im Angesicht Gottes. Ein Einbezug dieses Textes in anthropologische Lernarrangements bietet sich besonders dann an, wenn zugleich das Kinderwunsch-Motiv (z.B. PID) eine Spiegelung erfährt: Es gibt auch Menschen, die bewusst auf Kinder verzichten – Ist das tatsächlich eine *unreligiöse* Entscheidung, wie es der Liedtext suggeriert?

- Lesen/Singen Sie das Lied.[2]
- Tragen Sie die Fragen zusammen, die „das Kind" stellt.
- Diskutieren Sie die Antworten in Strophe 1 und 3: Sind sie logisch, beweiskräftig, glaubwürdig? Wie entfalten sie ihre Wirkung?
- „Dieses Lied erzeugt Bilder", sagte eine Kirchentagsbesucherin, die begeistert mitsang. Können Sie ein solches Bild gestalten?
- Die zweite Strophe macht eine provozierende Aussage: Welche? Und wie stehen Sie dazu?
- Wo bringt das Lied Aspekte der Gottebenbildlichkeit zur Sprache? Welche Gefahren entstehen, wenn auch dem „Mehr als dies" ein „Zu viel" wird?
- Lesen Sie die Anekdote (**M5a**) und den persönlichen Erfahrungsbericht (**M5b**) sowie den meditativen Text (**M5c**). Wo sehen Sie Anknüpfungspunkte zum Stichwort „Ebenbildlichkeit" und „Materialismus"? Was ist der Mensch – biologisch bzw. emotional? *Gruppenarbeit*: Fallen Ihnen weitere Perspektiven ein, aus denen die Frage beantwortet werden kann? Tragen Sie möglichst viele Definitionsversuche zusammen und versuchen Sie eine kreative Gestaltung.
- Die Sch. verfassen einen eigenen Text als Antwort auf die Frage „Was mögen sie wirklich?" (**M5c**).

Ein *Menschen-Cluster* kann veranschaulichen, dass der Mensch mehr ist als die Summe seiner Teile: Jeder Sch. erhält einen Stapel Karteikarten (ca. 10).

- Schreiben Sie bis zu zehn Eigenschaften oder Fähigkeiten auf, die *unbedingt* zum Menschen dazu gehören – immer nur eine pro Karte.

Diese Karten werden an Tafel oder Pinnwand um einen stilisierten Menschen herum gruppiert; Doppelnennungen werden übereinander geheftet. Dann werden Eigenschafts- und Fähigkeitskarten sukzessiv weggenommen, wobei jedes Mal die Frage diskutiert wird, ob ein Mensch ohne das entsprechende Merkmal zum „Nicht-Menschen" wird. Am Ende wird ein möglichst pointiertes Ergebnis formuliert und festgehalten, z.B. „Der Mensch ist mehr als die Summe seiner Teile".

- Was ist der Mensch aus christlicher Perspektive? Überlegen Sie, was Ähnlichkeit für das Miteinander bedeutet, indem Sie Texte verfassen (Gedicht, Brief, Rede anlässlich einer Hochzeit) mit der Überschrift: „Ihr passt gut zueinander".
- Die Bibel entfaltet den Gedanken der Gottähnlichkeit – „Gott und Mensch passen gut zueinander" – anhand vieler Geschichten vor allem der Begegnung, Auseinandersetzung, Unterhaltung zwischen Gott und Mensch: Abraham, Mose, Hiob, König David, die Propheten, die Sänger der Psalmen im Alten Testament, Begegnungen mit Jesus im Neuen Testament. Suchen Sie in der Bibel *eine* Geschichte, *einen* Text oder *einen* Vers, der für Sie besonders eindrucksvoll zeigt, dass Gott und Mensch einander *verstehen*. (u.U. mithilfe von **M1**)
- Verfassen Sie ein Gebot (oder mehrere), um einer Verführung des Menschen zum Unmenschlichen, zur Funktionalisierung, Respektlosigkeit oder zu einem würdelosen Umgang „vorzubeugen".

M6, M7, M8: „Wenig niedriger" als Gott

Staunen darüber, dass Gott sich so viel Mühe mit seinen Geschöpfen gegeben hat, und das Bewusstsein des Wertes, den jedes Geschöpf dadurch hat (ich und die anderen), gehören unmittelbar zusammen, wie alte und neue Texte in verschiedenen Zusammenhängen veranschaulichen können.

Mit dem Arbeitsblättern **M6a** bis **M6d** lassen sich Partner- oder Gruppenarbeiten durchführen; die Fragestellung für **M6a** und **M6b** geht aus dem Blatt hervor. Zu **M6c**: Gerade Traditionsstücke wie Luthers Kleiner Katechismus (**M6c**) lohnen die Neuentdeckung; hier sind größtenteils Erstkontakte anzubahnen. Einzuführen wäre das Arbeitsblatt etwa so:

2 Evtl. eine Version auf YouTube oder der DVD „Man sieht sich – 25 Jahre HRK", Hannover 2005, anschauen.

Der Kleine Katechismus Martin Luthers war zum Kennenlernen der wichtigsten christlichen Glaubenswahrheiten gedacht – wie die Anfangsszene des Romans zeigt: Da wird die achtjährige Tony „abgefragt“, zugleich aber auch hinterfragt. Ihr Großvater legt den Finger auf die Wunde: Was Luther der Anschaulichkeit wegen ausführlich entfaltet, trifft die Lebenswelt eines Kindes gerade nicht …

- Diskutieren Sie das Vermittlungsproblem in der Gruppe.
- Überlegen Sie, wie Sie heute jüngeren Kindern erklären würden, was der erste Artikel des Glaubensbekenntnisses für sie bedeutet, Menschen zusagt und abverlangt.
- Machen Sie einen entsprechenden „Unterrichtsentwurf“.

Eine weitere Gruppe arbeitet mit dem Evangelischen Gesangbuch:

- Gesangbuchlieder besingen Gott, den Schöpfer – bittend, lobend, in Ehrfurcht, Hoffnung, Vertrauen. Untersuchen Sie Beispiele und beschreiben Sie, was jeweils die Tatsache, dass Gott der Schöpfer der Menschen ist, für die – singenden – Menschen bedeutet; Beispiele sind etwa: EG Nr. 316, 327, 360, 408, 432, 454, 503, 508, 515, 533.
- Bereiten Sie eine möglichst anschauliche Darstellung Ihrer Ergebnisse vor.

In den Gruppen herauszuarbeiten und als Ergebnis festzuhalten ist jeweils:

- *Der Mensch, der sich als Geschöpf Gottes erfährt, sagt:*
  Dass ich bin, kann ich nicht selbst machen.
  Dass ich wert bin, kann ich nicht selbst machen.
  Gott hält mich wert.

- *Gott hat sich Mühe mit mir gegeben.*
  Das ist mein Wert – und der Wert aller anderen
  Geschöpfe Gottes.
  Verhalten wir uns so.
  Behandeln wir auch alle anderen so.

M6d präzisiert den Staunen-Aspekt bei Psalm 8. Hinter welche Sätze würden Sie ein Fragezeichen setzen oder ein Ausrufezeichen? Welche Formulierung würden Sie lieber streichen? Begründen Sie!

M7 präsentiert den Gedanken der Geschöpflichkeit als Antwort auf die Frage eines Menschen in der Krise nach seiner Identität bzw. nach der Stimmigkeit von Außenwirkung und Selbstwahrnehmung bzw. die Spannung zwischen Selbstsicht und Fremdsicht. Der berühmte Text von Dietrich Bonhoeffer kann Anlass zu einer biografischen Begegnung geben – ein Referat oder ein Projekt „Um Gottes Willen – Dietrich Bonhoeffers Widerstand“ macht anschaulich, wie existenziell bzw. existenzbedrohend es sein kann, die Verantwortung vor Gott ernst zu nehmen. Bei Dietrich Bonhoeffer findet die Entdeckung der Diskrepanz zwischen Selbstbild und der Sicht anderer eine gewisse Lösung in der In-Frage-Stellung bzw. Beurteilung durch Gott. Die Sch. können die Relevanz eines solchen Perspektivenwechsels insbesondere dann erfassen, wenn sie Dietrich Bonhoeffer zuvor als Person vor Augen haben. Hierzu eignet sich etwa der Film „Die letzte Stufe“ bzw. andere biographiebetonte Verfilmungen. Eine individuelle Vertonung dieses Textes findet sich als Titel Nr. 2 auf der CD „Von guten Mächten wunderbar geborgen“ von Siegfried Fietz.

Im Zusammenhang mit diesem Baustein sind folgende Bearbeitungsaufgaben zu **M7** weiterführend:

- *Wer bin ich? Verfassen Sie ein Gedicht zu diesem Titel (Elfchen, Vierzeiler oder frei).*
- *Lesen Sie das Gedicht Bonhoeffers „Wer bin ich?“,* **M7**. *Vergleichen Sie es mit Ihrem eigenen, so dass Sie Ergebnisse/Beobachtungen/Fragestellungen in die anschließende Aussprache einbringen können.*
- *Vergleichen Sie Ihre „Darbietung“ des Textes mit der musikalischen Umsetzung durch Siegfried Fietz! Wo entdecken Sie Überraschendes, Störendes oder Angenehmes?*
- *Nennen Sie Bonhoeffers „Problem“ mit der Beantwortung der Frage „Wer bin ich?“ und beschreiben Sie seine Lösung.*
- *Gestalten Sie Ihr eigenes und/oder Bonhoeffers Ich-Bild ohne Worte.*

Anhand des Märchens *Die Bremer Stadtmusikanten* (Gebrüder Grimm) lässt sich mit den Sch. die Auswirkung des ausdrücklichen Eindrucks, „nicht mehr gebraucht zu werden“ thematisieren. Wie kann man mit dieser Ohnmacht umgehen? Wie empfinden die Sch. die kreative Lösung der Betroffenen? Wo gibt es innerhalb der Schule ähnliche „soziale“ bzw. „funktionale“ Konflikte/Mobbing? Wie können die Sch. mit sich selbst oder anderen umgehen, wenn die Belastungen des (schulischen) Alltags erheblich werden? Die Sch.

überlegen sich in Partnerarbeit Kompensationsmöglichkeiten für das Problemfeld, aufgrund mangelnder Fähigkeiten und Möglichkeiten für andere Menschen weniger interessant zu sein.

Der Text *Menschenwürde und Gottebenbildlichkeit* **M8** lässt sich von den Sch. erarbeiten unter der Fragestellung: Worin sieht der Autor eine Nähe zwischen den Aussagen des Immanuel Kant und einer biblisch begründeten Anthropologie? Präsentieren Sie ein konkretes Beispiel für den Unterschied von Würde und Würdigkeit!

Eine Pro-Kontra-Diskussion lässt sich auf Grundlage folgender Aussage organisieren:

„Der Mensch als Person hat seine unverlierbare Würde von Gott her und nicht von seinen Leistungen, auch nicht von seinen Fehlleistungen her. Dennoch sind seine Taten nicht beliebig. Es gibt für mich und den anderen förderliche und schädliche Taten. Nur wer Grenzen kennt, nimmt wahr, wenn er sie überschreitet. Und wahrscheinlich muss man auch Grenzen lieben, um den anderen auf der anderen Seite der Grenze zu lieben. Denn sonst vereinnahmt man allzu leicht in bester Absicht den anderen, der sich vor lauter gutem Willen gar nicht retten kann." (Michael Meyer-Blanck)

In Zusammenarbeit mit dem Musik-, Geschichts- und Englischunterricht können fächerübergreifend *Negro Spirituals* einerseits als eine Sprachform des religiösen Ausdrucks und andererseits als zeitgeschichtliche Dokumente von Rassentrennung und Diskriminierung ins Spiel und die Frage nach der Würde des Menschen zur Sprache gebracht werden. Hierzu ist zunächst der historische und biographische Hintergrund afrikanischer Sklaven in Amerika, vor dem die Negro Spirituals entstanden sind, zu vergegenwärtigen. Dies kann in Form von Kurzreferaten zur Sklaverei (und deren Überwindung) oder durch Ausschnitte aus Filmen wie „Roots" o.ä. erfolgen. Auch ein Einstieg über die Faszination von Spiritual- bzw. Gospelmusik in den Filmen „Sister act" und „Sister act 2" hat sich für die Sch. als eindrücklich erwiesen.

Negro Spirituals tragen in jedem Fall zu einem Reflexionsprozess von existenziellen Erfahrungen und Fragen bei, wenn sie nicht bloß gesungen, sondern auch übersetzt bzw. übertragen werden. Besonders geeignet von den bekannteren Negro Spirituals sind

- „Oh freedom" und
- „Sometimes I feel like a motherless child"

mit der ausdrucksstarken Sehnsucht nach Freiheit, Heimat und würdevollem Dasein. Anstatt sich selbst unentwegt als frei denkendes und handelndes Subjekt voller Würde wahrzunehmen, wurden die Versklavten zu einem unbefristeten Objektdasein als Eigentum eines anderen Menschen verurteilt. Diese Stellung, die den Versklavten menschliche Grundrechte vorenthielt, nahm ihnen mit der persönlichen Freiheit auch ihre menschliche Würde. Nicht die eigene Persönlichkeit mit Wünschen und Emotionen, mit einem Recht auf freie Entfaltung der eigenen Identität, bestimmt die Lebensperspektive, sondern ihre körperliche Arbeitskraft. Hier wiederum lassen sich Parallelen zur heutigen Wirklichkeit feststellen. Zu überraschenden Einsichten kann ein Referat über den Hintergrund und die Parallelen von Negro Spirituals und Techno-Musik bzw. HipHop oder Rap führen. Hierbei wäre insbesondere die Rolle des Gesangs und der Texte zu thematisieren. Ein Ursprung des HipHop liegt in der Animation und Motivation zum Tanzen. Der in den 1970er Jahren entstandene Sprechgesang griff als Sprachrohr von diskriminierten Minderheiten auch soziale, politische und persönliche Themen in seinen Texten auf. Rap wird direkt auf die afro-amerikanischen oralen Protesttraditionen zurückgeführt und lässt erhebliche Anleihen aus dem Bereich der Negro Spirituals erkennen.

Eine Chance, Menschenwürde in aktuellen Bezügen zu thematisieren, bieten auch *Lieder der moderneren Pop- und Rockmusik* an. Zu bevorzugen ist, die Sch. selbst nach geeigneten Titeln suchen zu lassen. Darüber hinaus eignen sich beispielsweise das Lied „Leben" von PUR (CD „Abenteuerland", 1995) und der Titel „Kinder sind tabu" von PUR (CD „mächtig viel theater", 1998) zur Behandlung verschiedener Aspekte von Menschenwürde. Der erste Titel fragt nach der Mitverantwortung für die „Vernichtung" von Leben im Nationalsozialismus, dem Gehorsam und der aktuellen Relevanz: „Wie kann ein Mensch zum Unmensch werden? Das höchste Gut mit Füßen treten: Leben". Der zweite Titel zeigt, wie leicht – aufgrund von historischer Distanz – über vorherige Generationen gerichtet wird und die unwürdige Behandlung von Menschen in der Gegenwart (Kinderpornographie) verharmlost wird: „Das ist kein Kavaliers-, kein Sexualdelikt, sie machen Geld damit – sogar im Internet. Kinder werden videogerecht gequält." Zur kreativen Erarbeitung der Liedtexte eignen sich ausgelegte, laminierte Fotos im DINA5-

Format, aus denen sich die Sch. je eines aussuchen, beschreiben und den Bezug zum Liedtext zur Sprache bringen.[3]

Ein Beispiel für Wahrnehmungsschulung und einen religiösen Lernort als Alltagsphänomen stellt **M9a** dar. Die Aufschrift auf dem Stein lautet: „Historischer Friedhof. Letzte Beisetzung 1834. Bitte achten Sie die Würde dieses Ortes". Drei Steine mit dieser Aufschrift finden sich am Wegesrand in der Nähe der Evangelischen Kirche in Erkelenz-Schwanenberg (Nordrhein-Westfalen). Die Sch. sollten zunächst lediglich das Foto genauer wahrnehmen und ihre spontanen Assoziationen dazu äußern. Zu fragen wäre nach einer Begriffsbestimmung von „Würde":

- Was bedeutet „die Würde dieses Ortes"?
- Welchen Unterschied macht die Formulierung „*des* Ortes" und „*dieses* Ortes"?
- Worin besteht die „Würde" eines historischen Friedhofes, dessen letzte Beisetzung im Jahr 1834 war?

Durch die Erarbeitung eines Dialogs/einer szenischen Darbietung wird die Kreativität der Sch. in besonderem Maße herausgefordert. Der Entwurf eines Würde-Schildes – alternativ für einen Kindergarten, eine Schule, ein Pflegeheim, ein Zuhause, das eigene Zimmer – ist eine Möglichkeit für die Sch, sich in andere Personen hineinzuversetzen und Menschen von einer anderen Seite wahrzunehmen.

Das Arbeitsblatt **M9b** stellt die Würde der Mutter und die Würde des Kindes in ein besonderes Verhältnis zueinander: Wie ist es zu bewerten, wenn menschlichen Vorstellungen und Plänen „ein Strich durch die Rechnung gemacht wurde". Wie ist mit den Folgen daraus umzugehen? Hier könnten die Sch. ein Gespräch zwischen Mutter und Kind oder noch eher zwischen Kind und dessen Freund/Freundin ausarbeiten und anschließend inszenieren. Oder einen Brief an das betroffene 9-jährige Kind zu Papier bringen. Allerdings ist hierbei ausgesprochene Sensibilität gefragt aufgrund der eigenen Situationen der Sch. (und auch L)!

Das Arbeitsblatt **M9c** präsentiert Menschen-Rechte in ungewöhnlicher Form. Hier lohnt es sich, mit den Sch. nachzuspüren, welchen Unterschied es ausmacht, in welcher Weise Menschenrechte zur Sprache gebracht werden. Dies beginnt mit dem Bindestrich zwischen „Menschen" und „Rechte" und hört bei den Belegstellen aus der Bibel oder dem „P.S." noch lange nicht auf. Die Sch. können die „Dortmunder Menschen-Rechte" mit den Formulierungen „normaler" Menschenrechte vergleichen. Sinnvoll ist es, die biblischen Belegstellen mit den tatsächlichen Formulierungen der Menschen-Rechte zu überprüfen: Sind die Folgerungen zwingend aus den Bibelstellen abzuleiten? Wo bleiben die Menschen-Rechte offen bzw. ungenau? Worauf zielt die Zehn-Zahl der Menschen-Rechte?

3 Siehe zur Methodik näher: Reiner Andreas Neuschäfer: Beziehungsweise(n) im Berufsschul-Religionsunterricht: „Engel zu Staub" (PUR), in: AUFbrüche. Hausnachrichten des Pädagogisch-Theologischen Instituts der Kirchenprovinz Sachsen und der Landeskirche Anhalts 9./2002 (Heft 1), S. 30-39. Die Texte sind auch abgedruckt in PUR. Das kleine Songbook, Berlin 2007.

Im Anfang

„Niemand kann deine Schönheit bewundern“, sprach der Teufel zu Gott in der Höh.
„Und ich hab mich selbst an die Wand gemalt, auch das kann niemand sehen!
Wozu diese ewige Finsternis? Entschuldige, du Gott, ich verstehe das nicht!“
„Du hast Recht!“, rief der Herr zum Teufel, und er sprach: „Es werde Licht!“

„Gut“, sprach der Teufel zum Herrn, „du hast Tag und Nacht geschaffen,
doch wenn es Tag ist, wo wirst du spielen, wenn es Nacht ist, wo wirst du schlafen?“
„Wo werd ich spielen? Wo werd ich schlafen? Oh ja, wie Recht du hast!“
Und Gott schuf den weiten Himmel, er wurde sein Prachtpalast.

„Gut gemacht“, sprach der Teufel, „du wohnst jetzt, wie sich's gehört.
Nur der Ausblick, den du hast, der ist deiner noch nicht wert!“
„Ja, bunte Blumen sollen blühen auf der Erde, ich will Farben sehen!“, rief der Herr.
Und er schuf auch die grünen Wälder, und er schuf das blaue Meer.

„Sei gepriesen!“, rief der Teufel, „du hast ein Wunder vollbracht!
Du hast die Erde da unten schöner als deinen eigenen Himmel gemacht!“
„Schöner als den eigenen Himmel? Moment einmal!“, rief der Herr
und er schmückte ihn schnell mit Juwelen, das waren Sonne, Mond und Sterne.

„Welch eine Pracht!“, jubilierte der Teufel, „Psalmen sollen erklingen,
doch das Problem ist, edler Herr, es ist niemand da, sie zu singen!“
„Dann müssen Sänger her!“, rief Gott, „die zu mir schnattern, miauen, tirilieren,
die zu mir bellen, die zu mir röhren!“ Und der Herr schuf die Tiere.

„Geliebter Herr“, schleimte der Teufel, „fünf Wunder hast du vollbracht,
aber fehlt nicht noch ein Wesen, nach deinem Ebenbild gemacht?“
„Das mach dir selbst!“, sprach Gott, „ich bin müde, ich will schlafen!“
Und so hat am sechsten Tag der Teufel den Menschen erschaffen.

Ludwig Hirsch
Aus: CD Ludwig Hirsch: Bis zum Himmel hoch, Polydor: Universal 1983.

M3

Der Schöpfer staunte …

Ein Klumpen Ton in meinen Händen.
Ich kann dich spüren, erdig, kühl.

Ich kann dich formen,
wie ich will. Bist ja in meiner Hand.

Ich fühl dich. Doch ich seh noch nicht,
was meine Hände tun.

Ich überlass dich meinen Händen.
Ob sie wohl wissen, was ich will?

Du Klumpen Ton in meinen Händen.
Hast du nun schon Gestalt bekommen?

Und jetzt: Was ist aus dir geworden –
Mensch? Ja, wollte ich dich so?

Ton-Mensch. Ich glaube, ich erkenn dich
nicht. Du bist sehr eigen, du bist du.

Sieh mich doch an. Ich seh dich auch –
Wie? Willst du anders, als ich wollte?

Und doch: Ich komm nicht von dir los.
Bist Teil von mir – durch meine Hände.

Martina Steinkühler 2005

Schreiben Sie eine eigene Meditation zu den Symbolen Stein, Blume oder Baum.
Sie können sich dabei an obigen Formulierungen orientieren!

Mehr als dies

M4

1. Wenn dein Kind dich morgen fragt:
   Wozu sind wir auf der Welt?,
   wenn es anfängt, sich zu wundern,
   wenn es wissen will, was zählt –
   seine Augen sind so groß wie ein weites Menschenmeer,
   dann bleib nicht die Antwort schuldig,
   fällt sie dir auch manchmal schwer.

   Was man ganz tief drinnen spürt,
   das kommt nicht von ungefähr.
   Glaub mir, denn es existiert …

… mehr als dies,
mehr als jetzt und mehr als hier,
mehr als dies …
und mehr als wir.

2. Wenn dein Kind dich morgen fragt:
   morgen Nacht in deinem Traum:
   Warum hast du dir vorgenommen,
   niemals Kinder zu bekommen?
   Glaubst du, dass du alles bist,
   gib mir Leben, gib mir Raum.
   Nichts muss bleiben, wie es ist,
   hör, was dir die Zukunft sagt:

Mehr als dies, mehr als dies,
mehr als hier, mehr als jetzt,
mehr als wir.

3. In uns scheint ein Licht,
   das verliern wir nicht;
   weil es jemand gibt,
   der uns immer liebt;
   der fast alles vergibt.

Ist es das, ist es das,
was wir glauben dürfen?
Ist das wie, ist das wie,
wie wir handeln können?
Ist es so, ist es so,
wie wir leben sollen?

Text: Heinz Rudolf Kunze, 2005
Single „Mehr als dies“,
Weltverbesserer Musikverlag/Edition M8 Musik,
Wedemark 2005

M5a Auch ohne Gott guten Appetit?

Als im Jahr 1946 der Tisch in Deutschland bei vielen sehr karg gedeckt war, sagte ein Theologieprofessor folgende Sätze in seiner Vorlesung:

„Jonathan war der Name des Freundes Davids. Der Name bedeutet „Der Herr hat's gegeben!" – Später sagte man nur noch ‚Nathan', das heißt: „Er hat's gegeben!". Man ließ also schon im Alten Testament Gott beiseite. Und heute scheint das auch wieder Mode zu sein. Also ich noch jung war, sagten die Leute mittags noch: „Gott segne dir die Mahlzeit!". Später ließ man Gott beiseite und sagte nur „Gesegnete Mahlzeit!" Dann ist mit der Zeit auch das „Gesegnete" weggefallen, und man sagte nur noch: „Mahlzeit! Mahlzeit!" Und inzwischen? Mittlerweile ist nun auch noch die Mahlzeit weggefallen!"

M5b Ein persönlicher Erfahrungsbericht zu „DDR-Spuren" in Ostdeutschland

Ich habe den Eindruck gewonnen: In dieser Gegend Ostdeutschlands wird der Mensch in erster Linie materialistisch, als Produkt angesehen: als wertvoll in seinen Funktionen, wenn man etwas von ihm und Interesse daran hat, sich mit ihm gut zu stehen („Wer weiß, wozu er mir noch mal nützlich sein könnte!"). Natürlich kann man nicht alle über einen Kamm scheren. Und Ausnahmen bestätigen die Regel. Schlimm ist auch nicht unbedingt, dass es so ist. Und derartige Tendenzen gibt es auch in anderen Teilen Deutschlands und Europas. Problematisch finde ich vielmehr, dass so getan wird, als seien vierzig Jahre Diktatur an den Menschen und ihrem Menschenbild spurlos vorüber gegangen. Diese Art „Funktionalisierung der Menschen" ist mir vor allem in drei Bereichen des alltäglichen Lebens aufgefallen:

- Wie mit Kindern umgegangen wird,
- Wie die Arbeit vergottet wird,
- Wie das Kollektiv zur Norm erhoben wird.

Wenn ein Kind geboren wird, ist selten die Frage: „Was braucht das Kind?". Vielmehr wird das gemacht, was bequem ist: kein Stillen, möglichst früh die sog. Sauberkeitserziehung ansetzen, damit man nicht mehr die Windel wechseln und überhaupt kaufen muss. Mit einem halben Jahr werden Kleinkinder in die Krippe gesteckt. Auch von den Müttern, die keine Arbeit haben und zuhause sind. Sie behaupten, dass das das Sozialverhalten der Kinder fördern würde. Sobald das Kind anspruchsvoller wird und stärkere Beachtung einfordert, wird es sofort als „kindergartenreif" tituliert. Während die Kinder acht Stunden in der „Einrichtung" sind, sorgen die Eltern erst mal für sich … Es herrscht ein enormer Kollektivzwang. Wer Arbeit hat, ist angesehen, wer nicht arbeitet (gegen Entlohnung), sondern bewusst zuhause bleibt, wird als „faul" bezeichnet. Kindererziehung zuhause gilt nicht als Arbeit, weil das ja andere machen könnten. Und wenn jemand eine Beschäftigung hat, wird diese schnell zu einer Art „Ersatzfamilie". In ihr findet man Erfüllung und seinen Wert. Auch daher ist es so verheerend, wenn jemand seinen Job los wird; er hat quasi keine Familie mehr und keine Menschen, denen er absichtslos begegnen kann.

Das, was alle machen, ist akzeptiert. Das Kollektiv ist eine Art Gott, dem alles untergeordnet wird. Wenn jemand gegen irgendetwas Bedenken hat, reagiert man mit: „Das war schon immer so. Uns hat es auch nicht geschadet! Wieso hast du ein Problem damit? Das machen doch alle!" Und schon steht man im Abseits. Denn nicht Argumente, Gefühle und Bedenken zählen, sondern dass die Masse homogen ist …

Miriam Neuschäfer, 2007

Was mögen sie wirklich?

M5c

Sie mögen deine Stimme
Und dass sie dich gerne hören können

Sie mögen deine Augen
Es ist angenehm, deinem Blick zu begegnen

Sie mögen deine Ohren
Es ist immer schön, jemand zum „Auskotzen" zu haben

Sie mögen deine Hände
Deine Hilfe ist immer gern gesehen

Sie mögen deine Sicht der Dinge
Mit dir kann man wenigstens noch diskutieren

Sie mögen deine schnellen Schüsse
Alle in der Mannschaft profitieren von deinen Toren

Sie mögen, dass du nicht Nein sagen kannst
So haben sie im Bus viel schneller ihre Hausaufgaben gemacht

Sie mögen so vieles
an dir
von dir
mit dir

Aber wer mag eigentlich dich?

Wer mag dich,
... wenn alle Vorteile
abgezogen werden?!
... wenn alle Vorzüge
verschwunden sind?!

Wer mag dich
... auch dann
... trotzdem
... immer noch?

Reiner Andreas Neuschäfer, 2008

M6a „Wenig geringer“

Wenn ich sehe die Himmel, deiner Finger Werk,
den Mond und die Sterne, die du bereitet hast:
was ist der Mensch, dass du seiner gedenkst,
und des Menschen Kind, dass du dich seiner annimmst?

Du hast ihn wenig geringer gemacht als Gott,
mit Ehre und Herrlichkeit hast du ihn gekrönt.
Du hast ihn zum Herrn gemacht über deiner Hände Werk …

Psalm 8, Verse 4–7a

> Ich hebe meine Augen auf zu den Bergen.
> Woher kommt mir Hilfe?
> Meine Hilfe kommt vom Herrn,
> der Himmel und Erde gemacht hat.
> Er wird deinen Fuß nicht gleiten lassen,
> und der dich behütet, schläft nicht.
> Siehe, der Hüter Israels schläft und schlummert nicht.
>
> Der Herr behütet dich;
> der Herr ist dein Schatten über deiner rechten Hand,
> dass dich des Tags die Sonne nicht steche
> noch der Mond bei Nacht.
>
> Psalm 121, Verse 1–6

Lesen Sie die Psalmen und spüren Sie den Bildern nach, die sich einstellen. – Nennen oder gestalten Sie Ihre Assoziationen.

An wen richten sich die beiden Lieder und in welcher Stimmung? Was bedeutet jeweils der „Größen“-Unterschied zwischen Gott und Mensch für den Menschen?

Welche Folgen hat die Tatsache, dass Gott der Schöpfer ist, für den Menschen? Formulieren Sie Ihre Antwort in einem neuen, eigenen Psalm.

> Jesus Christus spricht:
>
> „So ist's auch nicht der Wille bei eurem Vater im Himmel,
> dass auch nur eines von diesen Kleinen verloren werde.“
>
> Mt 18,14

„Du bist mein“

M6b

Gott, der Mächtige, der zugleich zugewandt ist – Ihm vertrauen gläubige Eltern in der Taufe ihr Kind an.

– Suchen Sie, probehalber, einen geeigneten Taufspruch aus und schreiben Sie dazu eine kurze Ansprache, die im Taufgottesdienst gehalten werden könnte. Hier einige Beispiele:

> Fürchte dich nicht, ich bin mit dir; weiche nicht, denn ich bin für dich Gott.
> Ich stärke dich, ich helfe dir auch, ich halte dich durch die rechte Hand meiner Gerechtigkeit. Jes 41,10
>
> Fürchte dich nicht, denn ich habe dich erlöst; ich habe dich bei deinem Namen gerufen; du bist mein! Jes 43,1b
>
> Siehe, in die Hände habe ich dich gezeichnet; deine Mauern sind immerdar vor mir. Jes 49,16
>
> Es sollen wohl Berge weichen und Hügel hinfallen, aber meine Gnade soll nicht von dir weichen, und der Bund meines Friedens soll nicht hinfallen, spricht der HERR, dein Erbarmer. Jes 54,10
>
> Ich habe dich je und je geliebt. Darum habe ich dich zu mir gezogen aus lauter Güte. Jer 31,3

Was dem Kind in diesem Vorstellungszusammenhang „mitgegeben“ wird, drückt ein modernes Tauflied so aus:

Vergiss es nie: Dass du lebst, war keine eigene Idee,
und dass du atmest, kein Entschluss von dir,
Vergiss es nie: Dass du lebst, war eines anderen Idee,
und dass du atmest, sein Geschenk an dich.

Vergiss es nie: Niemand denkt und fühlt und handelt so wie du,
und niemand lächelt so, wie du's grad tust.
Vergiss es nie: Niemand sieht den Himmel ganz genau wie du,
und niemand hat je, was du weißt, gewusst.

Vergiss es nie: Dein Gesicht hat niemand sonst auf dieser Welt,
und solche Augen hast alleine du.
Vergiss es nie: Du bist reich, egal ob mit, ob ohne Geld,
denn du kannst leben! Niemand lebt wie du.

Du bist gewollt, kein Kind des Zufalls, keine Laune der Natur,
ganz egal, ob du dein Lebenslied in Moll singst oder Dur.
Du bist ein Gedanke Gottes – Ein genialer noch dazu. DU BIST DU.

Jürgen Werth, 1982
Erstveröffentlichung auf der LP „Gedankenstrich“, Pila-Music 1982

Mögen Sie dieses Lied? Begründen Sie Ihren Eindruck inhaltlich.

M6c Schöpfung – „Was ist das?“

Ich glaube an Gott, den Allmächtigen, den Schöpfer des Himmels und der Erde.

Was ist das?

Ich glaube, dass Gott mich geschaffen hat samt allen Kreaturen,
mir Leib und Seele, Augen, Ohren und alle Glieder,
Vernunft und alle Sinne gegeben hat und noch erhält;
dazu Kleider und Schuh, Essen und Trinken, Haus und Hof, Weib und Kind,
Acker, Vieh und alle Güter;
mit allem, was not tut für Leib und Leben, mich reichlich und täglich versorgt,
in allen Gefahren beschirmt und vor allem Übel behütet und bewahrt;

und das alles aus lauter väterlicher, göttlicher Güte und Barmherzigkeit,
ohn all mein Verdienst und Würdigkeit;
für all das ich ihm zu danken und zu loben
und dafür zu dienen und gehorsam zu sein
schuldig bin.
Das ist gewisslich wahr.

Martin Luther, Der Kleine Katechismus, Das Zweite Hauptstück. Der Glaube.
Der Erste Artikel. Von der Schöpfung (EG 806.2)

„Was ist das. – Was – ist das ...“ Die Konsulin Buddenbrook ... kam ihrer kleinen Tochter zu Hilfe, die der Großvater am Fenster auf den Knien hielt. „Tony!“, sagte sie, „ich glaube, daß mich Gott – “ Und die kleine Antonie, achtjährig und zart gebaut, in einem Kleidchen aus ganz leichter changierender Seide, den hübschen Blondkopf ein wenig vom Gesichte des Großvaters abgewandt, blickte aus ihren graublauen Augen angestrengt nachdenkend und ohne etwas zu sehen ins Zimmer hinein, wiederholte noch einmal: „Was ist das“, sprach darauf langsam: „Ich glaube, daß mich Gott“, fügte, während ihr Gesicht sich aufklärte, rasch hinzu: „geschaffen hat samt allen Kreaturen“, war plötzlich auf glatte Bahn geraten und schnurrte nun, glückstrahlend und unaufhaltsam, den ganzen Artikel daher, getreu nach dem Katechismus, wie er soeben, Anno 1835, unter Genehmigung eines hohen und wohlweisen Senates, neu revidiert herausgegeben war. Wenn man im Gange war, dachte sie, war es ein Gefühl, wie wenn man im Winter auf dem kleinen Handschlitten mit den Brüdern den Jerusalemsberg hinunterfuhr: es vergingen einem geradezu die Gedanken dabei, und man konnte nicht einhalten, wenn man auch wollte.

„Dazu Kleider und Schuhe“, sprach sie, „Essen und Trinken, Haus und Hof, Weib und Kind, Acker und Vieh ...“ Bei diesen Worten aber brach der alte Monsieur Johann Buddenbrook einfach in Gelächter aus, in sein helles, verkniffenes Kichern, das er heimlich in Bereitschaft gehalten hatte. Er lachte vor Vergnügen, sich über den Katechismus mokieren zu können, und hatte wahrscheinlich nur zu diesem Zwecke das kleine Examen vorgenommen. Er erkundigte sich nach Tony's Acker und Vieh, fragte, wieviel sie für den Sack Weizen nähme, und erbot sich, Geschäfte mit ihr zu machen. [...]

Thomas Mann, Die Buddenbrooks, Gesammelte Werke in dreizehn Bänden, Bd. I, Frankfurt/Main 1990, S. 5f.,

Zum Staunen: Was ist der Mensch, dass du seiner gedenkst? (Psalm 8,5)

M6d

Ich staune über Psalm 8,

- über die Gedanken, die da zum Tragen kommen,
- über die Einsichten, die in seinen Worten zum Zug kommen
- über die Ansichten, die bei ihm über den Menschen zur Sprache kommen.

Zwar verneigt sich Psalm 8 tief vor der Größe und Allmacht Gottes. Doch er macht den Menschen nicht klein. Gott wird nicht groß gemacht auf Kosten des Menschen. Im Gegenteil. Ich höre da Großes vom Menschen, Beachtliches:

- „wenig niedriger als Gott"
- „gekrönt mit Ehre und Herrlichkeit"
- „zum Herrn gemacht über die Schöpfung"

Doch auch wenn hier der Mensch bemerkenswert beschrieben wird (im doppelten Sinne des Wortes!), bleibt Psalm 8 ein Loblied über Gott, ein Hoch auf den Schöpfer:

- Er hat es so gemacht!
- Er hat es so bestimmt!
- Er hat es so vorgesehen!

Gott hat dem Menschen die Gestaltung der Schöpfung anvertraut. Die „Herrlichkeit" des Menschen ist quasi ein Geschenk Gottes an seine „Ebenbilder" (1. Mose 1,27). Das ist eigentlich genug der Ehre, oder?

Wenn der Mensch in dieser Weise geehrt wird und ohne Wenn und Aber Ehre erfährt, dann heißt das für mich auch: Ich darf sein, wer ich bin. Ich muss keinen anderen aus mir machen, der mehr zu ehren wäre, der seine Ehre erst zu verdienen hätte. Gott hat mich angenommen und akzeptiert. Also bin ich geliebt und darf mich darüber freuen: Da zählt jemand auf mich.

Aus diesem Wissen darf ich Ja zu mir sagen. Aus dieser Erfahrung heraus kann ich nicht anders als mir ein „Okay" zu gönnen. Auch zu meinen Eigenheiten, zu meinen Macken, zu meinem Beschränktsein, zu meinen Grenzen, zu meinen Möglichkeiten, zu meinen Chancen. Gegen alle Stimmen von außen und von innen, die mir etwas anderes einreden wollen.

Wie sollte ich das nicht akzeptieren, was Gott längst bejaht hat? Mein Ja zu mir ist ja letzten Endes mein Einstimmen in Gottes Ja zu mir. Ich darf mich an mir selbst freuen, mich – wenn auch ein wenig schmunzelnd – lieb gewinnen. Und dann – dann! – darf ich genauso fröhlich an mir arbeiten, mich verändern. Ich darf zu Gott kommen, wie ich bin. Aber ich muss – Gott sei Dank! – nicht so bleiben wie ich bin.

Ich staune über Psalm 8.

Ich staune über Gott.

Ich staune über mich.

Reiner Andreas Neuschäfer, 2007

M7 Wer bin ich?

Wer bin ich? Sie sagen mir oft,
ich träte aus meiner Zelle
gelassen und heiter und fest
wie ein Gutsherr aus seinem Schloss.

Wer bin ich? Sie sagen mir oft,
ich spräche mit meinen Bewachern
frei und freundlich und klar,
als hätte ich zu gebieten.

Wer bin ich? Sie sagen mir auch,
ich trüge die Tage des Unglücks
gleichmütig, lächelnd und stolz,
wie einer, der Siegen gewohnt ist.

Bin ich das wirklich, was andere von mir sagen?
Oder bin ich nur das, was ich selbst von mir weiß?
Unruhig, sehnsüchtig, krank, wie ein Vogel im Käfig,
ringend nach Lebensatem, als würgte mir einer die Kehle,
hungernd nach Farben, nach Blumen, nach Vogelstimmen,
dürstend nach guten Worten, nach menschlicher Nähe,
zitternd vor Zorn über Willkür und kleinlichste Kränkung,
umgetrieben vom Warten auf große Dinge,
ohnmächtig bangend um Freunde in endloser Ferne,
müde und leer zum Beten, zum Denken, zum Schaffen,
matt und bereit, von allem Abschied zu nehmen?

Wer bin ich? Der oder jener?
Bin ich denn heute dieser und morgen ein andrer?
Bin ich beides zugleich? Vor Menschen ein Heuchler
und vor mir selbst ein verächtlich wehleidiger Schwächling?
Oder gleicht, was in mir noch ist, dem geschlagenen Heer,
das in Unordnung weicht vor schon gewonnenem Sieg?

Wer bin ich? Einsames Fragen treibt mit mir Spott.
Wer ich auch bin, Du kennst mich, Dein bin ich, o Gott!

Dietrich Bonhoeffer, 1944
Aus: Dietrich Bonhoeffer: Widerstand und Ergebung. Briefe und Aufzeichnungen aus der Haft, Gütersloh 2002, S. 179,

Menschenwürde und Gottebenbildlichkeit

M8

„Die Würde des Menschen ist unantastbar." Kein Satz macht die ethische Grundorientierung des Grundgesetzes der Bundesrepublik Deutschland deutlicher als dieser Satz aus Art. 1 Absatz 1, der der Präambel direkt folgt. Von „Menschenwürde" zu sprechen, bedeutet eine Grenze zu markieren, die im Handeln zwischen Menschen und im Handeln des Staates dem Einzelnen gegenüber nie überschritten werden darf. Sie fordert eine grundlegende Achtung jedem Menschen gegenüber, die er sich nicht erst durch Wohlverhalten verdienen muss, sondern die ihm als Mensch an sich zukommt.

Vernünftige Wesen – so *Immanuel Kants berühmte Beschreibung der Menschenwürde* – „stehen alle unter dem Gesetz, daß jedes derselben sich selbst und alle anderen *niemals bloß als Mittel*, sondern jederzeit *zugleich als Zweck an sich selbst* behandeln solle".[4] Kant erklärt den Begriff „Würde" an anderer Stelle auch, indem er ihn vom ökonomischen Wert absetzt: „Was einen Preis hat, an dessen Stelle kann (...) etwas anderes als Äquivalent gesetzt werden; was dagegen über allen Preis erhaben ist, mithin kein Äquivalent verstattet, das hat eine Würde."[5] Kant verwendet das ökonomische Paradigma hier, um den Unterschied zwischen einem Umgang mit dem menschlichen Leben in *Würde* und den Umgang mit solchem Leben als *Ware* deutlich zu machen.

Wie nahe der Philosoph Kant damit bei dem liegt, was eine biblisch begründete Anthropologie über den Menschen sagt, lässt sich anhand von drei Gesichtspunkten zeigen:

- Dass der Mensch (...) geschaffen ist „zum Bilde Gottes" (Gen 1,27), dass er „wenig niedriger gemacht" ist „als Gott" (Ps 8,6), gibt ihm einen Wert, der, wie Kant sagt, kein außerhalb seiner selbst liegendes Äquivalent besitzt. Dass diese Hochschätzung des Menschen in der Schöpfungslehre begründet liegt, unterstreicht, dass die damit verbundene Würde nichts ist, was sich der Mensch verdienen kann oder muss. Von Gott geschaffen ist *jeder* Mensch. Selbst da, wo der Mensch seinen mit der Gottebenbildlichkeit verbundenen Auftrag zum „Bebauen und Bewahren" (Gen 2,15) verfehlt, hält Gott an der in seinem Schöpfungshandeln konstituierten Beziehung zum Menschen fest.
- Die „vorrangige Option für die Armen", die sich durch ganz unterschiedliche Traditionen der biblischen Überlieferung zieht, zeigt, dass Gott für den Menschen gerade da eintritt, wo er durch menschliches Handeln seiner Würde beraubt wird, ob durch Armut, durch Ausbeutung oder durch Diskriminierung, etwa als Fremdling. Dass die Menschwerdung Gottes in Christus am Kreuz endet, dass Gott darin also selbst zum Opfer von Unrecht wird, ist eine unüberbietbare und religionsgeschichtlich einzigartige Unterstreichung dieser Option für die Armen, die im Kern eine Option für die Würde des Menschen ist.
- Die paulinische Interpretation des Kreuzestodes Jesu lässt sich als Plädoyer für ein Verständnis des Menschen verstehen, das die Würde des Menschen radikal von jeder Verdienstlichkeit entkoppelt. Aus reiner Liebe zum Menschen hat sich Christus hingegeben. Deswegen gilt ihm die von Gott zugesprochene *Würde* jenseits von religiöser, moralischer oder biologischer *Würdigkeit*.

Heinrich Bedford-Strohm, 2006
In: Adam, Gottfried/Lachmann, Rainer/Rothgangel, Martin (Hg.): Ethische Schlüsselprobleme. Lebensweltlich – Theologisch – didaktisch, Göttingen 2006, S. 357f.

4 Immanuel Kant: Grundlegung zur Metaphysik der Sitten, 1785, Akad.-A. IV (Berlin 1911), S. 433.
5 Ebd.

M9a

Foto: Reiner Andreas Neuschäfer, Erkelenz

Auf diesem Foto taucht das Wort „Würde" auf. Was könnte konkret damit gemeint sein? Was wäre eine „weniger würdevolle Verhaltensweise"?

Gestalten Sie eine Szene/einen Dialog, an deren/dessen Ende das Schlusswort steht: „Wer so etwas macht, missachtet die Würde dieses Ortes!"

Entwerfen Sie ein Schild zum Thema „Würde" alternativ für

- einen Kindergarten (die Würde des Kindes achten …)
- Ihre Schule (die Würde der Lehrkräfte …)
- ein Pflegeheim (die Würde des Alters …)
- Ihr eigenes Zuhause (die Würde der Eltern …)
- Ihr eigenes Zimmer (Ihre Würde …)

Schadensfall?

M9b

Wie das Leben so spielt. Manche Frauen würden alles dafür geben, ein Kind zu bekommen. Andere fürchten nichts mehr als dies. Zu den letzteren gehört eine Italienerin, die wegen einer misslungenen Abtreibung im Jahre 1993 Klage führte. Wegen der ungewollten Schwangerschaft habe sie ihren Ausbildungsplatz als Friseuse verloren und fordere 1,5 Millionen Euro Schadensersatz. Das Zivilgericht Genua verurteilte vorige Woche den Gynäkologen, das Krankenhaus und die Versicherung zur Zahlung von immerhin 62000 Euro. Die Richter verwiesen u.a. auf psychische Leiden durch den Status als allein erziehende Mutter, die bisher auf die finanzielle Unterstützung der Eltern angewiesen gewesen sei.

Das Kind möchte man nicht sein. Nicht als Glücks-, sondern als Schadensfall geboren zu werden, muss erstmal verkraftet werden. Und wenn der Mutter nach zehn Jahren noch nicht aufgegangen ist, dass ein Kind mehr bedeutet als eine finanzielle und Zeit raubende Belastung oder einen gesellschaftlichen Makel, dann ist die Hoffnung auf eine Sinnesänderung ziemlich gering. Welche Summe stünde dem Kind zu, wenn man sein psychisches Leiden durch den Status als ungewolltes Kind in Geld aufwiegen müsste?

Natürlich ist dies ein extremer Fall – sonst würden die Medien ihn nicht aufgreifen. Er ist nicht typisch und lässt sich nicht pauschal der Jugend von heute ankreiden, die angeblich nur ihre Selbstverwirklichung betreibt und überall das Ihre sucht. Aber ein Ausrufezeichen ist das schon, ähnlich wie die in Großbritannien möglich gewordene Selektion von Embryonen im Reagenzglas, um den geeigneten Spender für ein krankes Geschwisterkind aufwachsen zu lassen. Wann können Designer-Babys nach Elternwünschen selektiert werden mit Schadensersatzgarantie, wenn die Haare doch nicht blond sind wie vereinbart? Es ist gefährlich, dem lieben Gott ins Handwerk zu pfuschen. Uns fehlt der Überblick – und zunehmend auch die Achtung vor dem Leben.

Christine Lässig, 2004, in: „Glaube und Heimat. Evangelische Wochenzeitung für Thüringen" Nr. 31 (1.8.2004)

M9c

Menschen-Rechte

1. Niemand hat das Recht, einem Menschen die Mit-Menschlichkeit, die Förderung und die Hilfsmittel zu verweigern, die dieser zur Entfaltung seiner Lebensmöglichkeit braucht (Mt 20; 25).
2. Niemand hat das Recht, einen Menschen, der allein nicht zurechtkommt, seiner Not zu überlassen (Lk 10,30-35).
3. Niemand hat das Recht, einen Menschen zu schädigen oder zu verletzen (Mt 5,44f.).
4. Niemand hat das Recht, das Lebensrecht eines Menschen an Bedingungen (Merkmale, Eigenschaften) zu knüpfen (Ps 139,13-16).
5. Niemand hat das Recht, die Annahme eines Kindes zu verweigern, weil es nicht die gewünschten Merkmale oder Eigenschaften (z.B. Geschlecht, Unversehrtheit) aufweist (Ps 127,3).
6. Niemand hat das Recht, für andere Menschen zu verfügen, dass ihr Leben „nicht lebenswert" oder minderen Werts sei (Mk 2,16f.; Ps 22).
7. Niemand hat das Recht, das Leben auch nur eines einzigen Menschen übergeordneten Zwecken zu opfern (Mk 2,27).
8. Niemand hat das Recht, einen Menschen zu töten vom ersten Augenblick seines Lebens an (Gen 1,27; Ps 8).
9. Niemand hat das Recht, einen Menschen zu Handlungen zu zwingen oder zu verführen, die gegen sein Gewissen verstoßen (Mt 10,28; Apg 5,29).
10. Niemand hat das Recht, einen Menschen die Vergebung (die Chance zur Umkehr, zum Neubeginn) zu verweigern (Mt 18,21-35).

P.S.: Oft können wir es gar nicht vermeiden, gegen diese Menschen-Rechte zu verstoßen. Aber das gibt nicht das Recht, einen anderen Menschen seiner Lebenschancen zu berauben. Wir müssen und können die menschlichen Verhältnisse so gestalten, dass alle leben können.

Gesehen an einer Wand im Hauptgebäude der Universität Dortmund, 2008

III. Gott hält die ganze Welt in seiner Hand. Ehrfurcht vor dem Leben

Gott und Mensch – Spiegeleien

M1

Wie steht er da?
Lächelnd.
Versonnen.
Die Augen geschlossen.

Still steht er.
Auf festem Grund.
Äußerlich kann ihn nichts bewegen.

Innerlich viel.
Das kann man sehen.

Seine Arme sind lang.
Gerade so lang,
dass sie die Erde umfassen.

Er drückt die Erde an sein Herz.
Er herzt sie.

Erde, was kann dir geschehen?
So umfangen.
So lieb gehabt.

Erde, was bist du wert –
wenn einer wie ER dich liebt?

Martina Steinkühler, 2006, unveröffentlicht

Graphik: entnommen der Einladung zu „Jesus Christ – The life of the world. The sixth assembly of the world council of churches Vancouver Canada, July 24 to August 10 1983"

Theologisch-didaktische Aspekte

Solange die Erde besteht,
soll nicht aufhören Saat und Ernte,
Frost und Hitze, Sommer und Winter, Tag und Nacht.

Gen 8,22

Die Schöpfung ist, biblisch gesehen, kein einmaliger Akt, sondern der „Beginn einer wunderbaren Freundschaft". Was Gott mit Liebe geschaffen und mit Lob gebilligt und gesegnet hat, soll bestehen, soll bewahrt, bestaunt und aufgehoben sein – das Große wie das Kleine.

Nur tastend, nur annähernd lässt sich das Wunder vergegenwärtigen, am ehesten noch in Gegensätzen: Das unermesslich Große wie das unscheinbar Kleine sind bei Gott in guter Hut.

Als Hiob Sorge hat, dass Gott sein Leid nicht sieht noch achtet, zeigt Gott ihm die kosmischen Dimensionen seiner Ordnung (Hiob 38 und 40). Als Menschen sich zu wichtig nehmen, in ihrer Sorge um Speise und Trank und ums Morgen, weist Jesus sie an die Blumen und die Vögel des Feldes: Auch für sie ist gesorgt (Mt 6,25–33).

Die biblische Schöpfungsethik beschränkt sich nicht auf die Geschöpflichkeit des Menschen, sondern bezieht auch die außermenschliche Schöpfung in die Verantwortung des Menschen ein: Bereits der Auftrag in Gen 1,28f. betrifft keineswegs nur die Welt des Menschen, sondern beinhaltet die Tier- und Pflanzenwelt ebenso wie die leblose Wirklichkeit. Das Sabbatgebot gilt nicht nur dem Menschen, sondern kommt auch allem Rind, Esel usw. zugute (Dtn 5,14). Die dem Menschen gebotene Fürsorge bezieht sich schon im Alten Testament auch auf sein Vieh (Spr 12,10; Ps 36,7; Ps 104,14; Ps 147,9). Die Erde mit all ihren Lebewesen ist der liebenden Fürsorge des Menschen anvertraut, damit er verantwortlich – im Sinne des Schöpfers! – mit der außermenschlichen Schöpfung umgehe. Was Gott in Liebe erschaffen hat, darf der Mensch nicht misshandeln oder zerstören.

Die Sch. sollen die Überlegungen des vorigen Bausteins – „Was bin ich wert, weil ich gewollt bin?" auf alles Leben übertragen. Was bedeutet es, Leben im Großen wie im Kleinen als Gottes Gabe und Gottes Gegenüber zu betrachten? Welche Verhaltens- und Einstellungsänderung folgt aus dem Staunen und aus der Ehrfurcht? Achtsamkeit und Solidarität entstehen aus Erfahrungen eher als aus Belehrungen. Dies umso mehr als ein *selbstverständliches* Anknüpfen an elementare Gewissheiten ihrer Kreatürlichkeit bei den Sch. häufig nicht mehr möglich ist. Daher ist es *auch* Aufgabe eines christlichen Religionsunterrichts, das Kreaturbewusstsein wieder zu wecken und zu stärken. Demzufolge empfehlen sich hier vornehmlich erfahrungsorientierte, emotionale und gestaltungsoffene Zugänge.

Intentionen und Kompetenzen

Die Sch.

- können einen Zusammenhang zwischen einem Glauben an den Schöpfergott und einer Verpflichtung gegenüber allem Leben herstellen;
- können Unterschiede zwischen Ehrfurcht vor der Schöpfung und Vergottung der Schöpfung benennen;
- entdecken, dass Großes wie Kleines, Eigenes wie anderes Grund zum Staunen und zur Achtsamkeit sein kann;
- qualifizieren: Der Allmacht-Anspruch des Schöpfers und Erhalters der Welt ist unerträglich, wenn Gott ausschließlich als Tyrann erlebt wird; wo er aber in erster Linie „barmherzig, geduldig und gnädig" ist, kann in seiner Hand Leben gedeihen, selbst wenn er deutlich Grenzen setzt;
- erfahren, dass „Ehrfurcht vor dem Leben" in verschiedenen religiösen Zusammenhängen entstehen kann (Hinduismus, Animismus, Atheismus).

Literatur und Medien

Balsiger, Max Ulrich: Albert Schweitzers Ethik des Lebendigen: „Leben inmitten von Leben", Zürich 2008

Bauerochse, Lothar/Hofmeister, Klaus (Hg.): Du sollst … leben! Die Zehn Gebote in den ethischen Konflikten der Gegenwart, Würzburg 2005

Bubmann, Peter/Landgraf, Michael (Hg.): Musik in Schule und Gemeinde. Grundlagen – Methoden – Ideen. Ein Handbuch für die religionspädagogische Praxis, Stuttgart 2006

Bürig-Heinze, Susanne: Mensch macht Mensch. Christliche Ethik und Gentechnologie. Unterrichtsentwürfe und Arbeitshilfen für die Sekundarstufe II, Göttingen 2005

Haußmann, Werner/Lähnemann, Johannes: Dein Glaube, mein Glaube. Interreligiöses Lernen in Schule und Gemeinde, Göttingen 2005

Hüffell, Angelika/Hirsch-Hüffell, Thomas: Gott macht aus Nichts eine Welt (Kinder glauben praktisch), Göttingen 2005

Jost, Gesine: Negro Spirituals im evangelischen Religionsunterricht. Versuch einer didaktischen Verschränkung zweier Erfahrungshorizonte, Münster u.a. 2003

Keller, Volker: Albert Schweitzer und die ökologische Ethik, Stuttgart 1993 (EZW-Impulse; 37)

Köckert, Matthias: Die Zehn Gebote, München 2007

Körtner, Ulrich H.J.: Geburtlichkeit. Theologische Gesichtspunkte einer anthropologischen Grundbestimmung im Kontext medizinethischer Fragestellungen, in: Zeitschrift für Evangelische Ethik 52./2008 (Heft 1), S. 9-22

Küng, Hans: Spurensuche. Die Weltreligionen auf dem Weg (DVDs zu Stammesreligionen, Hinduismus, Chinesische Religion, Christentum, Judentum, Islam und Buddhismus), Grünwald: Komplett-Media 2006 (je 60 Min.)

Leewe, Hanne/Neuschäfer, Reiner Andreas: Ich hatte von dir nur vom Hörensagen vernommen. Unterrichtsentwürfe und Arbeitshilfen für den Sekundarstufe II, Göttingen 2005, S. 59-62.86-94

Mey, Reinhard: Bunter Hund (CD), 2007

Neuer, Werner: Naturtheologie als Basis einer ökologischen Ethik. Adolf Schlatters Beitrag zu einem verantwortlichen Umgang mit der Natur, in: Bockmühl, Markus (Hg.): Gott lieben und seine Gebote halten. In memoriam Klaus Bockmühl, Gießen 1991, S. 243-259

Nipkow, Karl Ernst: Weltreligionen – Weltethos – Weltfrieden. Offene Flanken des Weltethos-Programms in religionsphilosophischer, pädagogisch-evolutionstheoretischer und anthropologischer Sicht, in: Nipkow, Karl Ernst: Christliche Pädagogik und Interreligiöses Lernen, Friedenserziehung, Religionsunterricht und Ethikunterricht, Gütersloh 2005 (Pädagogik und Religionspädagogik zum Neuen Jahrhundert; 2), S. 138-161

Noormann, Harry u.a. (Hg.): Ökumenisches Arbeitsbuch Religionspädagogik, 3., erweiterte Aufl. Stuttgart 2007

Nord, Ilona: Albert Schweitzer. Leben mit einer Vision, Stuttgart 2008 (DVD mit Zusatzmaterial)

Rosenstock, Roland: Die Zehn Gebote und was sie heute bedeuten. Eine Gebrauchsanweisung, Reinbek 2007

Schneider-Flume, Gunda: Leben ist kostbar. Wider die Tyrannei des gelingenden Lebens, Göttingen 2002

Unterrichtsideen

Der Baustein beginnt mit Wahrnehmungsübungen. Für jüngere Sch. würde man Laufzettel oder einen Stationen-Parcours vorbereiten; lassen Sie die Jugendlichen hier selbst planen und initiieren. Das könnte so aussehen: Eine Hälfte der Gruppe erhält die Aufgabe, zum Staunen über die Erhabenheit der Schöpfung anzuregen; die andere Hälfte soll die Achtsamkeit gegenüber dem Kleinen und Unscheinbaren wecken und fördern. Denkbar wäre, dass die *erste Gruppe* Fotos aus dem Weltraum, von Naturwundern, Sonnenauf- und untergängen präsentiert, dass ein Planetarium besucht oder eine Fossiliensammlung besichtigt wird. Oder es wird ein Video zu Schöpfungswundern oder zur Faszination des Weltalls angesehen und in Ausschnitten präsentiert. Zahlenspiele erzeugen eine Ahnung von Alter und Weite des Kosmos, eine „Geschichte der Technik" kann zeigen, was der Mensch alles zustande gebracht hat. **M2a** und **M2b** steuern biblisches Material bei, mit dem die Sch. produktiv verfahren sollen: gestalterisch oder etwa als Sound-Background einer Installation oder Bilder-Show.

Die *zweite Gruppe* könnte Fühl-, Hör-, Seh-Spiele vorbereiten, Fotos von Käfern, Schmetterlingen, Blüten präsentieren, die Brechung von Licht in einem Wassertropfen vorführen, mit Lupe oder Mikroskop arbeiten. Oder zum Thema „Hässlich ist schön" ungewohnte Blicke auf Spinngewebe, Schlangen, Unkraut usw. inszenieren. Eine Tapete voller Kleckse wird aufgehängt – mit der Aufgabe: Was siehst du in den auf den ersten Blick so unschönen Klecksen? Meditationen oder Liebesgedichte an Kleines/Unscheinbares werden präsentiert oder es wird zum Verfassen solcher Texte angeregt. **M3** ist ein Beispiel.

Eine dritte Gruppe könnte sich mit dem Lied „Laudato si" auseinandersetzen oder einen Vergleich älterer und aktueller Schöpfungslieder durchführen.

Alternativ kann der Baustein mithilfe einer Bilderbuch-Analyse eröffnet werden: Etwa das jugendbuchpreisgekrönte Buch „Die ganze Welt" von Katy Couprie und Antonin Louchard (Hildesheim 2001), das Pop-up-Buch „Wunderbare Welt" von Nick Butterworth und Mick Inkpen oder beliebige „Wimmelbücher" (Ali Mitgutsch u.a.) werden den Sch. vorgelegt, mit den Leitfragen:

- Was gehört für die Bilderbuchmacher zur „ganzen Welt"?
- Auf welche großen und kleinen Dinge legen sie Wert?

- Was ist der Sinn der Darstellung bzw. was „lernen“ die kleinen Betrachter über die „Welt“ – was lernen sie möglicherweise nicht?
- Wie würden Sie mit einem Kind eines der Bilderbücher betrachten (Spielszene)?

M1, M4 und M5: Von allen Seiten umgibst du mich

Derart sensibilisiert stellen die Sch. den Rückbezug zu den biblischen Schöpfungsaussagen her: Die großen und die kleinen Wunder des Lebens, in dessen Zusammenhängen auch der Mensch steht, werden auf einen personalen Urheber zurückgeführt. Was als Lob an Gott gefeiert (**M4a**), als Trost den Menschen zugesagt ist (**M4b**), kann bedrängend sein für den, der vor Gott fliehen will (**M5**). Nur ein Gottesbild, wie es etwa in **M1** zu Grunde liegt, kann die Vorstellung „Gott ist allgegenwärtig“ zu einer frohen Botschaft machen. Lohnend ist es, einzelne Schöpfungstexte und z.B. Psalm 139 in der dramatisierten Einspielung von Bibeltexten wie bei „Die Große Hörbibel. Regie: Philipp Schepmann“ (Stuttgart 2007) vorzustellen und nach der emotionalen Wirkung zu fragen.

Die Sch. bearbeiten in Gruppen je alle vier Arbeitsblätter und stellen einander abschließend ihr Ergebnis zu einer der folgenden Aufgaben vor (evtl. vorher verabreden, wer was macht):

- *Hand-Schriften:* Arbeiten Sie mit dem Symbol „Hand“: Überlegen Sie, was Hände alles tun – im Guten wie im Bösen. Was für Hände sind das, die Gott da um die Erde und um das Menschenleben legt? Wie sollten sie sich von anderen Händen/Handlungen unterscheiden? Finden Sie eine Darstellungsform, um anhand von Händen zu zeigen, wie Gott der Bewahrer der Schöpfung und des Lebens a) in der Bibel, b) in der Kirche, c) in Ihrem Leben vorkommt. (a, b, c können wahlweise oder in Gegenüberstellung behandelt werden.)

- *Ohne Worte*: Welchen der vorgelegten Texte finden Sie am aussagekräftigsten? Entwickeln Sie eine Präsentationsform, die – möglichst – ohne Worte ausdrückt, was Ihnen an dem Text am meisten imponiert, einleuchtet, bedenkenswert erscheint.

- *Collage*: Erarbeiten Sie eine Zusammenschau der Thesen oder Stimmungen, die die vorgelegten Texte widerspiegeln. Veranschaulichen Sie diese, indem Sie Texte und von Ihnen frei zu wählende Materialien zu einer Collage zusammenstellen. Geben Sie ihr einen aussagekräftigen Titel.

M6: Du sollst nicht töten

Das Arbeitsblatt **M6a** dient als Gesprächsanlass; **M6b** ermöglicht eine vertiefende Beschäftigung mit den Geboten, wo dies sinnvoll scheint. Gerade in der Behandlung bzw. dem Aufgreifen der Zehn Gebote können das christliche Profil und die didaktische Qualität eines evangelischen Religionsunterrichts zum Tragen kommen. Gelingt es, das Gebot Gottes als das Schöpfungsgemäße bzw. Seinsgerechte erkennbar zu machen? Denn Gottes Wille ergibt sich nicht nur aus seinem Gebot, sondern auch aus dem Geschöpflichen und den Strukturen des Menschseins: Das sittlich Gute bzw. Gebotene ist einerseits Gebot des Schöpfers und andererseits identisch mit dem Schöpfungsgemäßen bzw. mit dem (philosophisch formuliert) Seinsgerechten. Schon aufgrund seiner Kreatürlichkeit hat der Mensch eine unverlierbare Verantwortung gegenüber Gott, dem Schöpfer allen Lebens, dessen unbedingtes „Du sollst“ nicht durch utilitaristische Zweckmäßigkeitserwägungen relativiert oder gar im Sinne eines falschen Autonomiedenkens dem subjektiven Ermessen des Menschen anheim gestellt werden darf. Im Konfliktfall zwischen der Erkenntnis des göttlichen Gebotes und der Einsicht in das Schöpfungsgemäße wird eine evangelische, d.h. auf Bibel und Bekenntnisschriften basierende Ethik grundsätzlich jener Erkenntnis des Willens Gottes Vorrang einräumen müssen, die sich auf die Bibel berufen kann.

Als Geschöpf Gottes ist der Mensch in seinem Leben unantastbar: Töten hieße die Verneinung des Lebens und Aufhebung eines Schöpfungsaktes. Jegliches Tötungsverbot schützt somit einerseits den Menschen und ist andererseits auch ein Vollzug des Schöpferwillens.

Zur Arbeit mit **M6a**: Weitere Widerworte gegen das fünfte Gebot sollen gefunden werden. Am Ende ist ein gemeinsamer Nenner zu finden: Töten fällt leicht, wenn ich das Opfer nicht als Gegenüber sehe, sondern als feindlich, minderwertig, „anders“.

- Formulieren Sie Gebote, die diesem Effekt vorbeugen.
- Suchen Sie Worte Jesu, die diesem Effekt vorbeugen.
- Sehen Sie im Kleinen Katechismus (EG) nach, wie Luther das fünfte Gebot erklärt – was fällt für Luther (außer aktivem Töten) unter das Tötungsverbot?
- Ergänzen Sie Luthers Erklärung im Hinblick auf *alles* Leben.

- Setzen Sie den Begriff „Xenophobie“ mit dem 5. Gebot in Beziehung!

Der Fischer und der Boss

In einen weiteren Rahmen als das bloße „Du sollst nicht töten“ stellt Reinhard Mey das Lied „Der Fischer und der Boss“ als Titel Nr. 2 (6:10 Min.) auf der CD „Bunter Hund“ (2007). In der auch religiöse Aspekte aufgreifenden Ballade führt Reinhard Mey vor Augen, wo letzten Endes Töten anfangen kann: bei der mangelnden Achtung vor der Schöpfung und der Missachtung eines Menschen, der aus irgendeinem Grunde erpressbar, manipulierbar oder auch einfach nur ausgeliefert ist. Von daher ist das Morden im eigentlichen kein moralisches, sondern ein Macht-Problem!

Mord über den Wolken

In einen Zusammenhang mit der Ehrfurcht vor dem Leben und der Realität der Menschenwürde kann das Gebot „Du sollst nicht töten“ durch Anschauen und Analyse des Thrillers „Mord über den Wolken“ (Video Verleih Taurus 1985; 92 Min.) gebracht werden. Der Film voller Überraschungen und Überschneidungen verschiedener ethischer Themen und Thesen kann eine differenzierende Sicht auf die Frage geben, worin auch für mordende Menschen eine Menschenwürde bestehen kann. Geschildert werden Urängste und Ursachen für Gewalt am Beispiel einer brutalen Flugzeugentführung. Der überragende Schluss, der das Morden der Mörder durch Menschen mit vermeintlicher Moral vor Augen führt, führt automatisch zu Diskussionen: Wo gibt es eine Grenze für das Gebot?

M7 bis M9: Ehrfurcht vor dem Leben

Schon vor Albert Schweitzer sprach der Tübinger Theologe Adolf Schlatter sich für eine „Ehrfurcht vor allem Geschaffenen“ aus. Bereits 1951 (!) hob Karl Barth in seiner Kirchlichen Dogmatik (Bd. III/4, S. 398-404) die „Verantwortlichkeit gegenüber dem außermenschlichen Leben“ hervor und prangerte sinnlose Verschwendungen und Zerstörungen an.

Ein Internet-Recherche-Auftrag, etwa bei „Google“ unter dem Suchbegriff „Ehrfurcht vor dem Leben“, stimmt bereits ein: Gemeint ist hier Leben, das über Menschenleben hinausgeht; Umweltschützer, Tierschützer, Friedensinitiativen und Vegetarier vereinigen sich unter diesem Stichwort. Und auch interreligiös wird man fündig: Der Schutz des Lebens spielt in den verschiedensten religiösen Zusammenhängen und mit den unterschiedlichsten Begründungen eine prominente Rolle. In Form einer Psalter-Werkstatt lassen sich die Worte der Psalmen in sozialkritischer und schöpfungstheologischer Hinsicht erarbeiten.[1]

M7, eine Andacht, die im Internet auf der EKD-Seite unter „Lebensart“ zu finden ist, reißt den Horizont entsprechend weit auf; dazu kann es folgende Aufgaben geben:

- Was ist Ehrfurcht, religiös betrachtet? – Entwickeln Sie Ihre Vision einer Welt, in der „Ehrfurcht“ regiert – mit Worten oder Bildern.
- Gibt es Unterschiede zwischen Ehrfurcht und Vergottung bzw. Vergötzung? Finden Sie präzise Formulierungen, die Unterschiede und evtl. mögliche Äquivalente aufzeigen.
- Welche Persönlichkeiten werden zitiert und was verstehen sie unter Ehrfurcht? Gestalten Sie die knappen Beispiele anschaulich.

Hier können sich Spezialistengruppen bilden oder Referate verteilt werden:

- Franz von Assisi und der Zusammenhang von Schöpferglaube und Schöpfungsliebe
- Albert Schweitzer (s.a. **M8**)
- Hans Küng und das „Weltethos“
- Der sog. „Konziliare Prozess für Frieden, Gerechtigkeit und Bewahrung der Schöpfung“

Suchen Sie nach kritischen Punkten und möglichen Einwänden z.B. zum Weltethos-Programm: Wo werden Religionen auf das Ethische reduziert? Ab welchem Punkt kann Ehrfurcht auch zum „Krampf“ werden? Verändert sich die Perspektive, wenn es nicht mehr um Igel, Säugetiere oder Meerestiere geht, sondern um Fliegen, Mücken, Ratten, Bandwürmer und Viren? Wird die Welt dadurch menschlicher, dass man *eine* Welt anstrebt – oder ist es sinnvoller nach der Würdigung *verschiedener* Welt*en* zu streben?

1 Siehe die kreativen Vorschläge für die Oberstufe bei: Hans-Michael Mingenbach und Lothar Ricken: Mit meinem Gott überspringe ich Mauern. Eine Psalter-Werkstatt, Aachen 2008 (Religion betrifft uns 1/2008).

M8 kann als Impuls für das Schweitzer-Referat verwendet werden; reichhaltige Materialien finden sich im Internet sowie auf der DVD von Ilona Nord „Albert Schweitzer. Leben mit einer Vision, Stuttgart 2008 (Dokumentarfilm mit umfangreichem Zusatzmaterial, 22 Min.); es ist sinnvoll, besonders auch den Kontext (Krieg, Afrika) zu recherchieren und darzustellen, in dem diese Gedanken entstanden.

Die Texte **M8b** und **M8c** sind Beispiele für die vielfältige Schweitzer-Rezeption und sollten nach Belieben durch andere Funde ergänzt werden. Betrachtungen wie **M8b** laden überdies dazu ein, dass die Sch. selbst produktiv werden.

Die Referate der Sch. können Einblicke und Einsichten geben zur Frage: Was motiviert die „Ehrfurcht vor dem Leben“, etwa in den Kontexten „Indien“/Seelenwanderungslehre bzw. Indianer/Naturreligionen? Auch hier suchen Einzelne oder Kleingruppen selbstständig Materialien und stellen sie vor. Beispielhaft etwa T.C. Luhan: Wie der Hauch eines Büffels im Winter. Indianische Selbstzeugnisse, 3. Aufl. Hamburg 1981 oder auch Peter Gerlitz: Mensch und Natur in den Weltreligionen, Darmstadt 1998, S. 10f.

Eine fünffache Mutter formulierte kürzlich: „Haustiere erhalten zur Zeit mehr Zeit und Zuneigung als kleine Kinder!“ Überprüfen Sie diese Aussage durch eine Umfrage oder die Überprüfung des aktuellen Fernsehprogramms (Werbung) bzw. der Reklame-Postwurfsendungen!

M9a und **M9b** signalisieren den Zusammenhang zwischen Respekt vor anderen und vor mir selber. Auf Grundlage des Textes **M9a** können Sch. ein eigenes Plakat entwerfen mit dem Titel „Ich verdanke mich …“. Interessante Entdeckungen zu machen und Gefühle zu entdecken gibt es durch Heranziehung von Baby-, Kinder-, Teenager- und Jugendbildern und einem Vergleich von „gleichzeitigen“ Fotos verschiedener Sch.

In diesem Zusammenhang kann auch eine Diskussion angeregt werden: In den 1980er Jahren war das Engagement für Natur, Umwelt und „3. Welt“ up to date. Gleichzeitig wurde von vielen Engagierten das „Recht“ auf Abtreibung bzw. die Liberalisierung der Abtreibungsgesetze propagiert. Passt das zusammen? Begründen Sie unter Einbezug einer Definition dessen, was „Leben“ ist!

Der Begründungstext **M9b** eignet sich aufgrund des klaren Duktus als Basis für einen Schüler-Vortrag oder für eine Visualisierung in Form eines Mind Map oder als Säulen-Darstellung (Auf welchen Pfeilern ruht die evangelische Ablehnung (rechts)extremistischer Gedanken?). Er kann auch als Anstoß für eine Diskussion über das Verhältnis von Ethik und Dogmatik bzw. zur Problematisierung des sozialen Auftrags der Kirche genommen werden.

Lob des Alls. Aus Psalm 104

M2a

Lesen Sie den ganzen Psalm 104. Er erzählt in vielen Bildern von der großartigen Ordnung der Schöpfung, die ihren Schöpfer lobt. Ordnen Sie die Schnipsel zu Gruppen mit folgenden Überschriften:

Das All ist Gottes Kleidung

Das All und Gottes Ordnung

Das All und Gottes Fürsorge

Das All und das Lob des Schöpfers

Licht ist dein Kleid

Du kommst daher auf den Fittichen des Windes

Lobe den Herrn, meine Seele

Du hast das Erdreich gegründet

Die Berge stiegen empor

Du hast eine Grenze gesetzt

Die Wasser dürfen nicht wieder das Erdreich bedecken

Du lässt Wasser in den Tälern quellen

dass alle Tiere des Feldes trinken

Du feuchtest die Berge von oben her

darüber sitzen die Vögel des Himmels

Du lässt Gras wachsen

dass du Brot … hervorbringst

dort nisten die Vögel

Wie sind deine Werke so groß!

Es warten alle auf dich …

Wenn du deine Hand auftust

so werden sie mit Gutem gesättigt

Ich will dem Herrn singen

Auszüge aus Psalm 104

Finden Sie ein *Sinnbild* für die Gottesvorstellung des Sängers!

M2b

Was Gott alles kann. Aus Gottes Reden an Hiob

Verschaffen Sie sich einen groben Überblick über das Hiob-Buch (z.B. im Internet!).
Lesen Sie Hiob 38 und Hiob 40, um den Zusammenhang der „Schnipsel" zu erkunden.

Und der Herr antwortete Hiob aus dem Wettersturm und sprach:

Wo warst du, als ich die Erde gründete?

Weißt du, wer ihr das Maß gesetzt hat oder wer über sie die Richtschnur gezogen hat?

Wer hat das Meer mit Toren geschlossen, als es herausbrach wie aus dem Mutterschoß?

Bist du zu den Quellen des Meeres gekommen ...?

Haben sich dir des Todes Tore je aufgetan, oder hast du gesehen die Tore der Finsternis?

Bist du gewesen, wo der Schnee herkommt ...?

Wer hat dem Platzregen seine Bahn gebrochen und den Weg dem Blitz und dem Donner, dass es regnet aufs Land, wo niemand ist, in der Wüste, wo kein Mensch ist, damit Einöde und Wildnis gesättigt werden und das Gras wächst?

Kannst du der Löwin ihren Raub zu jagen geben und die jungen Löwen sättigen, wenn sie sich legen in ihren Höhlen und lauern in ihrem Versteck?

Wer bereitet dem Raben die Speise, wenn seine Jungen zu Gott rufen und irrefliegen, weil sie nichts zu essen haben?

Weißt du, wann die Gämsen gebären ...?

Sieh da, den Behemot (*Riesentier, nach der Art des Nilpferds*), den ich geschaffen habe wie dich! ...
Sieh, welche Kraft ist in seinen Lenden und welch eine Stärke in den Muskeln seines Bauchs!

Kannst du den Leviathan (*Riesentier, nach der Art des Krokodils*) fangen mit der Angel ...?
Meinst du, er wird dich lang um Gnade bitten oder dir süße Worte geben?

Finden Sie in den Schnipseln oder in den Volltexten Anhaltspunkte dafür, warum Gott seine Großtaten aufzählt.

Wie kommt er dazu, ausgerechnet die beiden „Monster" Behemot und Leviathan hervorzuheben? Zeichnen Sie eines der beiden und versehen Sie es mit einem Motto, das dem Tenor der Gottesrede entspricht.

Pflanzenmeditation

M3

Der Samen liegt auf einem Stück saftiger, duftender Erde.

Es fällt Regen, es scheint die Sonne. In dem Keim beginnt sich etwas zu regen.

Ein Wind kommt und dreht den Samen vielleicht etwas, vielleicht hält er aber auch dem Wind stand und bleibt ganz am Platz.

An einer Stelle platzt der Samen und es kommt ein kleiner Keim zum Vorschein.

An einer anderen Stelle bohrt sich eine winzige Wurzel aus dem Keim und verankert sich im Boden. Der Keim wird größer, die Wurzel geht tiefer in den Boden.

Die Verankerung auf dem feuchten Boden ermöglicht es dem Keim, sich weiter und weiter dem Licht entgegen zu stemmen. Ein Frost lässt den Keim sich noch einmal zurückziehen. Doch mit dem nächsten Sonnenstrahl: Blätter entfalten sich, eine Knospe formt sich.

Doch da, die Sonne wird zu warm, es hat lange nicht geregnet, die Blume lässt ihre Blätter sinken, die Knospe neigt sich auch schon …

Endlich: warmer Regen, die Pflanze reckt sich wieder, wächst, Sonne kommt dazu, die Knospe platzt auf, die Blüte entfaltet sich und reckt sich zur Sonne hin.

Manche Blüten schließen sich nachts. Andere drehen sich nach der Sonne.

Was macht deine Blume? Sie verströmt einen besonderen Duft – kannst du ihn riechen?

Sie wird von Bienen und Hummeln umsummt, eine lässt sich auf ihr nieder und trinkt ihren Blütensaft.

Ein Wind kommt, ein Blütenblatt löst sich, Samen werden reif und fest, der Wind wird heftiger und kälter, die Blume knickt ein, senkt sich zu Boden, der Samen rollt im Wind an einen anderen Platz.

Es wird kalt. Eine Laubdecke breitet sich über dem Keim aus. Er schläft, bis er vom Frühling zu neuem Leben erweckt wird.

Angelika Hüffell, 2005
Aus: Hüffell, Angelika/Hirsch-Hüffell, Thomas: Gott macht aus Nichts eine Welt, Göttingen 2005

M4a

Er hält die ganze Welt …

Der Refrain eines bekannten Spirituals lautet: He's got the whole world in His hands …
In den einzelnen Strophen wird ausgeführt, was das bedeutet – die ganze Welt:
the tall and the short – the thick and the thin – mom and dad …

In deutscher Übertragung wird gesungen:

„Er hält die ganze Welt in seiner Hand …",
wobei die drei ersten Verse beliebig variiert werden:

… die Kleinen und die Großen

… das winzig kleine Baby

… Mond und Sterne …

……………………………………………

……………………………………………

Ergänzen Sie, was immer für Sie dazu gehört.

Kleiner Unterschied: „hands"/Hand – Was gefällt Ihnen besser: Singular oder Plural?

M4b

Fürchtet euch nicht!

Jesus Christus spricht:

Kauft man nicht fünf Sperlinge für zwei Groschen?
Dennoch ist vor Gott nicht einer von ihnen vergessen.
Aber auch die Haare auf eurem Haupt sind alle gezählt.
Darum fürchtet euch nicht; ihr seid besser als viele Sperlinge.

Lk 12,6f.

Schlagen Sie die Stelle nach. In welchem Zusammenhang stehen diese Worte?

Psalm 139: Am Ende bin ich noch immer bei dir!

M5

Lesen Sie den Psalm. Er erzählt in vielen Bildern von dem Verhältnis zwischen dem Sänger und Gott. Sortieren Sie die „Schnipsel" zu Gruppen, denen Sie eine gemeinsame Überschrift geben können.

du verstehst meine Gedanken von ferne

du siehst alle meine Wege

von allen Seiten umgibst du mich

wohin soll ich fliehen

du hältst deine Hand über mir

bei den Toten

gen Himmel

am äußersten Meer

wäre auch Finsternis nicht finster bei dir und die Nacht leuchtete wie der Tag

du hast mich gebildet im Mutterleibe

ich danke dir

deine Augen sahen mich

alle Tage sind in dein Buch geschrieben

wie schwer sind für mich deine Gedanken

Am Ende bin ich noch immer bei dir

erforsche mich
erkenne, wie ich's meine

leite mich auf ewigem Weg

„Big Brother ist watching you", kommentierte einmal ein Gottesdienstbesucher die Lesung des Psalms. Eine andere Mitfeiernde in der Kirche entgegnete: „Wenigstens einer, der genau weiß, wie's gemeint war und was dahinter steckte!" Diskutieren Sie diese beiden Assoziationen: Wo liegen sie nah? Wie sind sie einzuschätzen?

Finden Sie ein *Sinnbild* für die Gottesvorstellung des Sängers.

M6a

Du sollst nicht töten …

Kampagne zur Förderung von Zivilcourage[2]

… ja, aber ich musste mich doch wehren.

… ja, aber er war schlecht.

… ja, aber das war doch bloß ein …

… ja, aber ich hab doch nicht selbst …

… ja, aber da kann ja jeder kommen …

… ja, aber ich habe ihn nicht erkannt …

… ja, aber das Baby war doch nicht gewollt …

… ja, aber ich war so in Wut …

… ja, aber so lautete der Befehl …

…ja, aber …

Finden Sie weitere „Ausreden"!

Was haben solche Ausreden gemeinsam? Wie kann man sie entkräften?

Lesen Sie Mt 5,21f. und treiben Sie das Gebot weiter auf die Spitze:
Es ist gesagt: Du sollst nicht töten. – Aber auch …

2 Poster der Zeitschrift „Zivil. Zeitschrift für Frieden und Gewaltfreiheit", Stuttgart 2005. Abdruck mit freundlicher Genehmigung.

Gebote zum Leben

Ich bin so frei, mein Leid auf Gott zu werfen, meine Schwächen vor Gott zu bringen, meine Hoffnung und Kraft aus Gott zu schöpfen.	**1** Ich bin der Herr, dein Gott. Du sollst nicht andere Götter haben neben mir.
Ich bin so frei, mit Gott zu rechnen, Gott ernst zu nehmen, mit Gott nicht zu spaßen.	**2** Du sollst den Namen deines Herrn nicht unnütz gebrauchen.
Ich bin so frei, mit Gott zu ruhen, mit Gott zu feiern, Gottes Segen zu spüren.	**3** Du sollst den Feiertag heiligen.
Ich bin so frei, dass ich Menschen besonders achte, an die mich mehr bindet als Freundschaft und Sympathie. Gottes Segen ist es, der Eltern und Kinder aneinander verweist.	**4** Du sollst deinen Vater und deine Mutter ehren.
Ich bin so frei, dass ich alles Leben achte und bewahre.	**5** Du sollst nicht töten.
Ich bin so frei, dass ich die Bindungen meiner Mitmenschen ebenso achte und bewahre wie meine eigenen.	**6** Du sollst nicht ehebrechen.
Ich bin so frei, dass ich das Hab und Gut meiner Mitmenschen ebenso achte und bewahre wie mein eigenes.	**7** Du sollst nicht stehlen.
Ich bin so frei, dass ich mit der Wahrheit leben kann und mir nicht meine eigene Wahrheit zurecht drehen muss.	**8** Du sollst nicht falsch Zeugnis reden wider deinen Nächsten.
Ich bin so frei, dass ich darauf vertrauen kann, dass Gottes Segen für alle reicht. Ich muss meinen Mitmenschen ihr Glück nicht neiden. Und nicht ihr Hab und Gut.	**9** Du sollst nicht begehren deines Nächsten Haus. **10** Du sollst nicht begehren deines Nächsten Weib, Knecht, Magd, Vieh, noch alles, was sein ist.

Schlagen Sie die Zehn Gebote im Kleinen Katechismus auf (EG); vergleichen Sie diese und Luthers Interpretation. Worauf ist jeweils besonderer Wert gelegt?

M7 Stichwort „Ehrfurcht“

Empfinden Sie Ehrfurcht? Und wovor? Was macht den Unterschied zwischen Respekt und Ehrfurcht aus? Macht der Zusammenhang von Ehre und Furcht in einem Wort Sinn? Geht Ehrfurcht aus der Furcht hervor? Hat sie mit Achtung zu tun? Mit Größe gar? Oder ist der Begriff Ausdruck einer autoritären Denkweise, die Sie für überholt halten?

Ehrfurcht. Klingt altbacken. Irgendwie scheint sie tatsächlich aus der Mode. Der Duden führt diese Tugend zwischen Ehrerbietung und Ehrgeiz. Aber dem nagelneuen, bald neunhundertseitigen Evangelischen Erwachsenenkatechismus ist sie kein Stichwort wert. Dabei entstammt das Wort, das die Furcht mit der Ehre verbindet, dem religiösen Bereich. Es steht für eine Haltung, in der man noch etwas wahrnimmt, für das der Ehrfurchtslose blind ist: das Geheimnis der Dinge und die Werte ihrer Existenz. Für die Empfindung, dass etwas heilig-unnahbar ist. Für die Erfahrung des Hohen, Mächtigen und Herrlichen, des Jenseitigen letztlich. Des Einzigartigen auch. „So ein Spinnentüchlein voll Regentropfen – wer macht das nach?“, fragt der Dichter Christian Morgenstern. Der Schriftsteller Peter Handke sagt es etwas derber: „Du musst dich hinabbeugen zu den Dingen; zu hochgewachsen bist du für die Schöpfung, Menschenaffe.“

Von Franz von Assisi, dem italienischen Ordensstifter, wird erzählt, er habe kleine Würmer vom Weg aufgelesen, damit sie nicht von den Füßen der Vorübergehenden zertreten würden. Er habe Lampen, Leuchten oder Kerzen nicht angerührt, weil er mit seiner Hand ihren Glanz nicht entstellen wollte. Den Bienen habe er Honig und guten Wein geben lassen, damit sie in der Kälte des Winters nicht umkämen. Man hat ihn dafür der taubenhaften Einfalt bezichtigt. Aber wird man ihm damit gerecht?

Unermüdlich hat der Arzt und spätere Träger des Friedensnobelpreises, Albert Schweitzer, im Urwaldhospital Lambarene die Ehrfurcht vor dem Leben gepredigt. Seine Formel: „Leben inmitten von Leben, das leben will“. In seinem Inspirationsbuch „Fünfzig Engel für das Jahr“ traut Anselm Grün, Verwalter der Benediktinerabtei Münsterschwarzach, einem „Engel der Ehrfurcht“ zu, auf einer Party das Klima des Klatsches in eine Atmosphäre der Achtung zu verwandeln, in einem Parlament die verletzenden Vorwürfe zum Verstummen zu bringen und sie als unanständig zu entlarven, in einer Gemeinschaft die Neugier verebben zu lassen, in die Geheimnisse jedes Einzelnen eindringen zu wollen. Es brauchte bei vielen Gelegenheiten Engel der Ehrfurcht, die die Intimität schützen und die Neigung zu Sensationsgier und Zynismus in Respekt vor der Würde des Menschen verwandeln.

„Die Ehrfurcht“, so Anselm Grün, „schafft eine Atmosphäre von Feingefühl, Zartheit und Lebensschutz.“ Die ist auch bitter nötig. Denn solange die Erde steht, wird das Leben zwar immer kostbar sein, aber immer auch gefährdet und bedroht.

Für den Religionsphilosophen Romano Guardini beginnt alle wirkliche Kultur damit, dass ein Mensch ehrfürchtig zurücktritt, dass er der Person ihre Würde lässt und dem Werk seine Schönheit. Der Tübinger Theologe Hans Küng sieht in der maßgeblich von ihm beeinflussten, vom „Parlament der Weltreligionen“ schon 1993 formulierten „Erklärung zum Weltethos“ eine unverrückbare Weisung in Selbstverpflichtung zu einer Kultur

- der Gleichberechtigung und der Partnerschaft von Mann und Frau,
- der Toleranz und eines Lebens in Wahrhaftigkeit,
- der Solidarität und einer gerechten Wirtschaftsordnung,
- der Gewaltlosigkeit und der Ehrfurcht vor allem Leben.

Dafür bleibt noch viel zu tun. Doch es lohnt jede Anstrengung, diesen Zukunftsentwurf entschieden zu verwirklichen. Denn am Leben sein heißt noch nicht leben.

Hans-Albrecht Pflästerer, 2005, unter: http://www.ekd.de/lebensart/ehrfurcht.html

M8a

„Ich bin Leben, das leben will, inmitten von Leben, das Leben will."

Albert Schweitzer

Diese Erkenntnis bringt Albert Schweitzer dazu, seine Ethik der „Ehrfurcht vor dem Leben" zu entfalten. Finden Sie heraus:

- Wann war das?
- Wo und unter welchen Umständen?
- Wer war Albert Schweitzer?
- Was wollte er?
- Wie wirkte er (dazu auch **M8b** und **M8c**)?

Bedenken Sie dabei folgendes Predigtbeispiel, das Schweitzer verwendete:

„Der Landmann, der auf seiner Wiese tausend Blumen zur Nahrung seiner Kühe hingemäht hat, soll sich hüten, auf dem Heimweg in geistlosem Zeitvertreib eine Blume am Rande der Landstraße zu köpfen, denn damit vergeht er sich am Leben, ohne unter der Gewalt der Notwendigkeit zu stehen."

Albert Schweitzer, Was sollen wir tun? Zwölf Predigten, Heidelberg 1974, S.44f.

M8b

Denkanstoß

Der Autoscheinwerfer erfasst ihn kaum. Mitten auf der Straße liegt ein überfahrener Igel. Plattgedrückt von unzähligen Autoreifen, kann man seine putzige Gestalt nicht mehr erkennen. Mir fällt die Geschichte vom Hasen und dem Igel ein, in der der Igel als der Schlauere den Hasen austrickst und zuletzt Sieger bleibt. Gegenüber dem Menschen hat er keine Chance.

Wer in der Natur kann es schon gegen den Menschen aufnehmen? „Ob er gleich tot war?", frage ich mich. Ob er das überhaupt mitbekommen hat, der Igel? Ob er Familie hat, vielleicht Kinder? Ob jene das Fehlen eines Elternteils überhaupt wahrnehmen? Merkwürdige Gedanken, werden Sie vielleicht sagen. Ein Igel, wie viele Menschen kommen ständig im Verkehr um. Ist der Mensch mehr wert als ein Igel? Natürlich, in der Selbsteinschätzung wird das jeder bejahen. Aber das ist unser Fehler, unser Denkfehler. Leben ist immer gleich wertvoll. Christen sollten das wissen. Gott ist mein Schöpfer und er war der Schöpfer dieses toten Igels. Ehrfurcht vor dem Leben, so hat es Albert Schweitzer einst genannt. Er hatte recht. Ehrfurcht vor dem Leben. In der Bibel steht, dass die Natur seufzt unter dem Menschen und sehnsüchtig wartet auf die Erlösung. Auch dieser Igel.

Helmut Breit, Kirchenrat, in der Sendung des Bayerischen Rundfunks „Auf ein Wort"
Aus: Igel-Bulletin Ausgabe 9/Mai 1993

M8c Predigt: Tiere sind weder Menschen noch Ware

Wenn ich so Reklame anschaue, dann beeindruckt es mich immer wieder, wie viel Energie investiert wird, „unseren vierbeinigen Freunden", wie es so heißt, „ein ganzes Leben in Schönheit, Widerstandsfähigkeit und Vitalität zu garantieren". Da wird z.B. „abwechslungsreiches Futter so recht nach Katzengeschmack" angeboten „mit 16 Vitaminen und 8 Spurenelementen". Es gibt Tiere, die werden wie liebste Menschen verwöhnt. Alle unsere Gefühle und manchmal auch unsere Neurosen projizieren wir auf sie. Andere Tiere behandeln wir brutal, als ob sie empfindungslose Wesen wären. Auch nach den bundesrätlichen Verordnungen vom 27. Mai 1981 zum neuen Tierschutzgesetz dürfen wir Mutterschweine immer noch in engsten Käfigen halten und kurz anbinden, so dass sie sich kaum bewegen können und noch viel weniger im Dreck wühlen, wie sie es sonst so gerne machen würden. Kälber dürfen wir weiterhin in Einzelboxen sperren, damit sie möglichst schnell möglichst weißes und schwammiges Fleisch ansetzen. Dabei weiß doch jeder, wie gerne Kälber ein paar Sprünge machen, wie sie das freut, und uns freut es auch, wenn wir sie sehen. Ich habe jetzt immer und absichtlich gesagt: Wir. (...)

Vielleicht sagt jetzt der eine und andere: Was geht das denn den da an und was hat das mit dem *Wort zum Sonntag* zu tun? Viel! Der Sonntag ist der Tag, den wir meistens nicht in unseren Werkstätten, Büros und Fabriken verbringen, sondern eher in der Natur draußen, und da erfahren wir – z.B. wenn es uns einmal so richtig verregnet – dass wir nicht nur die Herren der Schöpfung, sondern selber Geschöpfe sind und die Tiere unsere Mitgeschöpfe. Das hat nicht erst Franz von Assisi entdeckt. Das hat schon die Bibel gesehen, wenn sie z.B. vorschreibt: „Sechs Tage lang darfst du arbeiten, am siebten aber sollst du keinerlei Arbeit tun, weder du selbst, noch deine Untergebenen, noch eines von deinen Tieren" (5 Mose 5,13–15). Die Haustiere werden hier ganz selbstverständlich als Teil der menschlichen Gesellschaft gesehen, als ihr schwächster Teil. Und die Gerechtigkeit und der Anstand einer Gesellschaft bemessen sich daran, wie gut es ihren schwächsten Mitgliedern geht, nicht daran, wie fett ihre stärksten Mitglieder werden. Darum sagt das Alte Testament: „Der Anständige kümmert sich um die Bedürfnisse seiner Tiere; die Skrupellosen aber sind grausam" (Sprüche 12,10). Solche Grausamkeit, auch wenn wir damit noch so billige Poulets produzieren, macht unsere Welt freudlos und kaputt. Gesunde, zufriedene Tiere auf der Weide aber „stellen uns auf". Sie sind ein Stück Welt, wie Gott sie sich gedacht hat, sind Stück sinnvolle Welt, wo eins mit dem anderen verbunden ist. Eine solche Welt war für uns gierige Menschen nie ohne Verzicht, ohne Opfer zu haben, Opfer, wie sie jener Bergbauer leistet, der mir kürzlich gesagt hat, er wolle seine Kälber nicht martern, auch wenn er dabei Geld verliere. Er hat kein sentimentales, aber ein anständiges Verhältnis zu seinen Tieren, und sein Anstand verdient unsere Unterstützung.

Othmar Keel, Die Bibel mischt sich ein. Predigten und „Worte zum Sonntag", Zürich 1984, S. 142-144

Der Text hat eine Lücke. Füllen Sie sie selbst (oder initiieren Sie eine Diskussion): Was könnte man zur Begründung des „wir" anführen?

Ich bin ein Freund meines Lebens

M9a

„Ehrfurcht vor dem Leben fängt an mit der Ehrfurcht vor dem eigenen Gewordensein!“

Es gibt ein Wort, das auch nicht so eingängig ist wie „Ehrfurcht vor dem Leben“: Gebürtlichkeit bzw. Geburtlichkeit. Von Anfang an spielt dies jedoch im eigenen Leben eine Rolle, auch wenn kaum jemand daran denkt. Es ändert meine Sicht auf meine Person und Position in der Welt, wenn ich mir bewusst mache:

Ich bin gebürtlich,
ich bin geboren worden.

Ich lebe auch deshalb,
weil andere ihr Leben für mich und mein Dasein aufs Spiel
gesetzt haben.

Ich bin da und ein-malig,
weil zwei Menschen eins geworden waren.

Ich bin auf der Welt, weil Menschen mich aufgenommen haben:
auf den Arm, in ihre Hände, an ihre Brust, in ihr Herz.

Ich verdanke mich, weil andere mich losgelassen haben,
sich von mir getrennt haben, als nur die Nabelschnur die Verbindung hielt.

Ich erblickte das Licht der Welt, weil Menschen mich monatelang „ausgehalten“ haben und zuletzt
sogar die schwersten Schmerzen ausgehalten haben.

Ich existiere, weil ich anderen nicht egal war
und sie mich nicht links oder sonst wo liegen ließen, sondern ich
ihnen am Herzen lag.

Ich habe überlebt, weil andere sich Sorgen gemacht haben,
mich umsorgt, Fürsorge praktizierten.

Mir wurde das Leben gegönnt.
Ich gönne es gerne anderen!
Trotz allem!
Trotzdem!

Reiner Andreas Neuschäfer, 2007

Visualisieren Sie diesen Text wahlweise in Form einer Collage, einer Skulptur oder unter Zuhilfenahme von Lego- bzw. Playmobil- oder Mensch-ärgere-dich-nicht-Figuren!

M9b

Warum „rechts“ nicht rechtens ist – eine theologische Begründung

Wir beobachten das Zunehmen rechtsextremer Einstellungen in der Gesellschaft. Diese machen auch vor den Kirchentüren nicht halt, obwohl sie eindeutig Jesu Gebot der Gottes- und Nächstenliebe widersprechen (...). Wesentliche Elemente rechtsextremer Weltbilder sind Fremdenfeindlichkeit, Rassismus, Sexismus, Orientierung an autoritären Strukturen, Demokratie und Pluralitätsabwertung, Bestreiten von Gleichheit etc. Im folgenden soll an einigen Beispielen gezeigt werden, dass diese rechtsextremen Orientierungen mit der Grundorientierung des christlichen Glaubens nicht vereinbar sind.

1. Gottebenbildlichkeit und Menschenwürde
(Schöpfungstheologisch-anthropologische Perspektive)

In der Erzählung der Schöpfung am Beginn des biblischen Zeugnisses wird überliefert, dass Gott die Menschen, *alle* Menschen, als Bild seiner selbst erschafft: „Und Gott schuf den Menschen zu seinem Bilde, zum Bilde Gottes schuf er ihn; und schuf sie als Mann und Weib“ (Gen 1,27). Alle Menschen sind also nicht nur Gottes Geschöpfe, sondern seine Ebenbilder. Dadurch ist die besondere Beziehung Gottes zu den Menschen zum Ausdruck gebracht. Er setzt sich zu den Menschen in Beziehung. (...). Sie sind von Gott gewollt. Sie sind nicht einfach zufällig da, sondern stehen von Anfang an in einer kommunikativen Beziehung, die Geschichte und Lebensgeschichte eröffnet und begleitet. Deshalb ist in dieser Gottebenbildlichkeit nach christlichem Verständnis die Würde aller Menschen angelegt. Die Menschenwürde gilt allen Menschen in gleicher Weise. An keiner Stelle wird die Gottebenbildlichkeit und die Menschenwürde auf ein Volk eingeschränkt bzw. jemand daraus ausgeschlossen. Sie geht auch, als Entsprechung zum Beziehungsangebot Gottes, nicht (...) durch den Sündenfall verloren. Das Ja Gottes zu den Menschen gilt ihnen gerade in ihrer Sündhaftigkeit, aus der sie zu befreien Gott ermöglichen will.

Bei rechtsextremen Einstellungen und Ideologien spielt die Ungleichheit von Menschen auf Grund ihrer Abstammung und Kultur eine große Rolle. Dies ist mit der Lehre von der Gottebenbildlichkeit aller Menschen nicht vereinbar.

2. Die Kirche Jesu Christi ist multikulturell
(Ekklesiologisch-christologische Perspektive)

Schon Paulus hat theologisch geklärt, dass die gute Nachricht von der Gerechtsprechung der Sünderinnen und Sünder durch den Glauben an Jesus, den Christus, allen Menschen gilt: „Hier ist nicht Jude noch Grieche, hier ist nicht Knecht noch Freier, hier ist nicht Mann noch Weib; denn ihr seid allzumal einer in Christus Jesus“ (Gal 3,28). Die christliche Kirche ist deshalb offen für alle Menschen, egal welcher Abstammung sie sind, unabhängig von ihrem Geschlecht, ihrer sozialen Stellung usw. Die christliche Kirche war von Anfang an multikulturell. (...) Auch in dieser Perspektive wird deutlich, dass das biblische Zeugnis im Gegensatz zu rassistischen und sexistischen Inhalten der rechtsextremen Überzeugungen steht.

3. Die bleibende Erwählung der Jüdinnen und Juden
(Offenbarungstheologische Perspektive)

Der ursprüngliche Bund Gottes galt seinem erwählten Volk Israel, dem er sich offenbart hat. Nach christlichem Verständnis hat Gott diesen Bund durch die Offenbarung in Jesus Christus für alle Menschen geöffnet, die an ihn glauben. Der ursprüngliche Bund bleibt aber in seiner Besonderheit erhalten (Röm 11,17f). Deshalb sind Christinnen und Christen dem Volk Israel in besonderer Weise verbunden. Jesus und die Glieder der Urgemeinde waren Jüdinnen und Juden. Die heilige Schrift der Jüdinnen und Juden ist Christinnen und Christen Grundlage und Voraussetzung des Neuen Testaments.

Deshalb ist jede Form des Antisemitismus vom biblischen Zeugnis und christlichen Glauben her abzulehnen. Dies gilt insbesondere auch vor dem Hintergrund, dass es auch im Christentum verhängnisvolle Formen des Antijudaismus gab und gibt. Gerade deshalb wird sich die Evangelische Kirche gegen den Antisemitismus in der Gesellschaft wenden.

4. Demokratische Kultur gehört zur neuzeitlichen Gestalt des Protestantismus (Ekklesiologisch-kybernetische Perspektive)

In Entsprechung zu diesem Verständnis der Gleichheit aller hat sich mit der Zeit in den evangelischen Kirchen die Überzeugung herausgebildet, dass die angemessene Form der Kirchenleitung nur geschwisterlich sein kann. In einer Kirche, in der alle von gleichem Wert und gleicher Würde sind, auch wenn sie unterschiedliche Funktionen ausüben, geschieht die Kirchenleitung in presbyterial-synodaler Weise. (...)

Immer wieder sind von den demokratischen Strukturen und der demokratischen Kultur evangelischer Kirchen – wie unvollkommen sie auch gewesen sein mögen – Anstöße zur Demokratisierung von Gesellschaften ausgegangen. Dies gilt wohl für die Entstehung der Demokratie in den USA, mit Sicherheit für die Bürgerbewegung in der DDR und für den Anti-Apartheid-Kampf und die Entstehung einer Demokratie in Südafrika. Die innerkirchliche Demokratie drängt also auf eine Gestaltung des Gemeinwesens, die diesem entspricht. Deshalb bejaht die Evangelische Kirche den demokratischen Rechtsstaat.

Dies widerspricht den demokratiefeindlichen Positionen rechtsextremer Ideologie und deren Bejahung einer autoritären oder diktatorischen Regierung durch einen „starken Mann".

5. Der rechtsstaatliche Schutz der „Fremdlinge" (Ethische Perspektive)

Wohl auf Grund der eigenen Erfahrungen in Exilsituationen (Ägypten, Babylon) haben sich in der Rechtsordnung Israels besondere Formen des Schutzes von Ausländern entwickelt: „Die Fremdlinge sollst du nicht bedrängen und bedrücken; denn ihr seid auch Fremdlinge in Ägyptenland gewesen" (Ex 22,20). Die so genannten „Fremdlinge" wurden den Einheimischen gleich gestellt. Beachtenswert ist dabei, dass diese Regelungen in den Rechtssammlungen des Alten Testaments aufgenommen wurden, ihnen also eine besondere Form der Verbindlichkeit und Bedeutung gegeben wurde: „Es soll ein und dasselbe Recht unter euch sein, für den Fremdling wie für den Einheimischen; ich bin der Herr, euer Gott" (Lev 24,22). Der rechtliche Schutz der Fremdlinge basiert also einerseits auf dem ethischen Prinzip des Schutzes des Schwächeren mit dem Ziel der Bewahrung der Freiheit aller (...). Zum anderen kommt darin zum Ausdruck, dass es sich dabei um ein grundlegendes Element der Rechtsstaatlichkeit handelt.

Alle drei Aspekte stehen im Gegensatz zu rechtsextremen Weltbildern.

6. Orientierung auf Gerechtigkeit und Frieden

Der Prophet Jesaja entwirft eine große Friedensvision: „Gerechtigkeit wird der Gurt seiner Lenden sein und die Treue der Gurt seiner Hüften. Da werden die Wölfe bei den Lämmern wohnen und die Panther bei den Böcken lagern. Ein kleiner Knabe wird Kälber und junge Löwen und Mastvieh miteinander treiben. Kühe und Bären werden zusammen weiden, dass ihre Jungen beieinander liegen, und Löwen werden Stroh fressen wie Rinder. Und ein Säugling wird spielen am Loch der Otter, und ein entwöhntes Kind wird seine Hand stecken in die Höhle der Natter" (Jes 11,5-8). Darin kommt zum Ausdruck, dass Konflikte nicht gewaltförmig gelöst werden sollen, dass nicht die Feinde überwunden werden sollen, sondern die Feindschaft. Mit gewaltlosen Mitteln Friede und Gerechtigkeit in einem Gemeinwesen und weltweit zu schaffen, ist eine Grundorientierung des biblischen Zeugnisses, das durch die verschiedenen Formen der Überlieferung hindurch zunehmend deutlich wird.

Dies widerspricht einer Propagierung des Rechts des vermeintlich Stärkeren, wie es in rechtsextremen Weltbildern zu finden ist.

7. Der Schutz von Demokratie, Rechtsstaat und Pluralismus gehören zur Weltverantwortung der Kirche (Diakonisch-missionarische Perspektive)

Dass der christliche Glaube mit rechtsextremen Ideologien nicht vereinbar ist, werden die meisten bejahen. Aber warum soll sich die Kirche auch in der Gesellschaft, gemeinsam mit anderen zivilgesellschaftlichen Gruppen und dem Staat aktiv gegen den Rechtsextremismus engagieren? Manchmal wird die Frage gestellt, ob das nicht der Bereich der Politik sei, aus dem sich die Kirche heraushalten solle. Manchmal wird auch die Position vertreten, dass die Kirche sich zunächst um die Verkündigung kümmern und ihre Energie nicht mit anderen Aufgaben verbrauchen solle. Dagegen möchte ich die These setzen, dass die Weltverantwortung der Kirche konstitutiv zum Kirchesein gehört.

Die Bezeugung des Evangeliums ist konstitutiv öffentlich, (publice docere; CA 14 „Vom Kirchenregiment"). Dies gilt sowohl für den Zuspruch des Evangeliums als auch für den Anspruch der sich daraus für die Lebensführung der Christinnen und Christen und ihre Mitgestaltung des Gemeinwesens, in dem sie leben, ergibt. Wolfgang Huber spricht hier davon, dass sich der Öffentlichkeitsauftrag der Kirche aus dem Öffentlichkeitsanspruch des Evangeliums ergibt. Die Weltverantwortung gehört zum Evangelium ursprünglich dazu, sie kommt nicht erst hinzu. (...)

Die ethische Lebensführung, die Werke, sind nicht die Voraussetzung für die Rechtfertigung durch Gott. Diese geht ganz von ihm aus. Diese Gerechtsprechung im Glauben ist Gnade und Geschenk. Sie können wir nicht verdienen. Aber die Befreiung durch die Rechtfertigung ermöglicht, dass sich das menschliche Handeln verändert. Der Glaube soll Früchte bringen, so kann Luther sagen. Er spricht hier auch von der zweifachen Gerechtigkeit: Diejenige, die von Gott kommt und die Menschen vor Gott gerecht macht und diejenige, die aus dem Glauben entspringt und auf Gerechtigkeit unter den Menschen zielt.

Dabei ist konstitutiv, dass die christliche Gemeinde der Ort ist, an dem Christinnen und Christen miteinander darüber beten und beraten, was in einem konkreten Kontext zu tun ist. (...) In diesem Sinne werden sich nicht nur evangelische Christinnen und Christen, sondern die Gemeinden und Kirchen gegen Rechtsextremismus engagieren. Zum einen weil sie zu unmittelbarer Hilfe herausgefordert werden, wenn Menschen von Rechtsextremen in ihrem Leben beeinträchtigt werden – und das fängt nicht erst bei der Androhung und Anwendung von Gewalt an. Zum andern müssen sie sich gegen den gesellschaftlichen und politischen Rechtsextremismus wehren, weil er fundamental den christlichen Grundüberzeugungen und Maßstäben widerspricht. Drittens werden die Kirchen im Rahmen ihres Öffentlichkeitsauftrags die demokratische und plurale Kultur und Institutionenordnung unseres Landes stärken, die Grundlage unseres Gemeinwesens ist, gemäß dem Motto: „Suchet der Stadt Bestes ... und betet für sie zum Herrn; denn wenn's ihr wohlgeht, so geht's auch euch wohl." (Jer 29,7)

Michael Haspel, 2008

in: Nächstenliebe verlangt Klarheit. Evangelische Kirche gegen Rechtsextremismus, Eisenach: Kirchenamt der Föderation Evangelischer Kirchen in Mitteldeutschland 2008, S. 4-8. Abdruck mit freundlicher Genehmigung des Autors

IV. Der Baum der Erkenntnis und der Turmbau zu Babel. Fortschritt, Forschung und Freiheit

M1

Baum der Erkenntnis von Gut und Böse.
Du standest im Paradies.
Mussten wir es nicht tun: deine Früchte begehren?
Hätte dein Schöpfer wirklich ein Auge zudrücken können
oder wir darüber hinwegsehen können,
über jene saftige Frucht,
die mehr Lebensqualität verheißt?

War es tatsächlich die Todesstrafe,
mit der dein Schöpfer uns drohte?
Oder eher eine Warnung:
Belastet euch nicht.
Die Frage, einmal gepflückt,
lässt euch nie mehr los:
Was ihr tut, was ihr wollt:
Ist es gut oder nicht in
Ordnung?

Reiner Andreas Neuschäfer, 2008

Buchankündigung[1]

1 Stefanie Debiel: Versuchung zum Guten. Teil 3: „… es sei denn, man tut es!". Partizipation von Kindern und Jugendlichen im lokalen Raum, Mainz: Wissenschaftsverlag 2002.

Theologisch-didaktische Aspekte

Biblisch gesehen ist der Tatbestand nahezu undurchschaubar. Was in „pädagogischen" Anwendungen so leicht als bestrafte Neugier – bzw. anspruchsvoller als „Hybris" – gewertet wird: der Zugriff auf den tabuisierten „Baum der Erkenntnis von Gut und Böse" und der Bau des „Wolkenkratzers" zu Babel, das können in der Bibel aus verschiedenen Traditionen zusammengesetzte Texte sein, die in unterschiedlichen Kontexten unterschiedliche „Sitze im Leben" genommen haben.

Aitiologisch klären sie etwa den Ursprung von Geburtswehen und schwerer Feldarbeit, von Ruinen und Sprachenverwirrung. Psychologisch-philosophisch feinfühlig legen sie den Finger auf ein Grundmotiv menschlichen Ich-Bewusstseins: Nicht zufrieden zu sein mit dem Vorgegebenen, weiter zu suchen, wissen zu wollen – auch das, was unbequem zu wissen wäre, schmerzlich oder überfordernd. Fortschritt als typisch menschliche Qualität, Grenzverletzungen inklusive. Diesen Zusammenhang gilt es weiter zu verfolgen; zunächst aber lohnt es festzuhalten: Gott ist nicht grundsätzlich „fortschrittsfeindlich". Doch ist es auch immer eine Frage, in welche Richtung man fortschreitet.

Was speziell das „Wissen" betrifft, sind die biblischen Aussagen ebenso differenziert wie aufschlussreich. So ist das Ansammeln von Kenntnissen und Fähigkeiten, die dazu dienen sollen, „das Leben selbst in den Griff zu bekommen", eitel und ein „Haschen nach Wind" (Prediger 1,12–18); Weisheit hingegen, wie Salomo sie von Gott erbittet, ist lobenswert und gottgefällig – es ist dies eine Weisheit, die nach Gott fragt und in Gott ihren Maßstab und ihre Grenze findet (vgl. 1Kön 3,7–12).

Schöpfungstheologisch ist den Sch. zu vergegenwärtigen, dass das Gute nicht nur das „Gesollte" bzw. von Gott Gewollte, sondern zugleich das „Schöpfungsgemäße" ist. Durch den Sündenfall wird dieser Zusammenhang von Sein und Sollen zwar in schwerwiegender Weise gestört, aber eben nicht zerstört. Das Geschöpfliche bleibt auch über den Sündenfall hinaus wirksam und damit normativ. Auch wenn die Erkenntnis (und noch mehr die Verwirklichung!) des Zusammenhangs von Sein und Sollen unter den Bedingungen des menschlichen Sünderseins erschwert sind, kann der Geschenkcharakter des Geschöpflichen nicht mehr ungebrochen zur Geltung kommen.

Ermunterungen zum Aufbruch sind das, was am häufigsten von Gott überliefert ist: Man denke an all die Berufungen von Richtern und Propheten, an die Beauftragung des Mose, an „Geh aus deinem Vaterland und von deiner Verwandtschaft und aus deines Vaters Haus in ein Land, das ich dir zeigen will" (Gen 12,1). Und Josua erhält, bevor er den Jordan überquert, eine Ermutigung im Befehlston: „Siehe, ich habe dir geboten, dass du getrost und unverzagt seist. Lass dir nicht grauen und entsetze dich nicht; denn der Herr, dein Gott, ist mit dir in allem, was du tun wirst." (Jos 1,9)

Der Schwierigkeit zu entscheiden, was rechter, was unrechter Fortschritt sei, werden die Sch. nicht enthoben – es wird hier, wie immer, darum gehen, Grenzen zu erkennen, zu prüfen und sie, wenn sie der Prüfung standhalten, zu respektieren, auszuhalten und ins Spiel zu bringen.

Fortschritt, Grenzen hinausschieben, Grenzen überschreiten – das sind tief reflektierte Motive nicht nur der religiösen, sondern auch der profanen Geistesgeschichte. Einige „Leseproben" öffnen den weiten Horizont; insbesondere bezogen auf das Thema „Mensch macht Mensch" kann der Blick in einen Artikel des Lexikons „Literatur und Medizin"[2] jede Menge Projektideen anregen.

Anschließend (oder alternativ) kann es hilfreich sein, biografisch zu arbeiten. Am Beispiel einer realen Persönlichkeit wird die Suche nach dem (unerreichbaren) Ideal handgreiflich, nachvollziehbar, hinterfragbar. Hierzu bieten sich Forschungskritiker an wie Neill Postman (Medienkritiker) oder Erwin Chargaff (Entdecker des Aufbaus der DNA, Naturwissenschaftler, Lyriker, Forscher und Wissenschaftskritiker). Noch näher an den Sch. dran ist evtl. das Thema „Doping im Sport", wo die Grenzen zwischen eigener Leistung und Manipulation verwischt werden. Sehr ergiebig kann eine Diskussion um Psychologie und Propaganda/Manipulation sein, ebenso die Veränderung der Menschen und ihres Miteinanders durch das Fernsehen (Umgang mit Zeit; Manipulierbarkeit; Ansprüche) oder Handy. Die Segnungen und Gefahren des Internet sind ebenso ertragreich zu bedenken. Insgesamt bietet sich grundsätzlich eine Pro-/Kontra-Diskussion an.

2 von Jagow, Bettina / Steger, Florian (Hg.): Literatur und Medizin. Ein Lexikon, Göttingen 2005.

Intentionen und Kompetenzen

Die Sch. erkunden Chancen und Grenzen des Aufbrechens, des Fortschritts, des Forschens.

- Sie erfahren, dass im biblischen Horizont Fortschritt und Wissen so lange sinnvoll und gut sind, wie sie in Ehrfurcht vor Gott und im Sinn der Schöpfung geschehen; dass sie aber „Sünde" sind und heillos werden, wo sie dem Menschen dazu dienen sollen, ohne Gott zurechtzukommen bzw. selbst Gott zu sein und andere Menschen ohnmächtig auszunutzen.
- Sie begegnen dem Motiv sinnvollen und sinnlosen Forschens und Strebens des Menschen in unterschiedlichen Kontexten der Weltliteratur, gerade auch dem Motiv des „Menschen-Machens", aber auch der Manipulation und Gewalt.
- Im Grundgesetz sehen die Sch. die Gewähr gegeben, dass Forschung nicht politischen oder wirtschaftlichen Interessen unterworfen noch von willkürlich gesetzten Grenzen behindert sein darf.
- Sie lernen Mahnende kennen, die keineswegs aus Unverständnis, sondern profund verstehend dunkle Ängste formulieren und den wissenschaftlichen Fortschritt in der praktizierten Form für falsch und gefährlich hielten.
- Sie können sich über Pro und Kontra aktueller Tendenzen, Trends und Themen verständigen und auseinandersetzen.

Literatur und Medien

Adam, Gottfried u.a. (Hg.): Das Alte Testament in Kinderbibeln. Eine didaktische Herausforderung in Vergangenheit und Gegenwart, Zürich 2003

Dies. (Hg.): Die Inhalte von Kinderbibeln. Kriterien ihrer Auswahl, Göttingen 2008 (Arbeiten zur Religionspädagogik; 37)

Bottigheimer, Ruth B.: Und Eva biss mit Frevel an. Rezeptionskritisches Arbeiten mit Kinderbibeln in Schule und Gemeinde. Übersetzt und bearbeitet von Martina Steinkühler, Göttingen 2003

Bürig-Heinze, Susanne: Mensch macht Mensch. Christliche Ethik und Gentechnologie. Unterrichtsentwürfe und Arbeitshilfen für die Sekundarstufe II, Göttingen 2005

Fechtner, Kristian (Hg.): Religion und populäre Kultur, Stuttgart 2005

Folkers, Horst: Martin Luther: Vom unfreien Willen und der Freiheit eines Christenmenschen. Atem und Verantwortlichkeit in Luthers Denken, in: Kerygma und Dogma 52./2006 (Heft 4), S. 288-302

Herrmann, Christian: Leiblichkeit zwischen Verachtung und Vergottung, in: Herrmann, Christian (Hg.): Wahrheit und Erfahrung – Themenbuch zur Systematischen Theologie Bd. 2: Christologie, Anthropologie, Erlösung, Heiligung, Wuppertal 2005, S. 144-155

von Jagow, Bettina/Steger, Florian (Hg.): Literatur und Medizin. Ein Lexikon, Göttingen 2005

de Kort, Kees: Bilder aus der Neukirchener Kinder-Bibel. 29 Farbfolien, Neukirchen-Vluyn 2005 (Folie 3: Der Turm von Babel)

Leewe, Hanne: Kann denn Leistung Sünde sein? Theologische Überlegungen zum Leistungsverständnis, in: AUFbrüche 14./2007 (Heft 2), S. 17-24

Malessa, Andreas: Schöpfungspfuscher? Klonen – ein Vorschlag zur Versachlichung, Moers 1998

Neuschäfer, Reiner Andreas: Mit Kinderbibeln die Bibel ins Spiel bringen. Ideen, Informationen und Impulse für Gemeinde, Schule und Zuhause, Jena 2005

Ders.: Elektronische Medien mit religiösem Inhalt. Einschätzungen in evangelischer Perspektive, in: Spenn, Matthias u.a. (Hg.): Handbuch Arbeit mit Kindern. Evangelische Perspektiven, Gütersloh 2007, 334-340

Schemel, Ingo: „Sozial ist, was Arbeit schafft". Ein Unterrichtsentwurf im Spannungsfeld zwischen ökonomischer Ratio und sozialer Verantwortung, in: Glaube und Lernen 21./2006 (Heft 1), S. 83-94

Schüttlöffel, Daniel: Kinderbibeln und Religionsunterricht, in: Noormann, Harry u.a. (Hg.): Ökumenisches Arbeitsbuch Religionspädagogik, Stuttgart 2007 (3. Aufl.), S. 320-323

Steffensky, Fulbert: Der Turmbau zu Babel, in: Steffensky, Fulbert: Schöne Aussichten. Einlassungen auf biblische Texte, Stuttgart 2006, S. 15-19

Söling, Caspar: Neuere Literatur zum Gehirn-Seele-Problem, in: Theologische Revue 92./1996 (Heft 5), S. 382-400

Wegenast, Philipp: „Nach ein paar Tagen war niemand mehr beim grossen Turm" – Die Bildwelt des Alten Testaments im Comic, in: Adam, Gottfried u.a. (Hg.): Das Alte Testament in Kinderbibeln. Eine didaktische Herausforderung in Vergangenheit und Gegenwart, Zürich 2003, S. 223-240

Weth, Irmgard: Neukirchener Kinder-Bibel. Mit neuen Bildern und 16 neuen Geschichten, Neukirchen-Vluyn 2008 (16. Aufl.), S. 24

Unterrichtsideen

M1: Verführung

Das vorgezogene Arbeitsblatt ermöglicht einen Einstieg über das Thema „Verführung". Wozu verführt ein grüner Baum mit einem einzigen roten Apfel?

Wieso sollte das Pflücken des Apfels Ergebnis von „Verführung" sein, nicht von Vernunft und klarem Urteil?

Kann es Verführung zum Guten geben?

Kann Gottes Verbot, die Frucht zu pflücken (Gen 3), eine solche „Verführung zum Guten" gewesen sein? (Gen 3 sollte gegenwärtig sein oder vergegenwärtigt werden! Hier lohnt sich eine Einspielung der dramatisierten Einspielung der Bibel aus „Die Große Hörbibel. Regie: Philipp Schepmann" (Stuttgart 2007) und die Erfragung ihrer emotionalen Wirkung!)

Hierbei sollte auch die Traditionslinie „Apfel" statt „Frucht" zurückverfolgt werden!

Kreative Annäherungen für Kleingruppen

- Gestalten Sie eine Wortfeld-Collage „Verführung" und ihr Gegenbild: „ ... ".
- Gestalten Sie ein doppeltes Standbild „Verführung": a) die Verführung; b) die Folge(n).
- Verführung in der Werbung:
  Sammeln Sie entsprechende Anzeigen und bringen Sie sie – per Collage – auf „einen Nenner".[3]
- Entwickeln Sie eine Werbekampagne, die mit dem Motiv der Verführung arbeitet.
- Schreiben Sie einen Artikel „Verführung" für ein popularwissenschaftliches Lexikon „Psychologie".
- Schreiben Sie eine Reportage über die Verführungen des Erfolgs/Reichtums für die Regenbogenpresse.

Die Auswertung soll für die Gesamtgruppe in die verbindliche und visualisierte Beantwortung folgender Fragen münden:

- Wie funktioniert Verführung?
- Was ist der Unterschied zwischen Verführung und ... ?
- Was ist das Gefährliche an Verführung?

M2 und M3: Sein wie Gott – Wissen und Können

Das biblische Motiv des Baumes der Erkenntnis von Gut und Böse weist den weiteren Weg: Was will, was kann, was darf der *Mensch vor Gott* wissen und können? Die Geschichte vom Turmbau zu Babel stellt die Frage, Salomos Bitte um Weisheit und das Lied von der Weisheit im Hiobbuch geben Antwort (wahlweise könnte auch mit Stücken aus den Sprüchen und mit Kohelet gearbeitet werden).

Als ungewöhnlicher Einstieg eignet sich das Bild von Kees de Kort aus der Neukirchener Kinder-Bibel (S. 24), das auch als Folie erhältlich ist. Zunächst ist – ohne Kommentar – als stiller Impuls die Folie aufzulegen. Was sehen Sie? Je nach Äußerungen der Sch. können weitere Impulse gesetzt werden:

- Was ist auf dem Bild zu sehen?
- Was nicht!?
- Wie bringt das Bild „Grenzen" zum Ausdruck?

Das Bild von Kees de Kort verzichtet auf die Abbildung von Menschen und von Gott. Lediglich die Baugerüste als übrig gebliebene Merkmale sind auszumachen. Das Baugerüst rechts oben ist vom Wanken gekennzeichnet und fällt quasi bereits zusammen. Die Spitze des Turms ist außerhalb des Bildes. Der Turm ist von Wolken als Zeichen der Weite und Verhüllung (oder auch als Symbol für den Heiligen Geist) umgeben. Der Grund bzw. die Basis des Turms ist ebenso wie seine Spitze im Verborgenen.

Führen Sie die Zeichnung fort durch eigene farbliche Gestaltung, eine Collage oder das Einzeichnen von Menschen, Tieren, Zeichen usw. Auch der Wirkung einer unterschiedlichen Platzierung von Sprechblasen (Gott? Ein Mensch? Viele Menschen?) lohnt es sich nachzuspüren.

Ähnliche Annäherungen lassen sich ermöglichen mit dem Bild „Turm zu Babel" von Michael Lassel, Fürth 2001.

M2a ist eine Bearbeitung der Turmbau-Geschichte in einer modernen Kinder- und Schulbibel:

- Lesen Sie den Text: Wie lernen die Adressaten (Kinder ab 6) hier Gott kennen?
- Was lernen sie über menschliches Verhalten und Vorwärts-Streben?

3 Beispielhafte Analysen und Anregungen finden sich unter http://www.rpi-virtuell.net/index.php?p=suche_material&id=71114.

- Wo weicht diese Version von der gewohnten Bibel-Fassung ab?
- Suchen Sie nach Gründen für die vorgelegte Interpretation.

Im Vergleich finden die Sch. dass hier die Frage, ob Gott den Leistungswillen der Menschen schätzt oder fürchtet, eindeutig beantwortet ist. Sie sind eingeladen, auf der Basis des Gottesbildes, das bisher entwickelt wurde, eigene Versionen zu schreiben. Alternativ könnten moderne Adaptionen der Turmbau-Geschichte entwickelt werden, die heutige Phänomene als „Turmbauten" deuten und bewerten. Auch eine rezeptionsgeschichtliche Analyse alter und aktueller Kinderbibeln kann für Einzelaspekte der Erzählung aufschlussreich sein.

M2b ist von den Sch. kritisch-konstruktiv zu analysieren: Worauf legt der Prediger sein Augenmerk, was behandelt er eher am Rande? Welche Sätze, Formulierungen, Vergleiche der Predigt sind auf Anhieb hängen geblieben? Der Pfarrer wählte als Lied nach der Predigt „Herr, deine Liebe ist wie Gras und Ufer" (EG 663). Singen und sehen Sie (sich) dieses Lied genauer an und formulieren Sie eine Begründung für die Wahl dieses Liedes in Zusammenhang mit dem Inhalt der Predigt! An welchen Stellen stellt der Pfarrer einen Zusammenhang zwischen Bibeltext und Pfingsten (die Predigt wurde an einem Pfingstmontag gehalten!) her?

Ein für die Sch. überraschender Einstieg mit rezeptionskritischer Tendenz lässt sich auch mithilfe der Bearbeitungen von Gen 11,1-9 im Comic arrangieren und damit auch die literarische Qualität von Comics ins Spiel bringen. Hierbei lassen sich unkonventionelle Anknüpfungspunkte für eine neue Art der illustrativen Interpretation biblischer Texte finden. Als Comics eignen sich hierzu insbesondere folgende Versionen:

- Schuiten, Francois; Peeters, Benoit: Der Turm, Stuttgart 1991
- Breccia, Alberto/Oesterheld, Héctor: Mort Cinder. Comic Erzählungen – Zweiter Band, Hamburg 1992
- Mathieu, Marc-Antoine: Le Retour de Dieu. Histoires graphiques 2, Paris: Éditions autrement, 1994
- Pfeffer, Rüdiger: Adam, Eva & Co. Die Geschichte vom Anfang, Stuttgart 2002, S. 44-48

Von besonderem theologischen Reiz ist der Comic von Marc-Antoine Mathieu, der Impulse aus der Turmbaugeschichte, aus einem Fragment von José Luis Borges und Franz Kafkas „Schloß" integriert. „Das Motiv des Turms (...) wird hier umgedeutet zum Gebäude, das ein Leben als Ganzes darstellt, dessen Gesamtheit man aber nur überschaut, wenn es vollendet ist. Die Hybris der Bauherren, der Eingriff Gottes in die Vorhaben der Menschen, bleiben verborgen, zeigen sich allenfalls in den wirren Äußerungen der Bewohner der Kathedrale zu deren Gestalt, Geschichte und Begründung. Tatsächlich deutet Mathieu die biblische Geschichte aitiologisch: In dieser Deutung gründet die Vielfalt der Sprachen einerseits in der Verblendung der Menschen und dann auf der misslichen Vorstellung, sich über andere stellen zu können."[4]

1 Kön 3,5–15 wird laut gelesen; an der Tafel steht die Überschrift: „Salomos Gebet um Weisheit". Der Auftrag an die Sch. lautet: Halten Sie beim Zuhören einen Satz/eine Formulierung fest, die zu der Überschrift passt. Mithilfe dieser Merkposten entsteht ein Think-Pool an der Tafel, aus dem sich eine Anleitung zum Weise-Sein entwickeln lässt. Die berühmte Geschichte des „Salomonischen Urteils" (vorlesen!) gilt als Prüfstein: Inwiefern besteht Salomo die Weisheitsprüfung?

M3: Hiob 28 – Das Lied von der Weisheit Gottes

Das Arbeitsblatt bietet ein Gerippe, das die Sch. beim Hören des Textes vor Augen haben können. Die „Fetzen" können farbig gekennzeichnet werden, je nachdem, was sie aussagen.

Die Analyse des Textes soll ergeben, dass die großen Leistungen der Menschen („man") im ersten Teil nahezu alles aufdecken – nicht aber die Wurzeln der Weisheit (zweiter Teil); die Weisheit kennt nur Gott; wahre Weisheit besteht darin, Gottes Maßstäbe und Grenzen zu achten! Mithilfe der Farbgestaltung lässt sich zudem herausarbeiten, dass das Streben der Menschen ambivalent ist: Die Verben deuten auf Gewalttätiges; die Metaphorik des Ans-Licht-Bringens ist aber durchaus positiv besetzt und kann als Vorstufe der Weisheit gelten. Auch werden die Schätze (Gold, Silber etc.) nicht abgewertet, sondern stellen Werte dar.

4 Philipp Wegenast: „Nach ein paar Tagen war niemand mehr beim grossen Turm" – Die Bildwelt des Alten Testaments im Comic, in: Adam, Gottfried u.a. (Hg.): Das Alte Testament in Kinderbibeln. Eine didaktische Herausforderung in Vergangenheit und Gegenwart, Zürich 2003, S. 223-240, hier S. 238.

Der Text ist aufgebaut wie eine Rätselgeschichte mit einer Pointe, ähnlich auch einer Priamel (Spruchgedicht wie „Kalkutta liegt am Ganges, Paris liegt an der Seine, doch dass ich so verliebt bin, das liegt an Madeleine ..."). Die Sch. können nach diesem Baumuster Weisheits-Definitionen selbst dichten.

M4: Alles bewegt sich! – Die ich rief, die Geister ...

Zwei klassische literarische Beispiele zum Thema „Experimentierfreude": Im „Leben des Galilei" von Bertolt Brecht beschreibt der Gelehrte den Anbruch der Neuzeit euphorisch: Enge und Unbeweglichkeit verdunkelten Jahrhunderte – nun endlich weht ein frischer Wind, Aufbrüche werden gewagt, alles gerät in Bewegung. Zweifel statt Glauben-Müssen – für Galilei in seiner Auftrittszene eine froh stimmende Perspektive, die er uneingeschränkt begrüßt.

Es lohnt sich, den Sch. diese Sichtweise erlebbar zu machen – im dramatischen Lesen, im Aufsuchen der Metaphern und in ihrer farblichen oder räumlichen Gestaltung. Es sollte mit bedacht werden, in welchem Kontext das Schauspiel entstand: „Das Schauspiel Leben des Galilei wurde 1938/9 im Exil in Dänemark geschrieben. Die Zeitungen hatten die Nachricht von der Spaltung des Uran-Atoms durch den Physiker Otto Hahn und seine Mitarbeiter gebracht." (Begleittext der Suhrkamp-Ausgabe).

- Das Astrolab mit seinen Schalen dient als Symbol – stellen Sie (real oder fiktiv) ein modernes Planeten-Modell daneben und erläutern Sie den Symbolwert beider. (Abbildungen im Internet, z.B. Google-Bildergalerie oder bei rpi-virtuell).
- Schiffe, Marktweiber, fröhliche Kontinente – was wird mit diesen Bildern ausgesagt und ausgemalt?
- Überlegen Sie sich (in kleinen Gruppen) eine Gestaltung, die die Stimmung ausdrückt, die Galilei hier beschwört.
- Andrea ist ein zehnjähriger Junge aus einfachen Verhältnissen: Entwickeln Sie die Szene am Morgen ein kleines Stück weiter: Wie mag er reagieren, was antworten?

Der *Zauberlehrling* (z.B. unter http://www.gedichte.vu/?der_zauberlehrling.html) von Johann Wolfgang von Goethe ist ein beinahe augenzwinkernder Dämpfer für allzu wagemutige Experimentierer, die sich an Künsten versuchen, die sie (noch) nicht beherrschen. Der Text sollte wirken – nicht zerredet werden. Er spricht für sich selbst. Allenfalls die Spannungskurve, die Befindlichkeiten des „Lehrlings" sowie die Titel, die er für den Besen findet, lassen sich mit Gewinn thematisieren. Möglicherweise gestalten die Sch. um das geflügelte Wort „Die ich rief, die Geister" eine Collage, die die unbeherrschbaren Geister der Moderne ins Bild setzt. Die unvergessene Disney-Adaption lohnt vielleicht eine kleine Kino-Einlage ...

M5: Der Mensch als Schöpfer – ein ebenso aktuelles wie altes Problem

Der Artikel „Homunculus" aus „Literatur und Medizin. Ein Lexikon" lässt sich einerseits „einfach" zur Kenntnis nehmen: Welche Fragen haben die Mensch-macht-Mensch-Versuche vergangener Zeiten geistesgeschichtlich aufgeworfen? Gibt es einen gemeinsamen Nenner? Oder aber es finden sich in der großen Zusammenschau Anregungen für Vertiefungen: Referate, Kurzvorstellungen, am besten gemäß Vorwissen und Vorlieben einzelner Sch. Vor allem das Pygmalion-Motiv mit seiner breiten Rezeption (u.a. „My Fair Lady") oder der Homunculus aus Faust II sollten Beachtung finden.

- Erstellen Sie eine Liste der Autoren, Titel und Thesen, die der Lexikon-Artikel aufführt. Was davon kennen Sie? Sehen Sie einige Funde im Internet nach.
- Rufen Sie sich Erinnerungen aus Science-Fiction-Filmen, Fantasy-Filmen u.ä. in Erinnerung, wo es um künstliche Wesen geht, und diskutieren Sie über Motive, Intentionen oder „die Moral" solcher Erfindungen!

Sehr ertragreich und wenig „religionspädagogisch ausgeschlachtet" sind die Klippenland-Chroniken von Chris Riddell und Paul Stewart, Düsseldorf 2001ff., deren erster Band in englischer Originalausgabe („The Edge Chronicles. Beyond The Deepwoods") im Jahre 1998 und deren deutschsprachige Ausgabe („Twig im Dunkelwald") 2001 erschien. Inzwischen liegen neun Bände vor.

M6, M7 und M8: Die Seele des Menschen ...

Der heute eher umgangssprachlich gebrauchte Begriff der „Seele" sollte im Zentrum der Bearbeitung dieser Zitate stehen. Über ihn können die zentralen Überlegungen zur Identität und dem Selbstverständnis des Klons diskutiert werden. Zudem können die Fragen, wem der Klon sein Leben verdankt und inwiefern er religiös sein kann, aufgegriffen werden.

- Fassen Sie die Aussagen von Reiner Andreas Neuschäfer zusammen! Was kann unter „Seele" verstanden werden?
- Seele – was ist das? Informieren Sie sich in Lexika/Internet (z.B. www.rpi-virtuell.de bzw. www.relilex.de)!
- Suchen Sie Gedichte, Lieder an/über die Seele! (als Hinweis evtl. EG 302; 320,2-3; 321,1; 327,3; 344,5; 362,4)
- Stellen Sie das Bilderbuch „Der Seelenvogel" von Michal Snunit und Na'ama Golomb, Hamburg 1991, vor – evtl. mit Unterstützung durch die gleichnamige Hör-CD, Jumbo Neue Medien, 2001!
- Mit einem Satz: Seele ist ...

M2a *Wie Feuer und Wind:* Der Turmbau zu Babel, Kindern erzählt

Da liegt ein Turm in Trümmern.
Er muss einmal gewaltig hoch gewesen sein,
prächtig und stark.

Da liegt er nun. Eingestürzt? Abgebrochen?
War es dein Wille, Gott?
Passt es dir nicht, wenn wir bauen?

Hör zu, sagt der zweite Erzähler der Bibel, man kann es auch übertreiben.
Höher als hoch macht schwindlig, und wer schwindlig ist, dreht sich bloß um sich selbst.

Die Menschen waren schon zahlreich geworden
und zogen umher und suchten ein größeres Land.
Weit und offen lag da im Osten die Ebene Babel,
fruchtbar und einladend anzuschauen.

Hier wollen wir bleiben, sagten sie untereinander.
Sie konnten sich alle verstehen.
Wir bauen uns eine schöne, feste Stadt
mit Häusern, Wegen und einem schützenden Wall.

Gott sah ihnen zu, als sie zu bauen begannen.
Er hörte sie Lieder singen und fröhlich lachen.
Gut, dachte er, es freut mich von Herzen,
dass sie einander so prächtig verstehen.

Die Häuser waren bald fertig und sie bauten
auch eine Mauer, um sicher in Frieden
und in Ruhe zu leben. Dann feierten sie
voller Freude und voller Stolz auf ihr Werk.

Gott, in der Ferne, feierte auch. Wie die Menschen
stolz waren auf ihre Stadt, so freute sich Gott
an den Menschen. Mein Werk, sagte er zu sich selbst,
und seht, was sie alles können!

Das Fest dauerte viele Tage. Dann war es zu Ende.
Nun können wir's gut sein lassen, dachten die Menschen,
und leben mit dem, was wir haben. Doch so sehr
sie auch wollten, es gelang ihnen nicht.

Nun sind wir so gute Baumeister geworden,
sagten sie untereinander. Sollten wir nicht
auch noch Größeres schaffen? So groß,
dass es noch bleibt, wenn wir tot sind?

Und sie sprachen untereinander:
Wohlauf, lasst uns Ziegel streichen
und brennen! –
und nahmen Ziegel als Stein und
Erdharz als Mörtel und sprachen:
Wohlauf, lasst uns eine Stadt
und einen Turm bauen, dessen Spitze
bis an den Himmel reiche,
damit wir uns einen Namen machen;
denn wir werden sonst zerstreut
werden in alle Länder.

1 Mose 11, Verse 3 + 4

Und sie beschlossen, einen Turm zu bauen,
groß und prächtig und so hoch, dass er
bis in den Himmel reichte. Wir werden berühmt,
sagten sie sich, überall in Himmel und Erde.

Den Turm zu bauen, war schwer. Es kostete
unsagbar viel Kraft und machte entsetzlich viel Mühe.
Sie schufteten Tag und Nacht, aber sie wurden
und wurden nicht fertig.

Gott sah ihnen zu, als sie den Turm bauten,
höher und höher hinauf und bis zu den Wolken.
Er hörte sie keine Lieder mehr singen.
Sie stöhnten stattdessen, schimpften und fluchten.

Meine Güte, dachte er. Wenn das nur gut geht.
Wenn sie nur nicht vor lauter Eifer vergessen,
dass ihre Kraft nicht für alles reicht!
Wenn sie nur die Geduld nicht verlieren!

Und Gott hatte Recht. Der Turm wuchs. Aber
so wie der Turm wuchs auch die Ungeduld
unter den Menschen. Du Faulpelz, sagte der eine
zum anderen. Nichtstuer. Schlafmütze. Dummkopf.

So kam es, dass niemand mehr hörte, wenn einer
was sagte. Wer will schon hören, dass er faul ist
und dumm? Dann sagte auch keiner mehr was.
Wer will denn reden, wenn keiner mehr hört?

Am Ende waren sie stumm und auch taub.
Sie verstanden nicht mehr den Sinn,
weder der Stadt noch des Turms.
Einer nach dem anderen packte und ging.

Schade, sagte Gott. Sie haben es nicht verstanden.
Jetzt ziehen sie weiter, doch jeder für sich.
Und kehren erst um, wenn sie an Grenzen stoßen,
später, am anderen Ende der Welt.

Martina Steinkühler, 2005
Aus: Martina Steinkühler: Wie Feuer und Wind. Das Alte Testament Kindern erzählt, Göttingen 2005, S. 30-32.

M2b

Grenzen los = grenzenlos? Aus einer Pfingstmontagspredigt zum Turmbau zu Babel (Gen 11)

Gestern war die Wahl zum Deutschen Bundespräsidenten in Berlin. Und da stand in der Zeitung, dass die Anwesenden dort nur wenig Ellenbogenfreiheit haben. Immerhin müssten bedeutend mehr Menschen an den Tischen Platz finden. Ellenbogenfreiheit. Dieses Wort ließ meine ersten Schuljahre in mir wach werden. (...) Viele Tische waren vollgeschrieben und bekritzelt. Sie waren ein Kampfplatz für ein bisschen mehr oder weniger Ellenbogenfreiheit. Denn in der Mitte dieses Schulmöbel wurde jeweils ein Strich mit dem Lineal gezogen. Oder etwas hingestellt, das deutlich machte: bis hierher und nicht weiter. Eine Grenze markiert. Wer sie mit dem Ellenbogen überschritt, dem blühte etwas. (...) Kaum war die Einschulung hinter einem, war klar: Ich muss mir Grenzen setzen. Allerdings gab es Ausnahmen: Sehr schnell stellte sich heraus, wer die Stärksten in der Klasse waren. Für sie galten solche Grenzen natürlich nicht so. Sie hatten quasi Ellenbogenfreiheit ...

Ellenbogenfreiheit ... das beginnt alles eher harmlos. Aber wer erst mal solche Ellenbogenfreiheit gerochen hat, der kann da bald kaum noch raus. Der oder die freut sich immer mehr darüber, wie viel Macht er oder sie doch hat. Und wer einmal in dieses Macht-Karussell eingestiegen ist, dem dreht es sich immer schneller. Oder wie es im Predigttext heißt: „Nun wird ihnen nichts mehr verwehrt werden können von allem, was sie sich vorgenommen haben zu tun." (V. 6). Wann ist also Schluss? Wann ist klar: bis hierher und nicht weiter! Wer sagt, was geht und was nicht geht? *Wer setzt eine Grenze, die auch wirklich eingehalten wird?* (...) Wer hält dieses Karussell an? In der Erzählung vom Turmbau zu Babel greift Gott ein: bis hierher und nicht weiter! Jetzt ist Schluss! Wie war es überhaupt dazu gekommen, dass er eingreifen und eine Grenze setzen musste?

Die Menschen fassen einen Entschluss und fangen an, ihn in die Tat umzusetzen. Sie machen sich ans Werk. (...) Nicht nur ein paar, sondern eine ganze Reihe Häuser soll es werden. Eine Stadt. Und ein riesiger Turm ist auch bei der Planung dabei. Gegen Häuser und Türmchen hatte damals wohl keiner etwas. Auch Gott nicht. Aber hier geht es um mehr. Es soll ein Turm gebaut werden, „dessen Spitze bis an den Himmel reicht". Damit wollten die Leute sich einen Namen machen. Von wegen „Dein Name werde geheiligt" ... Der Turm sollte Himmel und Erde verbinden. Mit diesem Turm sollten sich Himmel und Erde berühren. Und was ist?

Gott muss herab fahren, um den Turm überhaupt sehen zu können (V. 5). Gott will die Stadt sehen. Und was sieht er? Er sieht fleißige Menschen wie du und ich. Gott sieht sie. Und das finde ich erst mal interessant: Gott sieht sich die Sache genauer an. Er sieht tatsächlich hin. (...) Er übersieht nicht, was läuft. Das ist ein hervorragendes Merkmal Gottes: dass er hinsieht und einen Blick hat für die Menschen. Er macht die Augen auf für das, was unter uns passiert. Nicht allen gefällt so ein sehender und hinsehender Gott. (...) Das war von Anfang an schon so. Adam und Eva hat es nicht gefallen, dass Gott nicht auch einmal wegsieht. Deshalb haben sie sich versteckt. Abel, den Gott sehen wollte, konnte er nicht mehr sehen, weil er ermordet worden war von Kain. Wo gibt es bei uns Dinge, die wir lieber verbergen würden – vor anderen und vor Gott? Wo hätten wir es im Moment lieber, wenn Gott nicht alles sieht und mitbekommt?

Gott sieht die Menschen. Und er sah schon sehr früh ein, dass der Menschen Bosheit groß war (...) immerdar (Gen 6,5). Was also bleibt Gott übrig? Was soll er tun? Nachdem er herab gefahren ist und gesehen hat, was vor sich geht, greift er ein: *statt Konzentration Zerstreuung, statt Kommunikation Verwirrung.* Gott greift ein. Aber er greift nicht an. Er hält das Karussell an. Ein Turm war in der Mache, dessen Spitze bis an den Himmel reichen sollte (V. 4). Aber davon ist nichts mehr zu sehen. Der Sears-Tower – 1973 in Chicago erbaut – hat 110 Stockwerke und misst 443 Meter. Das höchste Gebäude Deutschlands steht keine 300 km von hier in Frankfurt am Main: der Frankfurter Messeturm. Die höchsten Türme damals waren wahrscheinlich um die 90 Meter hoch. An der Höhe allein kann es also nicht gelegen haben, dass Gott gegen dieses „Unternehmen Babel" war. Auch auf einen 443 Meter hohen Wolkenkratzer kann er nur herabsehen. *Die Frage ist, welches Ziel Menschen mit ihrem Einsatz verbinden.* Was hatten sie vor? Warum so viel Engagement?

M2b

Sie wollten sich einen Namen machen! Das fing schon damit an, was ganz am Anfang beschrieben wird. „Laßt uns Ziegel streichen und brennen …" In der Ebene Schinar, wohin die Menschen gezogen waren, gab es keine Bruchsteine. Damit fanden sie sich aber nicht ab. Diese Grenze ihrer Möglichkeiten akzeptierten sie nicht. Sondern sie erfanden künstliche Steine, eben Ziegel, die aus weichem Stoff gemacht, aber hartes Baumaterial waren. Diese Erfindung zeigt, was der Mensch alles kann, welche Möglichkeiten er hat. Aber sie zeigt auch: Dem Menschen sind unbegrenzte Möglichkeiten eröffnet. Er kann jetzt auch da, wo es eigentlich keine Steine gibt, Häuser aus „Stein" bauen. Damit war er nicht mehr eingeengt und begrenzt, sondern konnte sich Städte und Türme bauen, wo und wie er wollte. Sie konnten sich einen Namen machen.

Viele entwickeln vielleicht Ehrgeiz, weil sie sich einen Namen machen wollen. (…) Das ist manchmal auch so in der Politik, wenn einer immer mehr und immer höhere Posten haben will – bis hin zum Bundespräsidenten. Und das ist auch manchmal so in einer Kirchengemeinde. Auch da gibt es Einsatz, Engagement und Ehrgeiz für eine Sache, weil man sich und seinen Namen vor Augen hat. (…)

Und Gott zieht eine Grenze. So wie wir damals auf die Schulbänke eine Grenze gezogen haben, um die Ellenbogenfreiheit einzuschränken. (…) Genauso zieht Gott mit seinem Eingreifen eine Grenze. Und diese Grenze ist gut. So wie ja überhaupt Grenzen an sich noch nicht unbedingt etwas Schlechtes sind. (…) Tagtäglich ziehen und brauchen wir Grenzen. Das fängt damit an, dass die Tür hinter einem schließt, wenn man ins Bad geht oder alleine im Zimmer sein möchte. Und hört da noch lange nicht auf, wo die Grenze fürs Zubettgehen überschritten wird. *Grenzen, Grenzziehungen bedeuten ja nicht nur Verweigerungen und Entbehrungen. Grenzen garantieren auch Schutz und Hilfe.*

Der Turmbau zu Babel zeigt: Es gibt keinen unmittelbaren und organisierbaren Zugang des Menschen zum Himmel. Es gibt eine Grenze, die Gott in jedem Fall zieht. Der Mensch kann nicht wie Gott werden. Der Mensch wird bleiben, was er schon immer war: ein Mensch, der Grenzen erlebt – angenehme und weniger angenehme. Ein Mensch, zu dem Gott gesagt hat: Mein Geist soll nicht für immer im Menschen sein. (Gen 6,3). *Gott steckt die Grenze zur Unendlichkeit ab, damit ich endlich leben kann.* (…) Und ich brauche nicht dafür zu sorgen, dass ich über die Grenze meines Lebens noch für andere interessant bin. Eben quasi „im Gedächtnis der anderen weiterlebe". *Meine Einwilligung in Grenzen macht mein Leben nicht ärmer, sondern reicher.* (…) Ich kann auch Glaube nicht machen. Da habe ich eine Grenze. Und diese Grenze kann nur einer überschreiten: Gott selbst, indem er mir seinen Heiligen Geist schenkt. „Ich glaube, dass ich nicht aus eigener Vernunft noch Kraft an Jesus Christus glauben kann …" hat Martin Luther in seiner Erklärung im Kleinen Katechismus formuliert. In der Pfingstgeschichte wird das deutlich: Da ist auf einmal Verständigung möglich. Aber auch da wird die Vielzahl der Völker und Sprachen nicht aufgehoben, sondern gerade vorausgesetzt. Sie wird aber durch das vom Heiligen Geist gewirkte Sprachenwunder überwunden. In den verschiedenen Sprachen wird von Jesus erzählt. Und über die Sprach- und Völkergrenzen hinweg bringt der Glaube an Jesus Christus ein neues Verstehen zustande. Da sind Parther und Meder und Elamiter und die wohnen in Mesopotamien. Also auch die dürfen dazugehören, die diesen unglückseligen Turmbau begonnen hatten … Es verbindet sie alle die eine Sache, dass da nicht jemand sich selber groß machen möchte. Sondern ein anderer soll groß gemacht werden. Wie kleinkariert denken und glauben wir oft. Auch ich. Das Gegenteil davon ist Gottes Liebe, die ganz woanders Grenzen sieht und zieht. Herr, deine Liebe ist wie Gras und Ufer! Amen.

Reiner Andreas Neuschäfer, Pfingstmontag 1999

M3

Was ist Weisheit? (Aus Hiob 28)

Gold, Silber, Kupfer, Saphir

Man macht der Finsternis ein Ende, …

… erforscht …

Man bricht …
Man zerwühlt …
Man findet …

Den Steig dahin hat kein Geier erkannt und
kein Falkenauge gesehen.
Das stolze Wild hat ihn nicht betreten und
kein Löwe ist darauf gegangen.

Auch legt man die Hand an …
und gräbt …
Man bricht …
… alles, was kostbar ist, sieht das Auge.

Man wehrt …

… bringt, was verborgen ist, ans Licht.

Wo will man aber die Weisheit finden? Und wo ist die Stätte der Einsicht?

Niemand weiß …

Sie wird nicht gefunden …

Man kann nicht Gold für sie geben …

noch Silber darwägen.

Ihr gleicht nicht: Gold … Onyx … Saphir …

Woher kommt denn die Weisheit? Und wo ist die Stätte der Einsicht?

Sie ist verhüllt …

… auch verborgen.

Gott allein weiß den Weg

denn er sieht … und er schaut …

… damals schon sah er sie und verkündigte sie,
bereitete sie und ergründete sie und sprach zum
Menschen:

Siehe, die Furcht des Herrn, das ist Weisheit,
und meiden das Böse, das ist Einsicht.

Kennzeichnen Sie die einzelnen Text-„Fetzen“ mit unterschiedlichen Farben und arbeiten Sie dabei eine Struktur des Textes Hiob 28 heraus!

M4

Galileo Galileo, Lehrer der Mathematik zu Padua, und Andrea, der Sohn der Haushälterin, morgens im Studierzimmer.

Galileo: Das ist ein Astrolab; das Ding zeigt, wie sich die Gestirne um die Erde bewegen, nach Ansicht der Alten.

Andrea: Wie?

... (Sie erkunden das Modell, bei dem sich die Gestirne an Sphären um die Erde drehen ...)

Andrea *bewegt die Schalen:* Das ist schön. Aber wir sind so eingekapselt.

Galileo *sich abtrocknend:* Ja, das fühlte ich auch, als ich das Ding zum ersten Mal sah. Einige fühlen das. (...) Mauern und Schalen und Unbeweglichkeit! Durch zweitausend Jahre glaubte die Menschheit, daß die Sonne und alle Gestirne des Himmels sich um sie drehten. Der Papst, die Kardinäle, die Fürsten, die Gelehrten, Kapitäne, Kaufleute, Fischweiber und Schulkinder glaubten, unbeweglich in dieser kristallenen Kugel zu sitzen. Aber jetzt fahren wir heraus, Andrea, in großer Fahrt.

Denn die alte Zeit ist herum, und es ist eine neue Zeit. Seit hundert Jahren ist es, als erwartete die Menschheit etwas.

Die Städte sind eng, und so sind die Köpfe. Aberglauben und Pest. Aber jetzt heißt es: Da es so ist, bleibt es nicht so. Denn alles bewegt sich, mein Freund. Ich denke gerne, daß es mit den Schiffen anfing. Seit Menschengedenken waren sie nur an den Küsten entlang gekrochen, aber plötzlich verließen sie die Küsten und liefen aus über alle Meere.

Auf unserm alten Kontinent ist ein Gerücht entstanden: es gibt neue Kontinente. Und seit unsere Schiffe zu ihnen fahren, spricht es sich auf den lachenden Kontinenten herum: das große gefürchtete Meer ist ein kleines Wasser. Und es ist eine große Lust aufgekommen, die Ursachen aller Dinge zu erforschen: warum der Stein fällt, den man loslässt, und wie er steigt, wenn man ihn hochwirft. Jeden Tag wird etwas gefunden. Selbst die Hundertjährigen lassen sich noch von den Jungen ins Ohr schreien, was Neues entdeckt wurde.

Denn wo der Glaube tausend Jahre lang gesessen hat, eben da sitzt jetzt der Zweifel. Alle Welt sagt: ja, das steht in den Büchern, aber laßt uns jetzt selbst sehn. Den gefeiertsten Wahrheiten wird auf die Schulter geklopft; was nie bezweifelt wurde, das wird jetzt bezweifelt.
Dadurch ist eine Zugluft entstanden ...

Ich sage voraus, daß noch zu unsern Lebzeiten auf den Märkten von Astronomie gesprochen werden wird. Selbst die Söhne der Fischweiber werden in die Schulen laufen. Denn es wird diesen neuerungssüchtigen Menschen unserer Städte gefallen, daß eine neue Astronomie nun auch die Erde sich bewegen läßt. Es hat immer geheißen, die Gestirne sind an einem kristallenen Gewölbe angeheftet, daß sie nicht herunterfallen können. Jetzt haben wir Mut gefasst und lassen sie im Freien schweben, ohne Halt, und sie sind in großer Fahrt, gleich unseren Schiffen, ohne Halt und in großer Fahrt.

Und die Erde rollt fröhlich um die Sonne, und die Fischweiber, Kaufleute, Fürsten und die Kardinäle und sogar der Papst rollen mit ihr.

Bertolt Brecht, Leben des Galilei (1. Szene), 1938/9
Aus: Brecht, Bertolt: Werke. Große kommentierte Berliner und Frankfurter Ausgabe, Band 5, Stücke 5,

M5

Homunculus, Frankenstein und Androiden …

Künstliche Menschen üben seit jeher eine Faszination aus, sie existieren nicht nur in mannigfachen Schöpfungsutopien, sondern werden ebenfalls in den verschiedenen Weltreligionen tradiert. Der schon bei Apuleius von Madaura belegte Begriff „homunculus“ (Menschlein; Met. 9,12) ist als Diminutivum von „homo“ für Mensch abgeleitet. Auch wenn dieser in der Antike eher symbolisch gemeint ist, kam doch anderes ins Spiel, als derartige Leitideen ihre Anknüpfung am biologischen Wissenstand ihrer Zeit fanden. So soll bereits im Mittelalter Arnold von Villanova (1240–1311) erste Versuche unternommen haben, einen künstlichen Menschen im Reagenzglas (frz. retorte) zu erzeugen. Auch Albertus Magnus (um 1200–1280 n. Chr.) stand im Ruf eines Alchimisten, der sich dieser Frage zugewandt hatte. Medizinhistorisch bedeutsam verbindet sich im Werk des Naturforschers und Arztes Paracelsus (1493/4–1541) der Homunculus-Gedanke mit Rezepturen und Verfahrensbeschreibungen des alchemistischen Labors. Im Rückgriff auf die Kabbala behauptete er, mit einer bestimmten Rezeptur aus männlichem Sperma, Pferdemist und Menschenblut kleine Menschen erzeugen zu können. Paracelsus griff damit auf die empirische Erfahrung zurück, dass die Entstehung des Menschen nicht nur vom männlichen Sperma, sondern auch von der Aufbewahrung im Mutterleib abhängig ist, doch beschränkte er die Funktion der Frau auf die eines „passiven Behältnisses“ und suchte sie durch eine gläserne Phiole zu ersetzen.

Nachdem Antoni van Leeuwenhoek (1632–1723) mit selbst angefertigten Mikroskopen die menschliche Eizelle sichtbar gemacht hatte, war es Lazzaro Spallanzani (1729–1799) experimentell gelungen, eine extrakorporale Befruchtung bei Hunden durchzuführen. Aber neben dem Blick auf das Biologische faszinierte die Naturforscher des 18. Jh. besonders der Bau technischer Geräte, insbesondere der Automaten und Pumpanlagen der absolutistischen Schlösser. Sie verstanden die „tierische“ und „menschliche“ Technik als eine Abbildung bzw. Mimesis der Natur.

(…) Hans Drieschs (1876–1941) „Schüttelversuche“ am Seeigel, bei denen ihm die Trennung der ersten Furchungszellen gelang, bestimmten die Vorstellungen von der Weiterentwicklung kompletter Individuen. Hier wurde eine biomedizinische Entwicklung eingeleitet, die an die Stelle der „Zuchtwahl“, von Charles Darwin (1809–1882) bis hin zu den nationalsozialistischen Rassenhygienikern, eine aktive Veränderung der menschlichen Keimbahn setzte. Auf der Basis des experimentellen Nachweises von Oswald Theodore Avery (1877–1955) 1944, dass die DNA das überliefernde Prinzip des Erbguts ist, wurden schon in den 1960er Jahren erste Klonexperimente an Fröschen durchgeführt.

Die Reflexion des H., Golem, Androiden oder Automaten in der Literatur besticht durch ihre Mannigfaltigkeit. Viele Schöpfungsmythen stimmen darin überein, dass ein göttlicher Hauch oder Funken zur Belebung des Menschen führt. Für dessen Kulturleistungen sind weitere Essenzen wie das Feuer vonnöten, so dass der Demiurg in der Prometheus-Version von Aischylos seinen Geschöpfen das Feuer von Zeus weiterreicht und dafür von diesem mit dem Martyrium bestraft wird. Nach den Metamorphosen von Ovid zeugte Prometheus den Menschen „nach dem Bilde der alles lenkenden Götter“ aus Lehm und Wasser (Met. 1, 83). Athene hauchte ihm eine Seele ein – ähnlich dem Schöpfungsmythos des Alten Testaments, der Eva aus der Rippe des Adam (Gen 1,27; 2,7) erschaffen sieht. Ovids weitere Version von Pygmalion, welcher sich als Bildhauer in die selbst gefertigte Elfenbeinstatue verliebt, betont die Gefühle des menschlichen Schöpfers seinem Geschöpf gegenüber (Met. 10, 243f.). In den Homilien des Clemens Romanus findet sich ein Bericht über Simon Magus, der durch Mord und Beschwörungsformeln die Seele eines Knaben in dessen künstliches Abbild übertragen habe, und Jean de Meungs (1240–1305) altfranzösischer allegorischer Versroman *Roman de la rose* (1240–80; dt. *Der Rosenroman*) nimmt das Pygmalionmotiv am Beispiel der höfischen Liebesliteratur wieder auf.

M5

Über die grundsätzliche Frage nach dem Schöpfungsakt hinaus sind die künstlichen Menschen in der Literatur zumeist als Knechte für unangenehme Arbeiten gedacht. Hierfür stehen z.B. die vom 14.–17. Jh. verbreiteten Golem-Sagen der jüdisch-kabbalistischen Tradition. Aus Lehm zum Dasein erweckt, muss der Golem dem Schriftgelehrten dienen, der ihn erschuf und sein Leben sofort beenden kann, wenn er den ersten Buchstaben des Worts auf seiner Stirn ‚aemäth' (hebr. für Wahrheit) auswischt und seine Bedeutung zu ‚mäth' (Tod) ändert. (...)

Die Automatenvorstellungen des 18. Jh. dienten als neue literarische Quelle, welche die Menschenähnlichkeit der Androiden (gr. anér: Mann) glaubhaft machten. Julien Offray de LaMettrie (1709–1751) vollzog im *L'homme machine* (1747; dt. *Der Mensch als Maschine*) eine Wende, als er den Menschen als eine Ansammlung von Triebfedern präsentierte, doch wurde das materialistische Paradigma durch Johann Jakob Bodmers (1698–1783) Epos *Pygmalion und Elise* (1749) bzw. Jean-Jacques Rousseaus (1744–1810) Monodrama *Pygmalion* (1771; dt. *Pygmalion*) auch kritisch reflektiert. Mary Shelleys starke Orientierung am Kenntnisstand der Medizin – am Galvanismus, an der Bluttransfusion und der Sektionspraxis – lässt die Figur des Monsters in ihrem Roman *Frankenstein, or The Modern Prometheus* (1818; dt. *Frankenstein oder Der moderne Prometheus*) besonders lebensecht erscheinen. Ihr Mann, Percy B. Shelley (1792–1822), hatte ihr gewissermaßen den Stoff durch seine Vorarbeiten zum lyrischen Drama *Prometheus Unbound* (1820) gegeben. Der Unterschied zwischen dem fanatischen Wissenschaftler Frankenstein und den griechischen Demiurgen besteht vor allem darin, dass sich der antike Prometheus für seine Geschöpfe verantwortlich fühlte, während Frankenstein allein das Ziel verfolgt, „leblose Materie zu beleben". Ridikülisierend wendet sich nicht nur Karl L. Immermanns (1796–1840) *Tulifäntchen* (1830) dieser verantwortungslosen Wissenserprobung zu, sondern auch Johann Wolfgang von Goethe (1749–1832) geht dem Topos in seinem *Faust II* (1832) nach, wenn er die Menschenfabrikation im mittelalterlichen Laboratorium des Dr. Wagner situiert, der einen H. nach Anleitung des Paracelsus erzeugen soll. Nicht der Skeptiker Faust, sondern Wagner, der fortschrittsorientierte Schüler, wird in dieser Darstellung zum Motor der Menschenzeugung und zum Opponenten des Mephistopheles. Wie in Goethes Gedicht „Prometheus" (1774) aus der Sammlung *Die großen Hymnen* ist der künstliche Mensch auch hier nach dem Bild des Menschengeschlechts und nicht länger nach dem Gottes geschaffen (V. 6848ff.). Robert Hamerling (1830–1889) macht in seinem Versepos *Homunculus* (1888) die Figur zum Helden einer satirischen Dichtung, in der das chemisch hergestellte Geschöpf seinem Erzeuger eine Tracht Prügel verabreicht, weil es sich selbst nur als eine „arge Pfuscherei" erkennen kann, während George Bernhard Shaw (1856–1950) in *Pygmalion* (1912; dt. *Pygmalion*) literarisch eine neovitalistische Hypothese kreativer Evolution entwickelt. (...)

Unter dem Eindruck zunehmender technischer Möglichkeiten der experimentellen Biologie findet das Leitmotiv des künstlichen Menschen seine Fortführung: Im Gegensatz zu den Homunculus-Geschichten wird in Aldous Huxleys (1894–1963) *Brave New World* (1932; dt. *Schöne neue Welt*) ein Zukunftsszenario entfaltet, Embryonen in Flaschenkulturen zu halten und nach bestimmten Gesichtspunkten heranzuzüchten. (...) In der neueren Literatur zu dieser Problematik greift etwa Stanisław Lem in *Solaris* (1968; dt. *Solaris*) das Golem-Motiv wieder auf. Die aktuelle Debatte um künstliche Befruchtung und genetische Selektion findet seither breiten Niederschlag, z.B. in Hans Magnus Enzensbergers *Balladen aus dem Mausoleum* (1974) über Lazzaro Spallanzani und Charles H. Babbage (1792–1871), in Wolfgang Deichsels Szenen *Aus dem Leben eines Angestellten* (1980) oder in Michel Houellebecqs postmodernem Buch *Les particules élémentaires* (1998; dt. *Elementarteilchen*). Ein Homunculus eigener Art findet sich in dem Kinder- und Jugendbuch *Der Drachenreiter* (1997) von Cornelia Funke: Hier dient der von einem Alchimisten erschaffene Homunculus einem bösen Drachen. Aus seinem Sklavendasein erlöst werden kann er nur durch die Zuneigung eines Menschen.

Frank W. Stahnisch, 2005
Aus: von Jagow, Bettina/Steger, Florian (Hg.): Literatur und Medizin. Ein Lexikon, Göttingen 2005, Sp. 364-369 in Auszügen

M6 Seele und Körper – verachtet und vergottet

Viele problematische Punkte werden in Diskussionen erst durch Extreme bzw. extreme Formulierungen deutlich. So auch beim Seele-Körper-Problem. Wie sind beide „Bereiche" aufeinander zu beziehen? Eine ebenso populäre wie alte Lösung ist der *Materialismus*, der den Menschen auf seine rein materielle Seite reduziert nach dem Motto „Der Mensch ist, was er isst!" (Ludwig Feuerbach) oder „Erst kommt das Fressen, dann kommt die Moral!" (Bertolt Brecht). Viele glauben (!), dass die moderne Hirnforschung dieses Denken bestätigt. Denn man habe den parallelen Ablauf von Emotionen und hirnorganischen Vorgängen feststellen können. Tatsächlich führt jede Unterbrechung des Nachrichtenverkehrs zwischen Gehirn und Körper zu Veränderungen des Geisteszustandes. Allerdings geht meines Erachtens jeder naturwissenschaftliche Anspruch zu weit, wenn mit der *organischen* Gehirnaktivität das Bewusstsein selbst erklärt werden soll. Das Körperliche des Menschen ist nicht auf das Gehirn zu reduzieren. Das Handeln, Denken und Sein des Menschen hat immer zugleich (!) eine seelische und körperliche Dimension. Wer aber den Menschen ausschließlich materialistisch sieht, für den heißt dies in letzter Konsequenz: Ich muss das Beste aus allem herausholen, orientiere mich am eigenen Vorteil, analysiere, was ich von etwas und von anderen habe und genieße den jetzigen Augenblick nach dem Motto „Lasst uns essen und trinken; denn morgen sind wir tot!" (Jes 22,13; 1Kor 15,32). Der moderne Körperkult ist letzten Endes eine Folge materialistischen Denkens: Perfektionierte Kosmetik und Schönheitschirurgie fixieren den Menschen auf sein Äußeres und zwängen den Körper in ein Idealbild, das seinem Wesen (und auch seiner Vergänglichkeit!) nicht entspricht. Wo Menschen sich einer kollektivistischen Schönheitskonvention unterwerfen (z.B. durch Ernährungseinschränkung, Bodybuilding, chirurgische Eingriffe), nehmen sie den Verlust ihrer individuellen Unverwechselbarkeit in Kauf. Auf der anderen Seite vom Pferd fällt man durch die verschiedenen Spielarten eines *Spiritualismus*. Der dagegen sieht in der ganz und gar nichtmateriellen Dimension die eigentliche Realität: Geist und Materie haben nichts miteinander am Hut. Bei René Descartes (1596-1650) etwa kann sogar das denkende Ich ohne Verlust unter Abstraktion von der erfahr- und wahrnehmbaren Materie (ohne eigenen Körper!) gedacht werden und infolgedessen auch sein! Der Unabhängigkeit im Erkennen entspricht eine solche im Sein. Das Geistige wird damit zum ausschließlichen Inhalt dessen, was Seele und was Mensch ist. Der Mensch wird quasi zur denkenden Sache: res cogitans. Diesem *Rationalismus* (der völligen Entmaterialisierung der Seele) entspricht eine völlige Mechanisierung der Körperwelt: Alles Tun außer- und unterhalb der Vernunft lässt sich durch Maschinen imitieren oder ersetzen.

Schon bei Platon (427-347 v.Chr.) konnte der Körper nicht ohne die Seele seines Lebensspenders bestehen, sehr wohl aber die Seele ohne den Körper. Allerdings kann der Körper – wenn die Seele sich von materiellen Einflüssen fernhält bzw. reinigt – zum Kerker der Seele werden. Aristoteles (384-322 v.Chr.) betonte gegenüber Platon eine Wechselwirkung zwischen Seele und Körper, wobei beide nicht identisch sind. Die Seele ist bei Aristoteles quasi etwas am Körper und hat eine Funktion für diesen.

Wenn in der Bibel von Seele die Rede ist, spielt immer eine „Beziehung" eine besondere Rolle. Der Mensch *hat* nicht eine Seele und einen Körper, sondern *ist* Seele und Körper. Das Sein als Sein – als Mensch – zu denken und zu erfahren ist nur möglich, weil der Mensch in einer Beziehung lebt und von einem Bezugspunkt her lebt, der von außen an ihn herantritt und ihn als ganzen anspricht. Gerade daran, wie der Mensch seine Existenz als Leib und Seele lebt, entscheidet sich, ob und wie er sich zu Gott positioniert und kommuniziert.

Reiner Andreas Neuschäfer, 2008

Seele – biblische Einsichten und Einblicke

Der Mensch hat nicht Seele und Körper, sondern ist Seele und Körper. So kann man biblische Aussagen zum Seele-Körper-Verhältnis auf den Punkt bringen.

Für Seele lässt sich alttestamentlich die Grundbedeutung „Schlund, Rachen, Kehle" ausmachen (Ps 69,2; Jes 5,14; Hab 2,5) – und zwar als das das Leben garantierende essende und atmende Organ (Spr 8,35f.; Spr 7,23; Spr 19,8; Ps 30,4). In Gen 2,7 heißt es: „Gott bläst dem Menschen seinen Odem ein, und so wird er eine lebendige Seele." Zwar ist hier von Seele die Rede, aber eben nicht als von etwas Neuem, Zusätzlichem. Es heißt hier ausdrücklich nicht „so *bekommt* er eine lebendige Seele", sondern „so *wird* er eine lebendige Seele".

Nach Gen 2,7 ist der Mensch lebendige Seele als Gefäß. Ein Gefäß ist nach oben offen, entspricht seinem Sinn durch eine Befüllung, die es aus sich selbst heraus nicht erreichen kann. Diese muss vielmehr von außen her erfolgen. Der Mensch ist also körperlich, nach außen bzw. oben ausgerichtet, aber auf die Initiative von außen (Gott!) angewiesen.

Biblisch betrachtet sind sowohl Körper als auch Seele gleichermaßen von der Sünde betroffen, bleiben aber Gottes Schöpfungsgabe und Objekt des Dankes. Entsprechend ist das Heil/Heilende weder im Körperlichen zu suchen noch im Seelischen, sondern im Schöpfer von beidem. Weder in der Verachtung noch in der Vergottung des Körperlichen kann sich die Sehnsucht des Menschen letzten Endes erfüllen. Der Körper ist wie die Seele ein Geschenk Gottes und darf nicht selbst in sich eine erlösende Kraft zugesprochen werden.

Einige Formulierungen der Bibel, wie seelisch-emotionale Vorgänge körperlich zum Ausdruck kommen können:

- Im Gesicht spiegeln sich Affekte wider (Zorn: Gen 4,5f.; Erbarmen: Gen 33,1; Willensentschluss: Gen 31,21).
- Das Angesicht als Organ der Erkenntnis (Gen 3,5.7; Gen 16,6).
- Erregungen des innersten Lebens treten in den Augen hervor (Gunst: Gen 6,8; Gen 18,3; Wohlwollen und Verachtung: Gen 16,4f.; Gen 19,14; Sexuelle Lust: Gen 39,7).
- Geduld und Ungeduld werden zusammen mit der Seele gesehen (Num 21,4; Ri 16,16).
- In Bewegungen des Herzens vollziehen sich Mut und Angst (Jes 7,2.4; Dtn 20,8), Erkenntnis, Gedächtnis, Planen und Begehren haben im Herzen ihren Ort (Dtn 8,5; Spr 16,9; Ps 20,5).

Reiner Andreas Neuschäfer, 2007

Schlagen Sie die angegebenen Bibelstellen nach und wählen Sie daraus jeweils eine aus!

Stellen Sie die ausgewählten Bibelstellen pantomimisch oder im Darstellenden Spiel dar. Evtl. gestalten Sie mithilfe von ausgedruckten Handy-Fotos eine Fotoserie zu den Bibelstellen!

M8

Das Tempo muss das Kind selbst bestimmen! Ein Interview zum Thema „Mit Kindern den Tod zur Sprache bringen"

mobile-elternmagazin.de:
Viele Eltern haben Sorge, ihr Kind zu früh mit dem Tod zu konfrontieren. Gibt es ein „Mindestalter", bis zu dem Eltern das Thema meiden sollten, um ihrem Kind nicht zu schaden?

Reiner Andreas Neuschäfer:
Gespräche über das Thema Tod können so früh wie möglich geführt werden, aber auch so natürlich, wie es nur eben geht. Das „Mindestalter" geben die Kinder mit ihren Fragen meistens selbst vor. Grundsätzlich gilt: Wer fragt, ist auch schon reif für eine Antwort. Zum Problem wird die Sache erst, wenn Eltern sich auf die ersten Fragen der Kinder nicht einlassen und sie mit ihnen allein lassen. Es ist wichtig, dass die Eltern selbst als verlässliche Bezugspersonen mit ihren Kindern das Thema Tod zur Sprache bringen. Gerade beim Thema Tod sollte das Feld nicht einfach anderen Erziehenden überlassen werden – ohne Einblick zu haben, was den Kindern dabei nahegebracht wird.

mobile-elternmagazin.de:
Verliert ein Kind durch die Erfahrung, dass alle Menschen sterben müssen, nicht das Vertrauen in die Eltern, die das Kind bisher vor allem Bösen beschützt haben?

Reiner Andreas Neuschäfer:
Das Vertrauen wird bei Kleinkindern erst dadurch wirklich gestärkt, dass ihnen auch die enttäuschenden, traurigen Seiten des Lebens zugemutet werden und eben keine heile Welt vorgespielt wird. Eltern sollten nicht in erster Linie vor allem Bösen bewahren, sondern die Kinder für ein Leben trotz Bösem fit machen. Sie sollten die Kinder selbst stark machen gegen alles Böse, das ja auch von den Eltern kommen kann. Das Böse gehört zum Leben, aber das Leben gehört nicht dem Bösen!

mobile-elternmagazin.de:
Wie verhindert man, dass das Kind anfängt, sich vor seinem eigenen Tod zu fürchten und fortan zaghaft und mutlos durchs Leben geht?

Reiner Andreas Neuschäfer:
Indem Sie niemals Fragen beantworten, die das Kind gar nicht gestellt hat! Das Kind muss das Tempo selbst bestimmen dürfen und auch, wie intensiv über das Sterben gesprochen wird. Wo der Tod zum Leben dazu gehört, findet das Kind auch die Kraft, das Leben nicht dem Tod zu überlassen. Wenn eine traurige bzw. depressive Phase eine längere Zeit andauert, ist allerdings unbedingt seelsorgerliche oder psychotherapeutische Hilfe angesagt.

mobile-elternmagazin.de:
Wie können Eltern die Frage „Warum lässt Gott einen Menschen sterben?" beantworten?

Reiner Andreas Neuschäfer:
Eltern dürfen ruhig ihre Unsicherheit zeigen und zum Beispiel sagen: „Das habe ich mich auch schon oft gefragt! Was denkst du denn darüber?" Eventuell kann man mit älteren Kindern auch verschiedene mögliche Antworten besprechen. Aber in der Regel wollen die Kinder ihre eigene „Lösung" präsentieren und zur Sprache bringen. Wenn sie dafür genügend Raum haben, ist schon viel gewonnen!

mobile-elternmagazin.de:
Wie kann man mit Kindern anschaulich über unsere Seele sprechen?

Reiner Andreas Neuschäfer:
Bei der Rede von der Seele bin ich persönlich vorsichtig! Die Vorstellung einer Seele soll ja nicht den Tod als solchen kleinreden nach dem Motto „Der Körper ist tot, die Seele lebt weiter…". Christen glauben ja nicht in erster Linie an eine Unsterblichkeit der Seele, sondern an eine Unsterblichkeit der Seele durch die Auferstehung. Über die Seele kann man mit Kindern so reden, dass es mehr gibt als das Körperliche (das aber auch nicht zu verachten und gegen die Seele auszuspielen ist!): Wir leben nicht nur von Essen und Trinken, sondern auch von Zuwendungen, Zärtlichkeiten, Zuneigungen und Zusagen nach dem Motto „Das hat meiner Seele jetzt aber gut getan!". Was der Kinderseele gut tun könnte, darüber sollte man mit Kindern nicht nur beim Thema Tod ins Gespräch kommen. In der Bibel meint die Seele eigentlich unsere Bedürftigkeit, unser Angewiesensein auf etwas anderes bzw. jemand anderen, um gut leben zu können. Wir *haben* nicht eine Seele, sondern *sind* Seele.

mobile-elternmagazin.de:
Wie kann man ein Kind trösten, wenn es eine wichtige Bezugsperson verliert, wenn also ein Todesfall große Veränderungen im Leben des Kindes nach sich zieht?

Reiner Andreas Neuschäfer:
Das hängt immer von der gesamten Situation des Kindes ab. Wichtig ist vor allen Dingen, dass man einem Kind nichts einredet, sondern es selbst zum Zug kommen und seine Gefühle ausdrücken lässt. Manchmal helfen so genannte „Übergangsobjekte" wie Plüschtiere, Fotos, Bilder, Kissen oder Ähnliches.

mobile-elternmagazin.de:
Sollte das Kind die Beerdigung als wichtige Etappe des Trauerprozesses miterleben, oder sollte die Erinnerung an die lebendige Person dadurch gewahrt bleiben, dass das Kind weder den Leichnam sieht noch an der Trauerfeier teilnimmt?

Reiner Andreas Neuschäfer:
Auch bei dieser Frage ist wichtig, was das Kind selbst für Wünsche äußert. Meine Erfahrungen haben gezeigt, dass es nahezu immer richtig war, das Kind die Beerdigung miterleben zu lassen, um so auch das Verhalten der Eltern, Geschwister und Bekannten besser nachvollziehen zu können. Kinder haben in punkto Leichnam und Friedhof in der Regel weniger Beklommenheit als Erwachsene. Allerdings sollte man sicherstellen, dass das Kind während der Beerdigung nicht auf sich allein gestellt ist. Und es ist gut, wenn es darauf vorbereitet wird, dass Menschen schwarz gekleidet sind und weinen.

Die Fragen stellte Annette Frantz.

Wo sieht der Autor eine Motivation für die Rede von einer „Seele"?

Forschen Sie in Ihrem Bekanntenkreis nach, was dort unter „Seele" verstanden wird!

In der Alltagssprache ist immer wieder von Seele die Rede, z.B. in Wörtern wie „seelenruhig" oder „Da hat die liebe Seele ihre Ruhe!". Stellen Sie einige solcher Worte zusammen und schätzen Sie diese mithilfe des über „Seele" Erarbeiteten ein!

V. Adam, wo bist du? – Verantwortung und Liebe

M1

© Sergej Pjatakow

ICH HABE GAR KEINEN GRUND, ETWAS ZU PAPIER ODER AUF DIE LEINWAND ZU BRINGEN – UND DAMIT ZEICHNET SICH VIELLEICHT DER SCHÖNSTE GRUND FÜRS MALEN ODER ZEICHNEN AB …

WENN ICH MIR VORSTELLE, ICH HÄTTE NOCH NIEMALS IRGENDETWAS GESEHEN, GEHÖRT ODER GESAGT. UND DANN WÜRDE ICH EINFACH ETWAS ZU PAPIER BRINGEN. DAS MÜSSTE DOCH LUSTIG SEIN – ÄHNLICH WIE BEIM SPIEL „ICH SEHE WAS, WAS DU NICHTS SIEHST!" …

WENN ICH ETWAS ZUSTANDE GEBRACHT HABE, DANN WÄRE ES DOCH SPANNEND ZU SEHEN, WAS ANDERE, DIE ES VOR AUGEN HABEN, DARÜBER DENKEN, SAGEN ODER AUCH HERAUSHÖREN. UND WENN ICH DANN WIEDER ETWAS SÄHE, WÜRDE ICH MIR DIEJENIGEN VOR AUGEN HALTEN, DIE DAS, WAS ICH NUNMEHR SEHE, FABRIZIERT UND KONSTRUIERT ODER SOGAR ALS KUNSTWERK ZUSTANDE GEBRACHT HABEN. UND ICH WÜRDE MICH FRAGEN:

WAS IST EIGENTLICH EINFACHER: NICHTS SEHEN, NICHTS HÖREN UND DEN MUND HALTEN ODER ALLES WAHRNEHMEN, ALLES MITBEKOMMEN UND ALLES ZUR SPRACHE BRINGEN ZU MÜSSEN?!?

Reiner Andreas Neuschäfer, 2009

Theologisch-didaktische Aspekte

Antwort setzt voraus, dass jemand fragt, dass eine Beziehung da ist und eine Begegnung stattfinden kann. Die Erfahrungen, die in der Bibel zusammengetragen sind, gehen davon aus, dass Gott der Erste ist, der fragt. Adam, wo bist du? Er ruft Abraham, Jakob und Mose. Sie alle können ihn hören und verstehen. Sie antworten: Hier bin ich. (Der Prophet Samuel, der zunächst nicht merkt, wer ihn ruft, 1 Sam 3, bildet eine bedeutsame Ausnahme.) Gott will vom Menschen nicht nur ein Echo, sondern eine Antwort seiner Liebe, ein Signal von Verbundenheit. Aus der Grundsituation Ruf und Antwort wird eine Frage der *Ver*-Antwortung, wenn der Fragende nach mehr fragt als nach Begegnung – wenn er nach Geschehenem fragt, wenn die Grenze zur Rechenschaft erreicht wird; vor allem: wenn er nach *anderen* fragt. Wo ist dein Bruder Abel, ist Kain gefragt – und Kain weist die Frage zurück: Ich weiß nicht; soll ich meines Bruders Hüter sein?

Ja, soll er – denn Gott fragt weiter: Was hast du getan? Die Stimme des Blutes deines Bruders schreit zu mir von der Erde. Der Täter wird verantwortlich gemacht. Kein Gott beschwichtigt: Es war nicht so schlimm! Dem Täter wird ins Gewissen geredet. Nur dem Täter? Da belehrt Jesus eines Besseren: Wahrlich, ich sage euch: Was ihr nicht getan habt einem von diesen Geringsten, das habt ihr auch mir nicht getan. – Und damit wären sie, die nicht „mit den Hungrigen ihr Brot brachen, nicht mit den Sprachlosen ein Wort sprachen, nicht mit den Einsamen ihr Haus teilten" (EG 420) – im Bild des Weltgerichts – verworfen. Allerdings ist hier zu betonen, dass Mt 25 nicht moralisierend oder als Appell gemeint ist. Weder die Täter noch die Nicht-aktiven wussten etwas von ihrem Handeln oder gar Versagen! Entscheidend ist nicht, dass der Mensch nach sich selbst, sondern dass Gott nach dem Menschen fragt: Adam, wo bist du?

In diesem Zusammenhang ist es erneut wichtig, den biblischen Gott als liebendes Gegenüber erkannt zu haben (s. Baustein III/IV): Er ruft in die Verantwortung, weil er selbst verantwortlich handelt: Er zügelt seinen Zorn, lässt sich von Menschen fragen und in Frage stellen (Hiob!), er gibt Rechenschaft (Wie könnte ich Abraham verbergen, was ich tun will? Gen 18,17b), ja, er feilscht mit Abraham um den rechten Maßstab für Sodoms Strafe (Gen 18,23–33).

So ist, für die Glaubenden, die Verantwortung – das Tun und Lassen, über das sie Rechenschaft geben müssen – drei-endig: Verantwortung vor Gott, Verantwortung für Mitmenschen und Umwelt, Verantwortung für die Haltung und das Handeln, die er – im Rahmen seiner (Wahl-)möglichkeiten – wählte. Mit diesem Definitionsansatz freilich sind schon die Fragen umrissen, die sich im Zusammenhang mit Verantwortung stellen:

- Welche Wahl habe ich – als Einzelner, als Teil einer Gruppe oder Gesellschaft?
- Welche Einsicht habe ich?
- In welchem Umfang muss ich überhaupt Stellung beziehen? Was kann – nicht – von mir beeinflusst/erwartet/geleistet/verlangt werden?

Reizvoll wäre es, am Beispiel des Lebenslaufs von *Mutter Theresa* oder *Elisabeth von Thüringen* die Herausforderungen eines christlich verantworteten oder generell verantwortlichen Lebens in Blick zu nehmen und kritisch-konstruktiv anzufragen.[1]

In Kooperation mit dem Deutschkurs lassen sich das Thema „Verantwortung" gerade in der Perspektive von „Mitschuld" und „Mitgefühl" in der deutschsprachigen Literatur erarbeiten und die Anfragen nichtreligiöser Deutungen an religiöse erarbeiten: In der „Stunde Null" der deutschen Literatur nach dem Zweiten Weltkrieg sind es Kriegsheimkehrer wie Heinrich Böll oder Wolf-Dietrich Schnurre, die das von der zeitgenössischen Gesellschaft anfangs eher gemiedene Thema der Verantwortung aufgreifen.[2] Schon 1950 knüpft Heinrich Bölls Roman „Wo warst du, Adam?" im Titel und mit seinem vorangestellten Motto[3] an die Urszene biblischen Verantwortungsdenkens an: „Eine Weltkatastrophe kann zu manchem dienen. Auch dazu, ein Alibi zu finden, vor Gott. Wo warst du, Adam? Ich war im Weltkrieg." In Wolfgang Borcherts Drama „Draußen vor der Tür" (1947) wird „Verantwortung" zum regelrechten Schlüsselbegriff. Der heimgekehrte Soldat Beckmann will die Verantwortung seinem militärischen Vorgesetzten zurückgeben. Bis in die Nacht und den Schlaf hinein wird er verfolgt von den klagenden Angehörigen der Kameraden, die er an die Front, in den Tod führen musste. Das Neue bei Borchert ist die Verallgemeinerung, die Herauslösung aus den Haupt- und Staatsaktionen der Königsdramen oder der Fürsten im Ständestaat des 18. Jahrhunderts, seine „Demokratisierung". Nicht Mit-

1 Zur Annäherung an Anfragen an Elisabeth von Thüringen eignet sich die DVD-Dokumentation „Elisabeth von Thüringen. (K)eine Frau von gestern" (DVD; 45 Min.; Berlin 2007) mit der doppelten Fragerichtung: Wie aktuell und anstößig (!) ist diese „Frau von gestern"?

2 Siehe „Praktischer Atheismus und A-Theismus im Christentum" in Hanne Leewe / Reiner Andreas Neuschäfer: Ich hatte von dir nur vom Hörensagen vernommen. Gottesbilder, Göttingen 2005, S. 131-140.

3 Aus einem Aphorismus des christlichen Publizisten Theodor Haecker aus dem Umkreis der „Weißen Rose" der Geschwister Scholl in München.

gefühl, sondern Mitschuld ist es, was den Soldaten Beckmann bewegt, dem niemand – und schon gar kein Gott – Antwort gibt ...

Auch diesseits religiöser Deutungen stellen sich also Fragen der Verantwortung in allen Bereichen menschlichen (Zusammen-)lebens. Im Internet-Lexikon *Wikipedia* heißt es:

Als Verantwortung wird die Pflicht einer Person verstanden, für ihre Entscheidungen und Handlungen Rechenschaft abzulegen. Wird einer Person eine Aufgabe und die zugehörige Kompetenz zugewiesen, so muss sie diese ausführen und die Verantwortung für Fehler tragen. Es werden unterschieden:

- *Handlungsverantwortung*: Rechenschaftspflicht hinsichtlich der Art der Aufgabendurchführung
- *Ergebnisverantwortung*: Rechenschaftspflicht hinsichtlich der Zielerreichung
- *Führungsverantwortung*: Rechenschaftspflicht hinsichtlich der wahrgenommenen Führungsaufgaben

Oft wird in den Medien von „Übernahme von Verantwortung" gesprochen, wenn keine Konsequenzen aus dem Handeln gezogen werden. So ist häufig davon die Rede, dass Terroristen für ihre Taten die *Verantwortung übernehmen*, obwohl sie sich nur *zu ihren Taten bekennen*. Häufige Ungenauigkeiten, die mit *Verantwortung übernehmen* gleichgestellt werden:

- *sich zu Fehlern bekennen*
- *Fehler/Schuld einräumen*

Im Kontext der *Globalisierung* spielt auch die Frage nach der allgemeinen *Verantwortlichkeit* eine Rolle, wobei eine Argumentation des entmündigenden *Sachzwangs* im Zuge der Globalisierung an Bedeutung gewinnt („es gibt keine Alternativen"). Oft wird daher auch von „Verantwortung" gesprochen, um ein Streben nach Macht oder Machterhalt zu verschleiern bzw. eine nicht anders begründbare Entscheidung zu erzwingen und deren Alternativen gezielt zu verschleiern („Verantwortung vor unseren Kindern").

Wo im christlichen Kontext Verantwortung zum Tragen kommt, ist auch Liebe zur Sprache zu bringen. Dies insbesondere, wenn christlicher Glaube sich nicht in einer lediglich besonderen Haltung oder Handlung erschöpft, sondern über die Dimension der Forderung hinaus auch ein den christlichen Glauben auszeichnendes Spezifikum zum Zug kommt: die Liebe. Es ist eine besondere Kunst, den Sch. zu verdeutlichen, dass z.B. Nächstenliebe keine Forderung christlichen Glaubens im ethisch-philosophischen Sinne, sondern Ausdruck christlicher Existenz ist, die selbst als Geschenk des Heiligen Geistes verstanden wird. In der Liebe zu Gott und den Menschen wird der Glaube sozusagen seine Energie los. Gal 5,6 („In Christus Jesus gilt weder Beschneidung noch Unbeschnittensein etwas, sondern der Glaube, der durch die Liebe tätig ist.") wird philologisch und sachlich falsch verstanden, wenn das Partizip von „tätig sein" sich nicht ausschließlich an das Substantiv „Glaube" anschließt. Eine solche Vorstellung hat in römisch-katholischer Sichtweise eine Tradition, wo die Liebe als *Ergänzung* des Glaubens angesehen wird. Denn dann kommt es zwangsläufig zum Gedanken, der Glaube „müsse" (!) gute Werke hervorbringen. Stattdessen betonte Luther im Bild vom Baum und seinen Früchten (Mt 7,16-20): Der Glaube bringt (Indikativ!) von sich aus gute Werke hervor, wenn er lebendig ist. Nicht die Liebe rechtfertigt, sondern der gerechtfertigte Mensch liebt. Keine noch so gute Tat ist von sich aus vor Gott höher- oder minderwertiger als eine andere. Entscheidend ist lediglich, ob die gute Tat im Glauben geschieht oder nicht. Daher sollten Glaube und Liebe (sowie Dogmatik und Ethik) nicht gegeneinander ausgespielt werden, sondern der Glaube als Quelle ins Spiel gebracht werden, aus der alle weiteren Verhaltensweisen entspringen. Oder, wie Luther es zur Sprache brachte: Der Glaube fragt „nicht, ob gute Werke zu tun sind, sondern ehe man fragt, hat er sie schon getan und ist immer im Tun. Wer aber nicht solche Werke tut, der ist ein glaubloser Mensch" (Martin Luther: Römerbriefvorrede, WA DB 7, S. 10,11-13). In dieser Perspektive rückt auch die Konzentration auf „christliches *Handeln*" in ein anderes Licht: Auch das Gebet selbst ist wirkmächtiges Handeln und ist unter ethischen Aspekten zu sehen. Gebet ist eine Tat: „Die Hände, die zum Beten ruhn, die macht er stark zur Tat und was der Beter Hände tun, geschieht nach seinem Rat!" (Jochen Klepper in „Der Tag ist seiner Höhe nah"; EG 457,11).

Intentionen und Kompetenzen

Die Sch.

- entdecken das Fragen und Antworten als ein Grundschema der Gott-Mensch-Beziehung, wie es in der biblischen Vorstellung von der Gottebenbildlichkeit angelegt ist. Der Mensch wird, wie Gott, gefragt, was er tut und getan hat, warum und mit welchen Folgen.
- Sie können die lebensgeschichtliche und historische Bedingtheit ethischen Handelns nachvollziehen und verstehen auch ihre eigene Biografie in diesem Horizont.

- In der philosophischen Diskussion um den Begriff der Verantwortung entdecken sie seine Zukunfts- und Personenbezogenheit.
- Die Sch. erkennen, dass die ethische Frage nach dem richtigen und falschen Handeln angesichts des fast unbegrenzten Fortschrittes heute nicht neu, aber anders zu stellen ist und dass in diesem Zusammenhang das Verständnis von Verantwortung auch anders definiert werden muss.

Literatur und Medien

Aichelin, Albrecht: Paul Schneider. Ein radikales Glaubenszeugnis gegen die Gewaltherrschaft des Nationalsozialismus, Gütersloh 1994

Braun, Reiner: Vergebung baut auf. Plädoyer für evangelische Formen des Umgangs mit Schuld, in: Theologische Beiträge 39./2008 (Heft 3)

Dieterich, Veit-Jakobus: Dietrich Bonhoeffer – 1906-1945. Ein Materialheft für die Oberstufe, Stuttgart 2007; Lehrerband, Stuttgart 2008

Fenske, Wolfgang: Ein Mensch hatte zwei Söhne. Das Gleichnis vom verlorenen Sohn in Schule und Gemeinde, Göttingen 2003

Frey, Christofer: Theologische Ethik, Neukirchen-Vluyn 1990 (kompakter Überblick über Grundlagen der Ethik und über wichtige ethische Entwürfe).

Frickel, Thomas (Regisseur): Der Störenfried. Ermittlungen zu Oskar Brüsewitz, Leipzig 2007 (DVD)

Grewel, Hans: Verantwortung lernen, in: Rupp, Horst F. u.a. (Hg.): Denk-Würdige Stationen der Religionspädagogik. Festschrift für Rainer Lachmann, Jena 2005, S. 59-77

Haag, Karl Friedrich: Nachdenklich handeln. Bausteine für eine christliche Ethik. Studienbuch Religionsunterricht Sekundarstufe II. Bd. 4, Göttingen 1996 (umfangreiches Schulbuch zu Grundlagen nichtchristlicher und christlicher Ethik).

Hentig, Hartmut von: Ach, die Werte! Über eine Erziehung für das 21. Jahrhundert, Weinheim/Basel 2001 (positioneller Beitrag zur heutigen erneuten Suche nach verbindlichen Werten).

Hößle, Corinna: Ethische Dimensionen der Gentechnik im Unterricht. In: Praxis der Naturwissenschaften Biologie, 50 (2001/5) bis 51 (2002/1), (fünfteilige Serie mit Fallbeispielen zu ethischen Aspekten der Gentechnologie, biologische Sachverhalte anschaulich erläutert, in der Regel vom Biologiefachbereich der Gymnasien abonniert).

Johannsen, Friedrich: Globalisierung, in: Lachmann, Rainer u.a. (Hg.): Ethische Schlüsselprobleme. Lebensweltlich – theologisch – didaktisch, Göttingen 2006, S. 183-197

Klier, Freya: Oskar Brüsewitz. Leben und Tod eines mutigen DDR-Pfarrers, 2., akt. Aufl. Berlin 2006

Koerrenz, Ralf: Ökumenisches Lernen/Lernen im Horizont der Einen Welt, in: Bitter, Gottfried u.a. (Hg.): Neues Handbuch religionspädagogischer Grundbegriffe, München 2002, S. 265-268

Krampitz, Karsten u.a. (Hg.): Ich werde dann gehen ..., Leipzig 2006

Lachmann, Rainer u.a. (Hg.): Kirchengeschichtliche Grundthemen. Historisch – systematisch – didaktisch, Göttingen 2003

Lachmann, Rainer u.a. (Hg.): Ethische Schlüsselprobleme. Lebensweltlich – theologisch – didaktisch, 2. Aufl. Göttingen 2008

Langendörfer, Gaby (Regisseurin): Elisabeth von Thüringen. (k)eine Frau von gestern?, Berlin 2007 (DVD; 45 Min)

Leiner, Martin u.a. (Hg.): Gott mehr gehorchen als den Menschen. Christliche Wurzeln, Zeitgeschichte und Gegenwart des Widerstands, Göttingen 2005

Neuschäfer, Reiner Andreas: „Wie man mit Ehren fechten soll" oder: Matthias Claudius als David in Darmstadt. „Die Geschichte von Goliath und David, in Reime bracht", in: Jahresschriften der Claudius-Gesellschaft 15./2006, S. 5-20

Nipkow, Karl Ernst: Lebensgeschichte – Weltgesellschaft – 11. September 2001. Bildungskontexte und christliche Bildungsprofile, in: Ders.: Bildungsverständnis im Umbruch – Religionspädagogik im Lebenslauf – Elementarisierung, Gütersloh 2005, S. 49-65

Reitschert, Katja: Bioethisches Schülerurteil im Spannungsfeld von Biologie, Philosophie und Religion, in: AUFbrüche 14./2007 (Heft 2), S. 33-40

Rich, Arthur: Wirtschaftsethik. Grundlagen in theologischer Perspektive, Gütersloh 3. Aufl. 1987 (übersichtliche und verständliche Einführung in die Grundlagen der theologischen Ethik).

Rickers, Folkert: Widerstehen in schwerer Zeit. Erinnerung an Paul Schneider (1897-1939). Ein Arbeitsbuch für den Religionsunterricht in den Sekundarstufen und für die kirchliche Bildungsarbeit, Neukirchen-Vluyn 1997

Scheiber, Karin: Vergebung. Eine systematisch-theologische Untersuchung, Tübingen 2006 (Religion in Philosophy and Theology; 21)

Schepers, Eva-Maria (Buch und Regie): Video „Der Vater und wir. Das Erbe des Paul Schneider", Düsseldorf 1999

Schlingensiepen, Hellmut Sitó (Regie und Filmdesign): DVD „Wer glaubt, der flieht nicht ... Dietrich Bonhoeffer, 1906-1945", Düsseldorf 2006

Schrage, Wolfgang: Ethik des Neuen Testaments, Göttingen 1982

Schultze, Harald: Oskar Brüsewitz und sein Protest gegen das Bildungssystem des SED-Staates, in: AUF brüche 12./2005 (Heft 1), S. 37-42

Steinwender, Sabine (Buch und Regie): „Ihr Massenmörder – ich klage euch an". Pfarrer Paul Schneider, Düsseldorf 2000

Wentorf, Rudolf: Der Fall des Pfarrers Paul Schneider. Eine biographische Dokumentation, Neukirchen-Vluyn 1989

Wermke, Michael: Jugendliteratur über den Holocaust. Eine religionspädagogische, gedächtnissoziologische und literaturtheoretische Untersuchung, Göttingen 1999

Wermke, Michael: Schindlers List oder der Holocaust im populären Kinofilm, in: Schroeter-Wittke, Harald (Hg.): Betrifft: Best of – Jahrbuch: ‚Populäre Kultur – Religion – Theologie', Münster 2007

Ziebertz, Hans-Georg: Ethisches Lernen. In: Georg Hilger u.a.: Religionsdidaktik. Ein Leitfaden für Studium, Ausbildung und Beruf, München 2001, S. 402ff. (differenzierte Einführung in die Bedingungen des Ethikunterrichts).

Zimmerling, Peter: Dietrich Bonhoeffer als Praktischer Theologe, Göttingen 2006

Unterrichtsideen

Verschiedene Einstiege sind möglich. Ausgehend von der Kommunikationssituation „Frage"/„Antwort" könnte ein erster Impuls darin bestehen, einige kurze Spielsituationen nicht stattfindender Kommunikation zu ersinnen und vorzuführen: Frau fragt Jugendlichen nach dem Weg, aber der hat Kopfhörer auf/versteht kein Deutsch; Lehrer fragt Schüler, aber Schüler hat „geschlafen"; Mutter fragt Kinder: „Wer war das?", aber alle schauen betreten zu Boden. Eine Aussprache schließt sich an: Wie fühlen sich die, die keine Antwort bekommen? Was kann es für Gründe geben, nicht zu antworten? Und weiter: Was für Fragen würde eine Person nicht beantworten, selbst wenn sie sie akustisch versteht und die Antwort kennt ... Um hier keine persönlichen Bekenntnisse herauszufordern, könnte ein Talkshow-Setting entwickelt werden, bei dem die Befragten und der Talk-Master deutlich in Fremdrollen schlüpfen (Mantel, Cap o.Ä.).

Zwei weitere Möglichkeiten bietet der Fragebogen **M2**: Entweder füllen die Sch. ihn spontan aus. Die Ergebnisse werden anonym eingesammelt, neu ausgeteilt, in Tischgruppen diskutiert und ausgewertet. Am Ende stellen die Gruppen ihr Ergebnis vor. Oder: Der Fragebogen wird für eine echte Interview-Situation (Schulhof, Fußgängerzone, zu Hause) verwendet; auch hier erarbeiten dann Kleingruppen Auswertung/Präsentation der Ergebnisse.

Ebenfalls zum Einstieg geeignet: das Kirchentagsmotto von 2005: Wenn dein Kind dich morgen fragt ... In Gruppen werden kleine Szenen entwickelt – ein Kind fragt, ein Erwachsener muss antworten. (Beispiel: Fußgängerzone, da sitzt ein Bettler, Mutter mit Kind geht achtlos vorbei. Kind: „Mama, hast du nicht gesehen ...?")

Das vorgezogene Arbeitsblatt **M1** geht das Thema sperriger an: Da sind zunächst die bekannten drei Affen – nicht sprechen, nicht sehen, nicht hören – ein klassisches Beispiel für Verantwortungsverweigerung. Das Zitat weist aber in eine andere Richtung: Der Maler träumt von „L'art pour l'art" – ist aber in Wirklichkeit schmerzlich mit Rücksichten und Interessen konfrontiert, die sich gerade *nicht* ausblenden lassen. Die Affen stellen insofern ein Ideal dar, das vor der Realität keinen Bestand hat. Das Ergiebige an diesem Zugang: Er erlaubt, sich dazu zu bekennen, dass Verantwortung lästig ist und das Abwehren von Verantwortung – „Wissen um Gut und Böse" – im Grunde paradiesisch (womit wir bei Gen 3 wären). Die Sch. dürfen träumen, wie es wäre mit „Nach mir die Sintflut" – um dann vielleicht den Traum in einen Albtraum zu verwandeln: Wenn das nun jeder sagte ... / Wenn auch Gott das sagte ... Hier könnten ausdrucksstarke Gestaltungen (Bild, Collage, oder, an Keith Haring orientiert, Graffiti, entstehen.

Adam, wo bist du? – Gott, was tust du?

Gen 3,8–13 soll als Hörspiel erarbeitet werden, und zwar in möglichst „liturgischer" Form (Vgl. hierzu die dramatisierte Einspielung von Bibeltexten in „Die Große Hörbibel. Regie: Philipp Schepmann", Stuttgart 2007).

- Lesen Sie 1 Mose 3,8–14a (weil du das getan hast …; die „Strafen", die dann folgen, spielen hier keine Rolle.) Am besten schreiben Sie sich den Text gut leserlich ab. Vorausgesetzt ist folgende Vorgeschichte: Adam und Eva haben von dem Baum der Erkenntnis von Gut und Böse gegessen, obwohl Gott sie gewarnt hatte. Danach haben sie ein schlechtes Gewissen (sie entdecken, dass sie „nackt" sind) und verstecken sich …
- Gott hat drei Gegenüber: den Mann, die Frau, die Schlange. Überprüfen Sie genau, wie er sich wem gegenüber verhält, besonders, was er spricht. Gibt es Ähnlichkeiten/Unterschiede?
- Überprüfen Sie in gleicher Weise die Antworten.
- Schreiben Sie das Gespräch zwischen Gott und den drei Gegenübern neu, und zwar mit möglichst wenigen, möglichst deutlichen Worten. Ähnlichkeiten sollen kenntlich werden. Eventuell ließe sich sogar reimen?

In der anschließenden Darstellung „gewinnt" die Gruppe, die am knappsten und prägnantesten herausstellt, dass Gott die Menschen fragt, die Schlange nicht, dass es ihm also offenbar darum geht, Bewusstsein zu erzeugen; dass wiederum die Menschen ihre Verantwortung weiterschieben, abwälzen, ohne Rücksicht. Die Schlange kann nicht antworten – was sie allerdings auffälligerweise nicht vor den Folgen des Geschehenen bewahrt! Eventuell gibt es einen abschließenden stummen Durchgang des „Hörspiels" – oder eine grafische Gestaltung (Menschen vor Gott – zeigen von sich weg auf andere).

Gen 18,16-33. Als These steht an der Tafel:

Gott verlangt Antwort. Weil er selbst Antwort gibt. Die Sch. erhalten den Text – mit der kurzen Vorinformation, dass die drei „Männer" (Engel, nahezu identisch mit Gott als Dreieinigkeit) Abraham gerade besucht haben und sich nun einer anderen Aufgabe zuwenden, die Abraham nur insofern zu berühren braucht, als auch sein Neffe in Sodom lebt … Lese- und Bearbeitungsaufgabe ist wahlweise:

- Schreiben Sie den Dialog als Drehbuch. Kürzen Sie dabei die Dialog-Texte (Sie schreiben für Laien-Schauspieler, die schlecht auswendig lernen können) – entsprechend ausführlich müssen die Regie-Anweisungen sein.
- Gestalten Sie die Szene als Comic, und zwar so: Zerlegen Sie den Text in drei Bilder: Gott allein (mit Denkblase), Gott und Abraham (je eine Sprechblase), Abraham allein (mit Denkblase). Das Bild „Gott und Abraham" wird mehrfach kopiert – je nachdem, wie viele Dialog-Etappen Sie planen. Die Herausforderung liegt darin, die Dialog-Sequenzen so kurz und so prägnant wie möglich zu gestalten – wie können sie dennoch einen Fortschritt/eine Entwicklung deutlich machen?
- Sch., die nicht am Drehbuch mitgeschrieben haben, spielen das Schauspiel vor. Sch., die nicht am Comic mitgearbeitet haben, werden um Sichtung aller Ergebnisse und Erstellung einer Rangfolge gebeten. Dabei geht es nicht um Zeichen-Künste, sondern darum: Ist Abraham glaubwürdig? Ist das Gottesbild stimmig und überzeugend?

Nach der Behandlung beider Bibeltexte sollen die Sch. die Frage beantworten können: Inwiefern ist es sachgemäß, von einer Ich-Du-Beziehung zwischen Gott und Mensch zu sprechen, und welche Konsequenzen hat das für das Leben des Menschen?

Lk 10,25–37: Wer ist denn mein Nächster? – Mt 25,31–46 Jesus spricht: Ich bin es!

Christliche Verantwortung für den Nächsten hat zum einen damit zu tun, dass Menschen mithelfen sollen, Gottes größtes Anliegen zu verwirklichen: Leben zu bewahren, Leben zu fördern, dem Leben zu dienen. Zum anderen hat es damit zu tun, dass Gottes Solidarität mit den Bedürftigen (wessen auch immer) viel weiter geht als menschliches Mitleid. In Jesus ist es auf die Spitze getrieben. Jeder der „geringsten Brüder" *ist* Jesus – und in Jesus zugleich Gott selbst: Ich bin durstig gewesen, fremd, nackt, krank, gefangen. Diese Doppelmotivation der Verantwortung will der Text **M3** abbilden, indem er die Pointe von Mt 25 in das Gleichnis vom barmherzigen Samariter hinein nimmt. Dies steht in der Auslegungstradition zu Lk 10, die im Überfallenen Jesus selbst sieht.

- Lesen Sie das Gedicht. Übrigens: Arbeitsblatt **M3** bietet viel Raum für eine Gestaltung!

- Beschreiben Sie den Wanderer und den Sportler – vor und nach der Begegnung mit der Durstigen.
- Beschreiben Sie die Alte – vor und nach der Begegnung mit der Durstigen.
- Beschreiben Sie die Durstige – bevor sie zu trinken bekommt und danach.
- Die Autorin hatte den Auftrag, für ein Unterrichtsmodell Auslegungen zu Mt 25,31–46 und zu Lk 10,25–37 zu schreiben – und lieferte dann *dieses eine Gedicht* ab. – Sie sind Redakteur/in; erklären Sie Ihrer/m Vorgesetzten in einem kurzen Gutachten, ob der Text seine Aufgabe erfüllt bzw. wie er zu ergänzen wäre.

M4 und M5 „Nehmt mich!"

Nicht nur seine Identität weiß *Dietrich Bonhoeffer* im Spannungsfeld zwischen außen und innen bei Gott letztlich gut aufgehoben (s. Baustein II, **M7**) – das gleiche „Dreiecksverhältnis" bestimmt auch sein Handeln: verantwortlich vor sich selbst und vor den/für die Mitmenschen, leitet ihn die Gewissheit, dass er in letzter Distanz dem einen antworten wird, der ihn gnädig und liebevoll ruft – der die Person ansieht und nicht ihr Vermögen.

Allerdings ist eine solche Einsicht etwas, das wachsen und reifen muss und nicht verordnet werden kann. Dies ist entwicklungspsychologisch gerade im Hinblick auf eine Tendenz zu Extremen bei jungen Menschen zu beachten. Eine Gewissheit zeichnet sich durch etwas anderes aus als Sicherheit (Wodurch?). Wesentlich unterstützt wird die Einsicht Dietrich Bonhoeffers durch seine Sicht auf biblische Texte und seine eigene, in der Bibel verwurzelte christliche Spiritualität. Einen knappen Über- und Einblick zu Dietrich Bonhoeffer vermittelt die 23-minütige DVD „Wer glaubt, der flieht nicht ... Dietrich Bonhoeffer, 1906-1945" (Düsseldorf 2006). Vgl. auch unter www.bonhoeffer-film.de! Zur Inblicknahme des Zusammenhangs von politischem Engagement und christlicher Spiritualität bei Dietrich Bonhoeffer lohnt sich eine vertiefte Wahrnehmung seiner biographiegeprägten Bibelinterpretation:

Der Text **M4** ist eines von elf Gedichten, die Dietrich Bonhoeffer in der Haft geschrieben hat. Es berührt, und das wäre den Sch. unbedingt deutlich zu sagen, nur einen Aspekt der Jona-Geschichte: Jona, der sich auf seiner Flucht vor Gott wiederum auch der Verantwortung für den Seesturm entzieht – obwohl er sich sehr bewusst ist, dass in dem Sturm Gott nach ihm ruft. Insofern endet das Gedicht mit der „Übernahme der Verantwortung" – die ihm aber letztlich (darüber schweigt das Gedicht) nicht Strafe einbringt, sondern Zukunft eröffnet.

Die Sch. sollen das Gedicht als Momentaufnahme lesen: Da ist einer, der weglaufen wollte, und sich stattdessen stellt – ein „Opfer" für alle, die sonst untergehen müssten. Nicht das Gottesbild, sondern der Mensch und seine Entscheidung stehen hier im Mittelpunkt. Wenn dennoch das Gottesbild, wie es hier unterstellt wird, hinterfragt wird, kann der Verweis auf die Ergebnisse der Bausteine II und III helfen – oder etwa ein kurzer Ausflug in Psalm 103,8-13, der die gleiche Grundhaltung Gottes zeigt wie auch das Jona-Buch als Ganzes.

Eine besondere Annäherung an das Gedicht stellt die musikalische Interpretation durch Siegfried Fietz dar, die er 1988 auf der CD „Nachfolge" präsentierte. Es lohnt sich, diese den Sch. vorzuspielen, die besonderen musikalischen Akzente herauszuarbeiten und eigene musikalische Annäherungen (als Sprechgesang?) auszuprobieren!

Hinzuzuziehen ist unabdingbar der Kommentar von Johann Christoph Hampe, der eine biografische Deutung nahe legt (**M4b**).

- Lesen Sie *nicht* die Jona-Geschichte. Stellen Sie sich folgende Situation vor: Gott hat Jona gebeten, für ihn zu den Menschen in Ninive zu sprechen. Er aber fürchtet die Verantwortung und flieht mit einem Schiff. Da kommt ein Sturm auf. Die „heidnische" Besatzung glaubt, die Götter forderten ein Opfer ... Und Jona ...?
- Beschreiben Sie Sprache, Stil, Stimmung des Gedichts.
- Lesen Sie **M4b** – wie verändert sich Ihre Perspektive auf das Gedicht?
- Eine andere berühmte Bibelstelle zur Verantwortung ist 2 Sam 12 (Natan sagt zu König David: *Du bist der Mann*). Vergleichen Sie: Welche äußere Lage führt jeweils zur Übernahme der Verantwortung? Was unterscheidet die beiden Situationen? Lassen Sie David in einem Psalm darlegen, warum er nicht geleugnet hat.

Gegen eine Reduzierung der Frage nach Verantwortung auf ihre politische Dimension und auf die Person Dietrich Bonhoeffers als „Paradebeispiel" im Nationalsozialismus sollten unbedingt auch noch andere Personen und Zeiten zur Sprache gebracht werden. Wesentlich ist dabei, dass die „innere Zerrissenheit" der couragiert aus dem Glauben heraus Handelnden zum Ausdruck kommt.[4] Hierzu eignet sich etwa eine Auseinandersetzung mit dem Film „Der Stellvertreter. Amen" (2002), dessen DVD neben dem eigentlichen Film auch Bonus-Material enthält (u.a. Dokumentationen zu Papst Pius XII. und zu Kurt Gerstein). In dem Film geht es um den Familienvater Kurt Gerstein, der beim Hygiene-Institut der Waffen-SS für die Versorgung der Konzentrationslager mit dem Gas Zyklon B verantwortlich ist. Nach der Beobachtung der Grausamkeiten engagiert er sich für die Aufklärung des Unrechts. Unter Einsatz seines eigenen Lebens versucht er verzweifelt die Kirche über die Verbrechen zu informieren und sie zum Handeln zu bewegen. Letzten Endes geht es in dem Film um die Frage: Wann ist der Moment im Leben eines Menschen erreicht, in dem Gemeinwohl und Ethik vor den Selbstschutz gestellt werden muss? Grundsätzliche Informationen, Impulse und Ideen zum Umgang mit dem Medium Film finden sich in Karsch, Manfred/Rasch, Christian: Religionsunterricht mit Filmen, Göttingen 2007.

M4c und **M4d** beziehen ähnlich wie Dietrich Bonhoeffer Bibel und Biographie aufeinander, zeigen aber stärker die Alltagsrelevanz am Beispiel menschlichen Miteinanders bzw. Mobbings. Anhand von **M4d** ist zu fragen: Wo werden Mobbing und Möglichkeiten des Umgangs damit im Gedicht zur Sprache gebracht? Die Sch. sollen anhand von **M4c** Text und Bild aufeinander beziehen. Mithilfe des Internets sollen die Sch. unbekannte Ausdrücke erforschen und sich ein Bild von Matthias Claudius machen. Die Sch. begeben sich auf die Suche nach Hinweisen im Text, die über eine „bloße" Bibelnachdichtung hinausgehen. Als Transfer eignet sich die Aufgabe, eine eigene Illustration des Gedichts von Matthias Claudius zu gestalten oder in einem Darstellenden Spiel die Szene nachzustellen. Entdeckungen an Sprache und Inhalt werden auch ermöglicht durch eine wiederholende Auseinandersetzung in Form variabler Vorträge des Gedichts oder der Gestaltung eines Video-Clips.

Die Sch. sollten sich per Internet über moderne Christenverfolgungen in vom Islam geprägten Ländern, China, Afrika u.a. informieren und dabei auch historische und (sozial-)politische Aspekte untersuchen, die zu Diskriminierungen von Menschen christlichen Glaubens geführt haben. Hierbei sollte den Sch. deutlich werden, dass die Grenze zwischen Verhaltensweisen aus politischer oder religiöser Überzeugung oft unterschiedlich gesehen und gesetzt wird: Was die einen für politisch motiviert halten, hat für andere ausschließlich einen religiösen Hintergrund.

Auch sollte vermieden werden, bei den Sch. den Eindruck zu erwecken, dass es in Glaubensfragen jedes Mal um ganz existenzielle Probleme geht, bei denen Leben oder Tod auf dem Spiel stehen. Oft stellt sich die Frage in ganz alltäglichen Situationen, denen man eine grundsätzliche Problematik gar nicht gleich anmerkt (**M5**).

Einen in der Religionspädagogik vernachlässigten Bereich deutscher Märtyrer-Geschichte stellen die Menschen christlichen Glaubens dar, die unter kommunistischer oder sozialistischer Diktatur im 20. Jahrhundert gelitten haben. Hier wäre eine Vorstellung des Martyriums von *Traugott Hahn* gewinnbringend. Traugott Hahn (1.2.1875-14.1.1919) war Theologieprofessor und Universitätsprediger im estnischen Dorpat. Als nach dem Ersten Weltkrieg die Bolschewiken in Dorpat einrückten, stand er vor der Frage: Bleiben oder Fliehen? Traugott Hahn entschied sich zu bleiben: „Wenn wir nicht bereit sind, um des Evangeliums willen unser Leben zu opfern, so beweisen wir, dass es für uns nicht den vollen Wert gehabt hat." Am 14.1.1919 wurde er verhaftet und erschossen.

Ein umstrittenes Beispiel aus der DDR-Diktatur stellt die Selbstverbrennung von Pfarrer *Oskar Brüsewitz* dar. Die Dramatik um Person, Selbstverbrennung und staatliche wie kirchliche Reaktion darauf lassen die Ambivalenz des Geschehens erkennen und halten die Frage wach, wo die Kirche im Bekenntnis zu bedrohten Menschen noch zu vorsichtig und zu sehr um einen Ausgleich bemüht war und ist. Oskar Brüsewitz hatte sich aus Protest gegen die atheistische Erziehung junger Menschen in der DDR (v.a. in der Schule), die beispielsweise Kindern aus Pfarrfamilien nicht den Zugang zum Abitur ermöglichte, am 18.8.1976 vor der Michaeliskirche in Zeitz (Sachsen-Anhalt) mit Benzin übergossen und angezündet. Vier Tage später war er in einer Hallenser Klinik an den Folgen seiner schweren Verletzungen

4 Zu den ethischen und (religions)pädagogischen Herausforderungen einer den Menschen und der Sache adäquaten Erinnerungskultur siehe Martin Leiner: Was wird bleiben von Auschwitz? – Von der Sprachnot zur Stellvertretung, in: Michael Wermke (Hg.): Keine Pflicht, aber Kür. Beiträge aus Theologie und Pädagogik. Festschrift für Klaus Petzold, Jena 2007, S. 65-82.

gestorben. Die Position der Kirche zu diesem Verhalten eines ihrer Geistlichen aus Rücksicht gegenüber dem sozialistischen Staat zeigt sich im Nachhinein als nicht unproblematisch. Mit den Sch. können diese Aspekte bis hin zur Frage nach der Berechtigung dieses Selbstmordes erarbeitet und diskutiert werden. Das reich illustrierte Buch von Freya Klier (2. Aufl. 2006) eignet sich hervorragend zur Eigenlektüre der Sch. oder als Vorbereitung für ein Referat. Es beschränkt sich nicht nur auf die Darstellung der Biographie Oskar Brüsewitz', sondern zeichnet auch ein verständliches Bild von dessen Familie und Umfeld. Eine facettenreiche Annäherung bietet auch die DVD von Thomas Frickel „Der Störenfried. Ermittlungen zu Oskar Brüsewitz" (Leipzig 2007 als DVD; ursprünglich 1992 als Dokumentarfilm veröffentlicht; 94 Minuten), wobei hier die vielen verschiedenen Stimmen und Stimmungen auch die Problematik jeder Nachzeichnung des Geschehens und eines Menschenleben generell deutlich machen können.

Dass ein Leiden aufgrund des christlichen Glaubens mit politischen Folgen auch unterschiedlich gedeutet und im Rückblick interpretiert werden kann, könnte das Beispiel des *Paul Schneider* („Prediger von Buchenwald") aufzeigen, nach dem insbesondere im Rheinland etliche kirchliche Gemeindezentren oder Kirchen benannt sind (**M5a**). Hierzu eignen sich neben Einblicken in seine Biographie (siehe hierzu aktuell der Eintrag zu „Schneider, Paul" unter www.BBKL.de auch das Video mit Einsichten und Erfahrungen seiner Kinder. Dieser ungewöhnliche Zugang hilft, die biographische Bedeutung religiöser Erfahrungen auch für die Sch. selbst in Blick zu nehmen und die eigene Lebensgeschichte als Bildungsgeschichte zu begreifen. Das Video „Der Vater und wir. Das Erbe des Paul Schneider" eignet sich auch durch seine Länge von 29 Minuten für eine Verwendung in einer Einzelstunde Religionsunterricht.

Der Text **M5a** kann als Einstieg eingebracht werden mit der Aufgabenstellung: Welchen Eindruck haben Sie auf Grundlage dieses Textes von Paul Schneider gewonnen? Was ist Ihnen einleuchtend, wo haben Sie noch Fragen?

Die Frage „Ist Paul Schneider ein Heiliger?" kann anschließend mithilfe des 20-minütigen Filmvideos „Ihr Massenmörder – ich klage euch an. Pfarrer Paul Schneider" (Düsseldorf 2000) zu beantworten versucht werden. Das Video hebt vor allem die Widersetzlichkeit Paul Schneiders hervor und bewahrt damit vor einer Heroisierung, Idealisierung oder gar Glorifizierung. Es geht vielmehr um eine Orientierungshilfe für die Frage: Wo muss ich als Christ dem Unmenschlichen entschieden entgegentreten? Im Begleitheft zu diesem Video finden sich etliche Anregungen zur Arbeit mit dem Video. Rezeptionskritisch können die Sch. die neueren Videos mit älteren Ton- und Bilddokumenten (auszuleihen in Medienstellen) aus der Nachkriegszeit und insbesondere aus der DDR vergleichen. Welch unterschiedliches Bild der Person wird jeweils gezeichnet? Wie sind die sprachlichen Formulierungen?

Die Relevanz von Fragen der Verantwortung wird am Text von Heinrich Bedford-Strohm (**M5b**) im Hinblick auf den *Beginn menschlichen Lebens* aufgegriffen. Eine Antwort auf „unbequeme" Fragen ist nicht nur in religiöser Hinsicht zu geben, sondern auch gegenüber sich selbst und den „Opfern" moderner Möglichkeiten. Der Autor legt stichhaltige Hinweise für eine Kommerzialisierung menschlichen Lebens vor und fragt in verschiedener Perspektive nach Auswirkungen und Auswegen aus herausfordernden Situationen. Mit den Sch. können die Fragen des Textes selbst besprochen und mögliche Antworten in tabellarischer Form aufgelistet werden. Wer sich traut, kann mit den Sch. in szenischer Form eine Konfliktsituation erarbeiten: Ein Kind erfährt bei einer gemeinsamen Mahlzeit seine eigene „Entstehungsgeschichte" und dass nur aufgrund einer positiven PID (Präimplantationsdiagnostik) der Einpflanzung eines Embryos im Achtzellstadium zugestimmt worden war. Das Kind: „Heißt das etwa, ich wäre nicht auf der Welt, wenn das Ergebnis anders ausgefallen wäre?" Antwort der Eltern …

Nah an der Lebenswirklichkeit der Sch. wäre auch eine Diskussion um die sog. *„Baby-Klappen"* (bzw. „Babykörbchen" oder „Babynester"), deren ethische Legitimation gar nicht so selbstverständlich ist, wie es die öffentliche Diskussion seit der ersten modernen „Baby-Klappe" in Deutschland (Hamburg im Jahr 2000) glauben machen möchte. Eine erste Irritation gab es im Dezember 2007 als eine sog. „Baby-Klappe" in einem Hannoveraner Krankenhaus-Keller vermutlich nicht einwandfrei funktionierte und das Neugeborene unmittelbar vor der vermeintlich lebensrettenden „Baby-Klappe" erfror. Wo liegt nun die Verantwortung für den Tod des neugeborenen Kindes: beim Krankenhaus? bei den Handwerkern? bei der Mutter? beim Vater? beim Umfeld der Eltern?

Zwar kann eine „Baby-Klappe" tatsächlich eine Möglichkeit sein, Leben zu erhalten; doch ist dem neuen Erdenbürger zugleich auch die Kenntnis seiner wirklichen Identiät für immer genommen: Nie wird das Kind erfahren, wer wirklich seine Eltern waren und wo seine Wurzeln liegen. Mit den Sch. ist zu fragen: Gibt es ein „Recht auf Wissen um die eigene Herkunft"? Lediglich acht Wochen räumt das Gesetz als Frist ein, damit das Kind bei seinen leiblichen Eltern aufwachsen kann.

Auch der körperliche oder seelische Zustand der Mutter bleibt infolge einer „Baby-Klappe" im Verborgenen. Hier wäre es wichtig, mit den Sch. einmal die Perspektive des Neugeborenen *und* seiner Eltern einzunehmen und zu diskutieren, was unter „elterlicher Verpflichtung" verstanden werden kann. Lohnend ist ein Vergleich der aktuellen gesellschaftlichen Lage und Diskussion mit den „Findelhäusern" im 12. Jahrhundert. In diesen Einrichtungen waren Drehklappen angebracht, die der geheimen Aussetzung dienten.

Das Arbeitsblatt **M5c** spezifiziert die bioethische Fragestellung der Embryonenforschung auf die Möglichkeiten des *Klonens*. Neben einer Pro-Kontra-Diskussion bietet sich das Verfassen einer Fortsetzung des Textes durch die Sch. an: „Diese Frage stellt sich in spezifischer Weise auch in den ethischen Diskussionen um das Ende des Lebens." Denn: ...

Die ethische Diskussion um das Ende des Lebens kann auch anhand eines Beispiels aus Spanien zum Tragen kommen unter dem Motto „Antworten Sie einer Sterbewilligen!": Im Jahr 2006 konnte eine Spanierin gerichtlich erwirken, dass ihr aufgrund von Schmerzen und aussichtsloser Erkrankung alles Lebenserhaltende genommen und entsprechende Apparate abgeschaltet würden, damit ihrem Leiden und Leben ein Ende gesetzt werden könne. Nachdem ihr diese Option zugestanden wurde, bat sie, noch zwei Wochen damit zu warten ... Wie sähe Ihre Antwort als zuständiger Arzt/zuständige Ärztin möglicherweise aus?

Eine andere Möglichkeit einer vertiefenden Wahrnehmung des Textes besteht in einer persönlichen Stellungnahme durch die Sch: Nehmen Sie Stellung zu dieser Einschätzung in Form eines Leserbriefes! Oder in mündlicher Form: Stellen Sie sich vor, Sie werden in der Fußgängerzone unvermittelt interviewt und sollen Stellung beziehen zu folgender Aussage: „Wir können es nicht verantworten, da nicht mitzumachen. Dann würden wir bald wirtschaftlich und wissenschaftlich abgehängt sein!" Ihre Antwort?

Die Arbeitsblätter **M5d** und **M5e** hängen miteinander zusammen, können aber auch unabhängig voneinander eingesetzt werden. Sie bringen das religionspädagogisch noch kaum beachtete Medium *„Leserbriefe"* ins Spiel. Grundsätzlich kann mit den Sch. zunächst erarbeitet werden, welche Chancen und Grenzen in der literarischen Ausdrucksform Leserbrief stecken. Dies kann entweder in genereller Hinsicht oder auch am Beispiel der vorliegenden Leserbriefe erfolgen. Das Arbeitsblatt **M5e** kann beispielsweise erarbeitet werden, indem die Sch. in Kleingruppen eine Redaktionssitzung einer Tageszeitung in Szene setzen und dabei diskutieren, ob sie noch weitere Leserbriefe zu dieser Thematik abdrucken sollten.

Das Arbeitsblatt **M6** ist als Einstieg in die Diskussion um Verantwortung und Gerechtigkeit in globaler Hinsicht gedacht und kann aufzeigen, dass der individuelle Umgang mit Besitz, Geld und finanziellen Möglichkeiten auch Auswirkungen auf anderen Menschen hat. Zu dieser Frage geben die Medien- und Materialstellen von Eine-Welt-Initativen stets aktuelles Material heraus. Über Projekte, Aktionen und Möglichkeiten engagierten Handelns informieren u.a. die folgenden Internetseiten: www.misereor.de und www.brot-fuer-die-welt.de sowie www.worldvision.de. Der zweite Text des Arbeitsblattes **M6** kann signalisieren, dass Einschätzungen und Stellungnahmen von Kirchen in der Regel Kompromisspapiere sind, die *theologisch* Gegensätzliches auf der Basis von *Praxis*empfehlungen auszugleichen versuchen. Evtl. lassen sich die Grund(an)fragen der Globalisierung fächerverbindend mit dem Sozialkunde- bzw. Politikunterricht erarbeiten und in einer Podiumsdiskussion die verschiedenen Ansichten und Einsichten zur Sprache bringen. Mit den Sch. können Eine-Welt-Projekte in der Umgebung erkundet werden und/oder eigene Initiativen wie Trans-fair-Sortimente im Schulkiosk überlegt werden. Entscheidender als die Hervorhebung von Handlungsoptionen ist es jedoch mit den Sch. zu erarbeiten, welches Menschenbild und welches Verständnis von Verantwortung hinter den einzelnen Initiativen steckt. Bereits die Überschrift des Arbeitsblattes stellt in Frage, ob ein Schweigen oder Nichthandeln sofort mit dem biblischen Begriff „Sünde" markiert werden kann und dadurch sogleich eine moralisierende Prägung erhält.

Mithilfe des Arbeitsblattes **M7** lässt sich die Frage von politischer und sozialer Verantwortung aus verschiedenen Blickwinkeln erörtern:

- Welche möglichen Konfliktpunkte für den christlichen Glauben in der DDR-Zeit werden vom Autor in seinem persönlichen Einblick genannt?
- Welche möglichen Konfliktpunkte oder Herausforderungen für den christlichen Glauben werden für die „Wende-Zeit" ausgemacht?
- Wie konnte/könnte ein „christlicher" Umgang mit Menschen aussehen, die gegenüber einem Unrechtsstaat über einen längeren Zeitraum loyal waren?

Das Arbeitsblatt **M8** bündelt grundsätzliche Fragen einer konstruktiven Erinnerungskultur zum Unrecht in den Diktaturen des Nationalsozialismus und der DDR. Eine Bearbeitung dieses Arbeitsblattes ist besonders reizvoll im Zusammenhang mit dem Film „Der Stellvertreter. Amen" (2002), wo es um die Römisch-katholische Kirche geht. Christoph Kähler, Landesbischof der Evangelisch-Lutherischen Kirche in Thüringen (2001-2009), wirft einen unkonventionellen Blick auf kirchliches Unrecht und bietet eine Basis für einen angemessenen Umgang mit Fragen von Verantwortung, Schuld und Erinnerung. Die Sch. sollen die grundsätzlichen Gedanken bündeln zu zehn Thesen für den erinnernden Umgang mit Schuld. Die Sch. sollen die Überschrift mit den Ausführungen in Verbindung bringen und ihre Berechtigung begründen.[5]

5 Siehe auch die grundsätzlichen Anmerkungen und Anregungen bei Michael Wermke: Widerstand als Thema des Religionsunterrichts. ‚Widerstand' in einem widerständigen Schulfach, in: Martin Leiner u.a. (Hg.): Gott mehr gehorchen als den Menschen. Christliche Wurzeln, Zeitgeschichte und Gegenwart des Widerstands, Göttingen 2005, S. 331-347.

M2 Mal ehrlich …

Würden Sie antworten?
Hören Sie die folgenden Fragen an. Es geht *nicht* um eine direkte Antwort, sondern …

Angenommen, einer fragt … – darauf antworten Sie …	jedem	nur einigen	nur einem/r
Wie geht's?			
Wie heißen Sie?			
Wie alt sind Sie?			
Wo wohnen Sie?			
Wie viel Geld haben Sie monatlich zur Verfügung?			
Würden Sie sich für wohlhabend halten?			
Würden Sie sich für glücklich halten?			
Beten Sie?			
Wohin fahren Sie im Urlaub?			
Wonach sehnen Sie sich?			
Was ist Ihnen wichtiger als alles?			
Haben Sie ein schlechtes Gewissen?			

Mal ehrlich …

M2

Wie reagieren Sie?
Hier sind Sie wirklich gefragt. Antworten Sie mit einem Kreuz in der passenden Spalte.

Wenn …	zucke die Achseln	ärgere mich	diskutiere mit Freunden	unter-schreibe einen Protestbrief	schreibe einen Protestbrief	ergreife die Initiative und …
die Benzinpreise steigen						
die Gemeinde das Asylantenheim schließt						
der Staat den Kulturhaushalt kürzt						
der Staat neue Schulden macht						
in Afrika eine Hungernot ausbricht						
ein Atomtransport durch Ihre Straße geleitet werden soll						
Obdachlose in Ihrem Garten kampieren						

M3

Ich bin durstig gewesen …

Sie sitzt im Graben und zittert.
Wenn jetzt einer käme.
Mit Wasser.

Die Sonne brennt.
Der Weg nach oben ist steil.
Sie ist allein.

Da kommt ein Wanderer,
müde, staubig. Du, gib mir Wasser!
Ich brauch's.

Er sieht sie nicht an.
Ich brauch's selbst. Geht weiter.
Müde, staubig.

Dieser Graben. Sie dachte,
sie könnte es schaffen.
Nach oben.

Da kommt ein Sportler,
hastig, verschwitzt. Bitte, Wasser!
Ich brauch's.

Er sieht auf die Uhr.
Keine Zeit. Rennt um die Wette.
Hastig, verschwitzt.

Dieser Graben. Das Leben,
denkt sie. Du schaffst es –
doch nicht allein.

Kommt eine Alte,
traurig, am Stock. Komm, Kleine.
Trink ruhig.

Dieser Graben. Das Leben,
denkt sie. Wirft den Stock weg
und lacht.

Das Mädchen sieht ihr
lächelnd nach. Wieder eine,
denkt sie, gerettet.

Martina Steinkühler, 2005

Jona

M4a

Sie schrien vor dem Tod, und ihre Leiber krallten
sich an den nassen, sturmgepeitschten Tauen,
und irre Blicke schauten voller Grauen
das Meer im Aufruhr jäh entfesselter Gewalten.

„Ihr ewigen, ihr guten, ihr erzürnten Götter,
helft oder gebt ein Zeichen, das uns künde
den, der euch kränkte mit geheimer Sünde,
den Mörder oder Eidvergeß'nen oder Spötter,

der uns zum Unheil seine Missetat verbirgt
um seines Stolzes ärmlichen Gewinnes!"
So flehten sie. Und Jona sprach: „Ich bin es!
Ich sündigte vor Gott. Mein Leben ist verwirkt.

Tut mich von euch! Mein ist die Schuld. Gott zürnt mir sehr.
Der Fromme soll nicht mit dem Sünder enden!"
Sie zitterten. Doch dann mit starken Händen
verstießen sie den Schuldigen. Da stand das Meer.

Dietrich Bonhoeffer, 1944

Bonhoeffer als Jona?

M4b

Vermutlich am gleichen Tage, an dem Bonhoeffer diese Verse dichtete, hat er den Fluchtplan aufgegeben, der so sorgfältig vorbereitet war. Entgegen früheren Erwartungen hätte die Flucht die Eltern und die gleichfalls gegen das Regime engagierten Geschwister und ihre Angehörigen und Freunde Bonhoeffers aufs Äußerste gefährdet. Jetzt kam hinzu, dass der Bruder Klaus wegen seiner Zusammenarbeit mit den Verschwörern gegen Hitler verhaftet worden war. Bonhoeffer verzichtete deshalb auf seine Rettung. Es war nicht vermessen, dass er sich im Bilde des Jona sah, der sein Leben für anderes Leben anbot. (...)

Jona erkennt, dass es sein Versagen, sein Ungehorsam war, der Gott dahin brachte, dieses Unheil zuzulassen. Er gesteht. Er nimmt die Schuld auf sich. Er bietet den Tod an. Und sie stoßen ihn in das Verderben. „Wir haben nicht treu genug geliebt", wird erst ein Jahr später die Stuttgarter Schulderklärung der Kirche sagen ...

Johann Christoph Hampe, in seiner Interpretation des Gedichts „Jona" von Dietrich Bonhoeffer, 1976
In: Bonhoeffer, Dietrich: Von guten Mächten. Gebete und Gedichte. Interpretiert von Johann Christoph Hampe, Gütersloh 2006 (13. Auf.), S. 71f. i.A.

M4c

Die Geschichte von Goliath und David, in Reime bracht

1 War einst ein Riese Goliath
Gar ein gefährlich Mann!
Er hatte Tressen auf dem Hut
Mit einem Klunker dran,
Und einen Rock von Drap d'argent
Und alles so nach advenant.

2 An seinen Schnurrbart sah man nur
Mit Gräsen und mit Graus,
Und dabei sah er von Natur
Pur wie der – aus.
Sein Sarras war, man glaubt es kaum,
So groß schier als ein Weberbaum.

3 Er hatte Knochen wie ein Gaul,
Und eine freche Stirn,
Und ein entsetzlich großes Maul,
Und nur ein kleines Hirn;
Gab jedem einen Rippenstoß,
Und flunkerte und prahlte groß.

4 So kam er alle Tage her,
Und sprach Israel Hohn.
„Wer ist der Mann? Wer wagt's mit mir?
Sei Vater oder Sohn,
Er komme her der Lumpenhund,
Ich bax 'nen nieder auf den Grund."

5 Da kam in seinem Schäferrock
Ein Jüngling zart und fein;
Er hatte nichts als seinen Stock,
Als Schleuder und den Stein,
Und sprach: „Du hast viel Stolz und Wehr,
Ich komm im Namen Gottes her."

6 Und damit schleudert' er auf ihn,
Und traf die Stirne gar;
Da fiel der große Esel hin
So lang und dick er war.
Und David haut' in guter Ruh
Ihm nun den Kopf noch ab dazu.

7 Trau nicht auf deinen Tressenhut,
Noch auf den Klunker dran!
Ein großes Maul es auch nicht tut:
Das lern vom langen Mann;
Und von dem kleinen lerne wohl:
Wie man mit Ehren fechten soll.*

Bibel und Biographie

M4d

Das Gedicht erschien im III. Band der „Sämmtlichen Werke" im Jahr nach Claudius' Rückkehr aus Darmstadt. Dort hatte Claudius seit April 1776 die Position eines „Oberlandeskommissarius" zur Reformierung von Wirtschaft und Finanzen in der südhessischen Landgrafschaft inne und wurde mit der Erstausgabe der „Hessen-Darmstädtischen Privilegierten Landzeitung" am 1. Januar 1777 auch deren Redakteur und Schriftleiter. Dass er bereits ein Jahr später beides beendete, hatte seinen Grund nicht zuletzt in den inneren und äußeren Auseinandersetzungen mit seinen Vorgesetzten – weniger mit dem Darmstädtischen Staatsminister und Präsidenten Friedrich Karl Freiherr von Moser als mit dem unmittelbaren Vorgesetzten Landkammerrat Carl Valentin Eymes, dessen Auftreten Claudius als Affront gegen seine Lebenseinstellung ansehen musste und der sich zuletzt als Intrigant herausstellt. Erste Schwierigkeiten und Spannungen waren bereits im Sommer 1776 aufgetreten. Claudius kam insbesondere mit den Widersprüchen zwischen den Zielen der Kommission und deren Umsetzung (Korruption?) nicht zurecht. Claudius' früh einsetzende Klagen über die „dünne Luft" im Darmstädtischen meinten neben der Witterung wohl auch das Leben der hierarchisch geordneten Gesellschaft in der Residenz. Diese Zerreißprobe wurde von Claudius schließlich „mit Ehren" ausgefochten: ohne eigennützige Berechnung und diplomatische Zugeständnisse zog sein Anfang März 1777 eingereichtes Abschiedsgesuch einen klaren Schlussstrich unter das Darmstädter Zwischenspiel. Das Gedicht will weniger der literarische Versuch einer biblischen Paraphrase sein als ein Forum für die Parallelisierung bzw. Identifizierung der Konfrontation Goliath – David mit Claudius' Konflikten in Darmstadt. In den vordergründig als gereimte Bibelnacherzählung erscheinenden Strophen sind etliche Hinweise zu entdecken, die eine über den biblischen Text hinausgehende Bedeutung haben. Mit sämtlichen Möglichkeiten versucht Claudius den Blick auf Goliath zu lenken (durch die Ersterwähnung im Titel; durch den breiten Raum im Gedicht, der sich mit Goliath beschäftigt und durch die Täuschung, als stelle der Kupferstich ausschließlich Goliath dar!), um letzten Endes dann doch die Gestalt des David, mit der er sich selbst identifiziert, zu fokussieren und vorzustellen als ein nachahmungswertes Vorbild.

‚Die Geschichte von Goliath und David, in Reime bracht' ist ein Beispiel für Claudius' ganz eigenem Umgang mit einer biblischen Geschichte und seiner Lebensgeschichte. Sie signalisiert durchweg eine Identifizierung der beiden Hauptpersonen Goliath und David mit Claudius' Widersacher und ihm selbst in der unmittelbar vorangegangenen Darmstädter Zeit. Dabei entlarvt Claudius das – trotz erheblicher Ausstattung und überheblichen Auftretens – geringe Potenzial seines Widersachers, dem mit kompromisslosem, konsequentem Agieren schnell beizukommen und dessen Einfluss dann entsprechend zu entkommen ist. Damit entledigt sich Claudius einerseits der Gefahr der Anpassung an die Darmstädter Lebenssicht und andererseits deren Personifizierung in Carl Valentin Eymes, den er als aggressiv, unchristlich und prahlerisch einstuft. In beiderlei Hinsicht wird die Darmstädter Episode damit tatsächlich zu einer Geschichte, die sich für Claudius eingeprägt hat als Exempel dafür, wie man ehrlich existieren und „mit Ehren fechten soll". Damit zielt Claudius auf ein christlich ausgerichtetes, kompromissloses Leben, das sich nicht an Aufmachung, Ausstattung, Auftreten oder Aussagen orientiert, sondern an einem bis in die letzten Konsequenzen hinein ehrenwerten Lebensstil festhält, bei dem man letzten Endes nur gewinnen kann …

Reiner Andreas Neuschäfer, 2006
Aus: Reiner Andreas Neuschäfer: „Wie man mit Ehren fechten soll" oder:
Matthias Claudius als David in Darmstadt. „Die Geschichte von Goliath und David, in Reime bracht", in:
Jahresschriften der Claudius-Gesellschaft 15./2006. S. 5-20

M5a Paul Schneider – mehr als „Der Prediger von Buchenwald“

Paul Schneider besaß im Nachkriegsdeutschland eine große Popularität und wurde als christlicher Märtyrer verehrt. Sein mutiges und kompromissloses Verhalten im Konzentrationslager führte zu seinem Beinamen „Der Prediger von Buchenwald“. Allerdings war Paul Schneider im KZ nicht nur Prediger. Er half Mitgefangenen bei der Arbeit und verhalf ihnen zu zusätzlichen Lebensmitteln. Er versuchte durch tröstende und ermahnende Worte, durch Fürbitte und Hilfe seine Mitgefangenen für den Glauben an Jesus Christus zu gewinnen. Seine Glaubwürdigkeit und Menschlichkeit werden in den Schilderungen der Mitgefangenen immer wieder hervorgehoben. Es ist jedoch einseitig, seinen Lebensweg auf das letzte Wirken in Buchenwald zu beschränken. Man wird der Person Paul Schneiders nicht gerecht, wenn man seine Biographie allein unter dem Aspekt der Wirkung sieht. Sein besonderer Weg hängt mit einer bestimmten geistlichen Grundhaltung zusammen, die erst unter den Bedingungen des NS-Regimes ihre Dynamik entfaltete.

Der Weg ins Pfarramt und die erste Gemeinde

Als Pfarrerssohn wurde Paul Robert Schneider am 29.8.1897 in Pferdsfeld/Hunsrück geboren. Seine Kindheit war vom ländlichen Milieu und vom Gichtleiden seiner Mutter geprägt. Als 17jähriger legte er in Gießen das Notabitur ab und wurde Kriegsfreiwilliger. In drei Jahren studierte er dann in Gießen, Marburg und Tübingen Evangelische Theologie. Dem Ersten Examen folgte ein mehrmonatiges Industriepraktikum am Hochofen im Ruhrgebiet. Die Ausbildung im Soester Predigerseminar schloss er Oktober 1923 mit dem Zweiten Examen ab. Dann ging er zehn Monate zur Berliner Stadtmission, wo er evangelistisch und sozial tätig war. Im September 1926 trat Schneider frisch verheiratet seine erste ordentliche Pfarrstelle in Hochelheim/Wetzlar an. Das soziale Engagement spielte hier eine große Rolle. Auch in die ihm sehr am Herzen liegende Krankenhausseelsorge investierte er viel Zeit. Sein Einsatz für die Dorfjugend beschränkte sich nicht nur auf Verkündigung, sondern bezog auch Geselligkeit, Musik und Sport mit ein. In den politisch sehr bewegten frühen 1930er Jahren sah Schneider die NSDAP zwar kritisch, lehnte sie aber nicht grundsätzlich ab. Dies hatte wohl seinen Grund in den vielfältigen sozialen Versprechungen Adolf Hitlers. Ab Frühjahr 1934 durchschaute er die nationalsozialistische Ideologie immer mehr und fand den Weg in die sich organisierende Bekennende Kirche. Er bezog nun eindeutig Stellung gegen Tendenzen in Kirche und Staat und wurde von der Kirchenleitung – auf Druck der NSDAP – zum Verlassen der Gemeinde aufgefordert.

Auf dem Hunsrück und Ausweisung aus dem Rheinland

Zum Mai 1934 wurde Schneider die Hunsrücker Gemeinde Dickenschied mit dem Filial Womrath übertragen. Hier fand er bezüglich seiner geistlichen und kirchenpolitischen Ansichten Rückhalt – auch in einer Pfarrbruderschaft. Anlässlich der Beerdigung eines Hitlerjungen kam es im Juni 1934 zur ersten von vier Verhaftungen. Die Gestapo ließ ihn nicht mehr aus den Augen. Immer häufiger kam es zu Auseinandersetzungen. Anfang 1937 besann sich das Presbyterium auf die Tradition der Kirchenzucht und ließ bei drei Gemeindegliedern sämtliche kirchlichen Rechte ruhen. Eine Strafanzeige wegen Beleidigung führte dazu, dass Schneider am 31.5.1937 auf direkten Befehl Adolf Hitlers hin in Schutzhaft genommen wurde. Schneider hoffte vergeblich auf ein ordentliches Rechtsverfahren. Nach zwei Monaten wurde er zwar aus der Haft entlassen, gleichzeitig aber auch aus dem Rheinland ausgewiesen. Auf Drängen von Frau und Freunden rang er sich zu einem Erholungsurlaub in Baden-Baden durch und übernahm danach eine Urlaubsvertretung in Eschbach/Hessen. Zum Erntedankgottesdienst 1937 kehre er nach Dickenschied zurück. Dies teilte er den staatlichen Stellen mit, da er von der Rechtmäßigkeit seines Handelns überzeugt war. Seine Bindung an die Gemeinde konnte der Staat nicht einfach lösen, zumal auf ordentlichem Gerichtsweg ihm kein Unrecht nachgewiesen war. Außerdem hatten die Presbyterien ihn aufgefordert, den Ausweisungsbefehl zu missachten und in die Gemeinde zurückzukehren.

Haft in Koblenz und im Konzentrationslager

Nach dem Gottesdienst wurde Schneider verhaftet und bald nach Koblenz überführt. Auf die Forderung nach einem ordentlichen Gerichtsverfahren ließ sich die Gestapo nicht ein. Stattdessen drängte sie ihn immer wieder zur Unterschrift unter die Einverständniserklärung seiner Ausweisung. Während dieser schweren Wochen, die er selbst als „Vorbereitungszeit für härtere Proben" bezeichnete, blieb er von inneren Kämpfen nicht verschont. Schwer zu schaffen machte ihm die Enttäuschung über seine Kirchenleitung. Zwar hatte man dort Hochachtung vor seinem Glaubensgehorsam und solidarisierte sich mit seiner Entscheidung, aber als Rückendeckung war dies gegenüber dem NS-Regime zu wenig. Die staatlichen Stellen konnten daher den Fall Schneider als Einzelfall einstufen, da nicht die Bekennende Kirche als Organisation die Ausweisungsmissachtung gefordert hatte. Am 26.11.1937 wurde Schneider schließlich ins KZ Buchenwald abtransportiert und damit als „Volksschädling" abqualifiziert. Trotz schwerer Haftbedingungen fand er sich bald in der neuen Situation zurecht. Es kam ihm zugute, dass ihm schwere körperliche Arbeit nicht fremd und der Umgang mit „nichtbürgerlichen" Kreisen vertraut war. Anlässlich zweier Flaggenparaden kam es im Frühjahr 1938 zum Konflikt. Schneider nahm bei der Flaggenhissung seine Mütze nicht ab. Er sah in der Hakenkreuzflagge ein Zeichen einer zutiefst unchristlichen Bewegung, die nicht verehrt werden dürfe. Es folgten verschärfte Haftbedingungen. Durch ein winziges, an der Zellendecke angebrachtes Fenster versuchte er den Mitgefangenen Trost und Mut zuzusprechen und Unrecht beim Namen zu nennen. Mehr als ein paar Sätze konnte er jedoch nie rufen. Durch Prügel wurde er für einige Zeit mundtot gemacht. Seinen Einsatz bezahlte er mit grausamen Folterungen und letztendlich mit seinem Leben.

Die Todesnachricht

Am Abend des 18.7.1939 erhielt Schneiders Frau ein Telegramm mit der Todesnachricht. Am Vormittag war Schneider durch eine Überdosis Strophantin ermordet worden. Die Nachricht verbreitete sich in kürzester Zeit im Deutschen Reich und auch im Ausland. Am 21.7. versammelte sich eine beeindruckende Menschenzahl auf dem Friedhof des entlegenen Hunsrückdorfes Dickenschied, um einem als „Staatsfeind" eingestuften Mann das letzte Geleit zu geben.

Schneiders geistliche Grundhaltung

Paul Schneider war geprägt von einem sensiblen Gewissen und unbestechlichem Wahrheitssinn. Er hinterfragte andere und seine eigene Person immer wieder aufs gründlichste. Er hielt vieles für unakzeptabel, was andere noch bereit waren mitzutragen. Nicht Taktik oder Kompromisse waren seine Kennzeichen, sondern Geradlinigkeit und Eindeutigkeit. Diese konsequente Haltung, die manche negativ auch als Starrsinn auslegen, war neben seinem tief verwurzelten Glauben die Ursache dafür, weshalb der Dorfpfarrer mit dem NS-Regime in Konflikt geriet. Für seinen Glauben, den er sich nicht leicht machte, war er bereit, sein Leben aufs Spiel zu setzen.

Reiner Andreas Neuschäfer, 1997

M5b Zum Beginn des Lebens

Die besondere ethische Problematik des Umgangs mit dem Beginn des Lebens ergibt sich aus der Verbindung von modernen Reproduktionstechnologien mit den Diagnose- und Therapiemöglichkeiten, die die Gentechnologie schon jetzt bietet und zukünftig in verstärktem Maße bieten wird. Reproduktionstechnologien ermöglichen es unfruchtbaren Paaren, sich nicht mit Kinderlosigkeit abzufinden oder bei Kinderwunsch den Weg der Adoption zu wählen, sondern durch medizinische Behandlung den Wunsch nach eigenen Kindern zu verwirklichen. Bei den damit verbundenen Eingriffsmöglichkeiten in das Entstehen menschlichen Lebens, an einem Punkt also, der in besonderer Weise mit menschlichen Wünschen und Sehnsüchten zu tun hat und sich oft genug mit entsprechend bitteren Enttäuschungen verbindet, ist besondere ethische Wachsamkeit angezeigt. Eine der aus ethischer Sicht größten Gefahren ist dabei die Kommerzialisierung des Lebens.

Wer sich auf den Internetseiten US-amerikanischer Fortpflanzungskliniken umsieht, stößt auf das Ausmaß dieser schon heute international zu beobachtenden Kommerzialisierung. Mit einem gegen entsprechende Gebühr zu erwerbenden Passwort besteht etwa die Möglichkeit, Eizellen für eine künstliche Befruchtung auszuwählen und zu erwerben. Dazu wird ein genaues Profil der Spenderin gegeben, das Haar- und Augenfarbe ebenso enthält wie Zahnqualität, sexuelle Ausrichtung, Bräunungsfähigkeit, Figur, psychische Grundstruktur und Intelligenzquotienten. Für den Erwerb einer Eizelle müssen zwischen 3500 und 12000 Dollar hingelegt werden (www.eggdonor.com). Für eine Leihmutterschaft, also das Austragen des eigenen Kindes durch eine andere Frau, entstehen Kosten von 45000 bis 50000 Dollar, darin sind neben den medizinischen Kosten die Rechtsanwalts- und Psychotherapiekosten der Leihmutter ebenso eingeschlossen wie ihre Schwangerschaftskleidung. Wenn es zu keiner erfolgreichen Schwangerschaft kommt, bleiben Kosten von 15000 bis 16000 Dollar (Stand: September 2004. Siehe dazu www.eggdonation.com).

Man muss sich angesichts des Unbehagens, das sich aufgrund einer solchen Ökonomisierung von Leben einstellt, klar machen, dass die meisten Menschen, die diese Angebote nutzen, eine Leidensgeschichte ersehnter und dann doch versagter Elternschaft hinter sich haben. (...) Angesichts der hier am Beispiel USA aufgezeigten gängigen Praxis anderswo gilt es, die damit zusammenhängenden ethischen Fragen weiterhin einer breiten öffentlichen Diskussion zugänglich zu machen, damit technologische Entwicklungen der Gesellschaft nicht das Handeln diktieren, sondern in ihren Chancen und Risiken bewertet und beurteilt werden können. (...) Neben der Frage nach dem Schutz beginnenden menschlichen Lebens, (...) wird die Frage nach der ethischen Legitimität der Selektion menschlichen Lebens kontrovers diskutiert. Ist die PID der erste Schritt auf dem Weg zum „Designer-Baby"? Müssen sich Eltern (...) zukünftig dafür rechtfertigen, dass sie ein behindertes Kind annehmen und bejahen? Oder ist solche Selektion durch genetische Diagnostik legitim, weil in der embryonalen Frühphase nur von einer bedingten Schutzwürdigkeit des Embryos ausgegangen werden kann, die gegen den Wunsch der Eltern nach einem gesunden Kind abgewogen werden muss?

Heinrich Bedford-Strohm, 2006
Aus: Lachmann, Rainer u.a. (Hg.): Ethische Schlüsselprobleme. Lebensweltlich – theologisch – didaktisch, 2. Aufl. Göttingen 2008, S. 344-347

„Du bist nichts, dein Gen ist alles!?"

M5c

Die ethische Diskussion um die Embryonenforschung muss auch unabhängig davon, ob diese Forschungen zum Erfolg führen, fortgesetzt werden. Denn die Frage, ob Embryonen für einen außerhalb ihrer selbst liegenden Zweck verwendet werden dürfen, wirft über die konkreten Forschungsoptionen hinaus gehende ethische Probleme auf: Kann dem Embryo in den ersten zwei Wochen seines Lebens überhaupt jener Schutz zukommen, der die Forschungen als fragwürdig erscheinen lässt? Und gilt dies nicht umso mehr, wenn überzählige Embryonen in Tiefkühlkammern ohnehin keine realistische Chance auf Leben haben, weil sie niemand mehr will? Kann es überhaupt einen kategorischen Menschenwürdeschutz geben, gegen den kein noch so ethisch hoch stehender anderer Zweck abgewogen werden kann?

Diese Fragen gewinnen besondere Brisanz, wenn wir uns dem Thema zuwenden, das unser überliefertes Bild vom Menschen am meisten in Frage stellt: dem *Klonen*. Beim Umgang mit diesem Thema muss zunächst zwischen dem *reproduktiven Klonen* und dem *therapeutischen Klonen*, auch „Forschungsklonen" genannt, unterschieden werden. Für beide gilt, dass ein Embryo hergestellt wird, dessen Erbgut durch Zellkerntransfer aus einem schon lebenden Menschen übertragen wird und deswegen identisch ist mit dem Erbgut dieses Menschen. Während das reproduktive Klonen aber zum Ziel hat, einen Embryo in den Mutterleib einzupflanzen und die Geburt eines Menschen zu ermöglichen, der heranwächst, dient beim therapeutischen Klonen der geklonte Embryo dem alleinigen Zweck, Stammzellen zu liefern. Der Embryo selbst wird also nie geboren, sondern lebt nur wenige Tage.

Über die ethische Ablehnung des reproduktiven Klonens besteht breite Einigkeit in der Welt. Die UNO bemüht sich um ein völkerrechtliches Verbot. Nach allgemeiner Auffassung gerät das reproduktive Klonen in Spannung zur Menschenwürde, weil ein Mensch hier nicht als unverwechselbares Individuum um seiner selbst willen zur Welt kommt, sondern nach dem Design eines anderen und um der Zwecke eines anderen willen so geboren wird, wie er geboren wird.

Beim therapeutischen Klonen kann von einem solchen Konsens nicht mehr ausgegangen werden (...). Die Forscher hoffen, mit dem therapeutischen Klonen das Potenzial der Stammzellentherapie ausschöpfen zu können, ohne die etwa die Organtransplantationen besonders gefährlichen, bei genetischer Identität aber wegfallenden körperlichen Abstoßungsreaktionen befürchten zu müssen.

Ob dieses Verfahren als ethisch akzeptabel gilt oder nicht, hängt vor allem von der Frage ab, ob der Embryo in den ersten Tagen seiner Existenz als schutzwürdiges menschliches Leben gesehen wird. Selbst bei einer grundsätzlichen Bejahung dieser Frage kann, wie etwa die Church of Scotland dies tut, die These vertreten werden, dass man von menschlichem Leben im eigentlichen Sinne nur sprechen könne, wenn Embryonen zum Zweck des Geborenwerdens entstehen und nicht lediglich als „Durchgangsstadium" zur Stammzellengewinnung.

Ob und wann Leben als bedingt oder unbedingt schützenswert gelten muss, betrifft nicht nur die bioethische Sicht auf den Anfang des Lebens. Diese Frage stellt sich in spezifischer Weise auch in den ethischen Diskussionen um das Ende des Lebens.

Heinrich Bedford-Strohm, 2006
Aus: Lachmann, Rainer u.a. (Hg.): Ethische Schlüsselprobleme. Lebensweltlich – theologisch – didaktisch, 2. Aufl. Göttingen 2008, S. 348f.

M5d Besser kein Kind?

Folgender Leserbrief war in einer Zeitung in Thüringen abgedruckt:

Sparen gewohnt

Jetzt will man kinderlose Ehepaare zur Kasse bitten und ihre Finanzen schmälern. Ich finde das ungerecht, denn sie müssten eigentlich eine Prämie bekommen, weil sie keinen Arbeitslosen in die Welt gesetzt haben.

Unsere Kinder können doch bei den ständig steigenden Belastungen und den Löhnen gar keine Familie gründen und für Nachwuchs sorgen. Wenn die Mehrwertsteuer steigt, kann noch weniger gekauft werden. Können unsere Minister das nicht begreifen, dass es auf alles eine negative Auswirkung hat. Kein Wirtschaftswachstum mehr, Arbeitslose, sozialer Abstieg, der in Armut endet.

Immer spart man bei den Kleinen, denn die sind ja das Sparen gewohnt. Politiker sollte man nach Leistung bezahlen und nicht ständig ihre Diäten erhöhen. Sie könnten sich auch einmal mit dem Ein-Euro-Job vertraut machen.

Elsbeth W., Ziegenrück

Verfassen Sie hierzu zu zweit einen Leserbrief! Verständigen Sie sich zuvor über Ihre Erfahrungen und Einstellungen zum Thema „Verantwortung für Kinder“!

Verdreht – Weltfremd – Armutszeugnis

Folgende drei Leserbriefe erschienen in Folge des Leserbriefes von Elsbeth W. (**M5d**):

Verdreht

Wenn Frau W. eine Prämie für jene fordert, die keine Kinder und so „keinen Arbeitslosen in die Welt gesetzt haben", zeigt sie, wie pervers (wörtlich: verdreht) unsere Gesellschaft ist. Damit die Gesellschaft den Dreh noch hinbekommt, wird es Zeit, sich auf das, was zählt, zu besinnen. Erstens wird nie ein Arbeitsloser in die Welt gesetzt, sondern immer ein Kind. Zweitens ist ein Kind nicht nur wertvoll, wenn es einmal einen Wert erwirtschaftet. Drittens sind Kinder an sich ein Segen. Sie sind wertvoll und werden es nicht erst, weil sie mal für die Rente sorgen, Ältere pflegen oder die Wirtschaft ankurbeln. In dem Leserbrief zeigt sich, welche Blüten DDR-Materialismus treiben kann: Kinder werden entweder verachtet oder vergottet. Beides wird ihnen nicht gerecht.

Reiner Andreas N., Rudolstadt

Weltfremd

Herr N. will in der Meinung von Frau Elsbeth W. (…) eine typische DDR-Mentalität erkannt haben. Er sollte aber wissen, dass die Klage darüber, dass nur immer die kleinen Leute zur Kasse gebeten werden, keineswegs nur in den neuen Bundesländern zu hören ist. Was er aber über das Kinderkriegen geäußert hat, erinnert in seiner Weltfremdheit schon an Marie Antoinette, die auf den Schrei des französischen Volkes nach Brot antwortete: „Wenn die Leute kein Brot haben, dann sollen sie doch Kuchen essen."

Es hat doch absolut nichts mit Kinderfeindlichkeit zu tun, wenn Eltern bei der Erfüllung ihres Kinderwunsches auch die voraussichtliche Perspektive ihres Kindes bedenken. Ganz im Gegenteil. Es ist vielmehr ein Ausdruck von Verantwortungsbewusstsein.

Siegfried S., Schmölln

Armutszeugnis

Herr S. führt die oft bemühte Bemerkung von Marie Antoinette an (Wenn kein Brot, dann Kuchen). Sein Vergleich der Armut im früheren Frankreich mit dem Leben im jetzigen Deutschland stellt ein Armutszeugnis historischer Unkenntnis dar. Es wurden in der Geschichte der Menschheit nie Arbeitslose in die Welt gesetzt (wie Frau W. meinte), sondern immer nur Kinder! Wer Kindern erst bei hundertprozentiger Absicherung ein Lebensrecht zugesteht, hat bereits seine eigene Daseinsberechtigung moralisch verspielt. Kinder sind nicht bloß ein Produkt und Problem, wie es ein unmenschlicher Materialismus uns weis machen möchte. Kinder sind auch ein Geschenk des Lebens und deshalb weder zu verwöhnen noch zu verwahrlosen, sondern zu achten. Dass dies nicht nur bei rundum abgesicherter Existenz möglich ist, haben uns die eigenen Eltern (hoffentlich) in die Wiege gelegt. Wer meint, Kinder kämen nur dann zu ihrem Recht, wenn ihnen alles recht gemacht und einem das Abschieben und Abtreiben mundgerecht gemacht wird, schiebt die Verantwortung auf die Umstände ab. Verantwortungs-losigkeit praktizieren ja gerade diejenigen, die die Verantwortung für Kinder los sein wollen.

Wenn Herr S. mir Weltfremdheit vorwirft, ist das ein schönes Kompliment, für das ich an dieser Stelle herzlich danke: eine Welt ohne Platz und Herz für Kinder muss und sollte mir tatsächlich fremd sein.

Reiner Andreas N., Rudolstadt

M6 Ökonomische Verteilungsgerechtigkeit: Geld und Eigentum

Im Umgang mit Geld und Eigentum geht es nicht allein um den individuellen oder sozialen Erwerb eines Gutes, nicht allein um Realisierung eigener Tugend, sondern auch um die Einlösung einer sozialen Verpflichtung. Gerechtigkeit ist in der Perspektive der Pflichten- oder Verantwortungsethik Korrelat der Freiheit: Unter der Voraussetzung der Freiheit, die in der Bundesrepublik Deutschland staatlich geschütztes Recht ist, sind die Individuen moralisch und zum Teil auch rechtlich verpflichtet, einander im Umgang miteinander (prozedurale Gerechtigkeit) wie auch in den Resultaten ihrer Interaktion (Ergebnisgerechtigkeit) Gerechtigkeit widerfahren zu lassen. Exemplarisch verdeutlichen lässt sich dies an Artikel 14 des Grundgesetzes. Der Freiheit der Eigentumsbildung („Das Eigentum und das Erbrecht werden gewährleistet.") entspricht hier implizit das Gebot der Gerechtigkeit („Eigentum verpflichtet. Sein Gebrauch soll zugleich dem Wohle der Allgemeinheit dienen."). Theoriegeschichtlich ist für dieses Verständnis der Gerechtigkeit insbesondere an Immanuel Kants Ethik anzuknüpfen, die sich im „Kategorischen Imperativ" verdichtet: „Handle nur nach derjenigen Maxime, durch die du zugleich wollen kannst, daß sie ein allgemeines Gesetz werde." (Immanuel Kant, Grundlegung zur Metaphysik der Sitten (1785).

Bernd Schröder, 2006
In: Adam, Gottfried u.a. (Hg.): Ethische Schlüsselprobleme. Lebensweltlich – theologisch – didaktisch, Göttingen 2006, S. 151

Statt Sünde: Pflicht?

Die Evangelische Kirche im Rheinland hat im Januar 2008 die Stellungnahme „Schweigen ist Sünde, Handeln ist Pflicht" veröffentlicht. Diese setzt sich mit der Globalisierung auseinander und trägt die Überschrift „Wirtschaften für das Leben – Stellungnahme zur wirtschaftlichen Globalisierung und ihren Herausforderungen für die Kirchen."[6]

Die Kirche muss sich den Herausforderungen, die die Globalisierung mit sich bringt, stellen – aus Verantwortung vor Gott und den Menschen. Ein Verschließen, Opportunismus und Ängstlichkeit allein sind für Christenmenschen keine wirklichen Möglichkeiten: „Schweigen ist Sünde. Handeln ist Pflicht". Zwar sei die Beeinflussung Einzelner auf den Globalisierungsprozess gering; die Gestaltungsspielräume bewegten sich in engen Schranken und beschränkten sich oft auf die unmittelbare eigene Umgebung: „Die Erfahrung lehrt aber, dass gemeinsames Handeln Kraft entwickelt und Gewicht verleiht und wesentlich zum gemeinsamen Erfolg beitragen kann". Sie zeichnet im Wesentlichen zwei theologisch-ethische Positionen nach. Auf der einen Seite plädiert sie für *Alternativen* zur globalen Wirtschaftsordnung und stellt grundsätzlich in Frage, ob die bisherige wirtschaftliche Ordnung wirklich dem Leben dienen könne. Auf der anderen Seite fordern die 116 Seiten auf, die globale Weltwirtschaftsordnung mit zu gestalten und nach Alternativspielräumen zu suchen.

Reiner Andreas Neuschäfer, 2008

Erörtern Sie auf Grundlage der beiden Texte die Problematik der Formulierung „Handeln ist Pflicht"!

6 http://www.ekir.de/ekir/dokumente/Globalisierung-BeschlussLS_Korr__II_18-1-2008pdf.pdf.

Herausforderungen für ein verantwortungsvolles Handeln in der Wendezeit (1989/90)

M7

Im Herbst 1989 standen viele Dinge in Frage. Der Bankrott der DDR hatte eine wirtschaftliche, eine politische und eine geistige Dimension. Vor allem letztere wirkte sich auch unmittelbar in den Schulen aus. Alles wurde hinterfragt, und es gab sehr schnell substanzielle Einschnitte.

Im Vordergrund stand die Entmilitarisierung des Schulalltags. Die regelmäßigen Appell-Zelebrierungen fanden ihr Ende, das Unterrichtsfach Wehrkunde wurde abgesetzt, Übungshandgranaten als Lehrmittel aus dem Sportunterricht verbannt und vormilitärische Übungen aus dem Jahresarbeitsplan gestrichen. Nachhaltig in Erinnerung blieb die Abschaffung des samstäglichen Unterrichtstages.

Es gab eine große Übereinstimmung über die Dinge, die man *nicht* mehr wollte. Aber zu einer *Neu*gestaltung des Schulbereiches gingen die Meinungen durchaus auseinander.

In Rudolstadt an der Saale war der Herbst 1989 geprägt durch regelmäßige thematische Veranstaltungen in der Stadtkirche und anschließende Demonstrationen quer durch die Stadt zur Lutherkirche, wo die Kirchentreppe zur Bühne und der Platz vor der Kirche zum Forum wurde.

Der Rudolstädter Superintendent Traugott Schmitt war einer der Ideengeber für den Wendeherbst vor Ort. Er hatte schon immer große Aufmerksamkeit für die Schule aufgebracht und sehr eindrucksvolle Erfahrungen mit dem Stalinismus von Schulvertretern sammeln müssen. Als Vater von drei Kindern hatte er die Benachteiligung von Kirchenangehörigen durch die Schule selbst zu erleben. Und als vom Missionsauftrag beseelter Christ schätzte er die Bedeutung der christlichen Bildung von Kindern und Jugendlichen sehr hoch.

So lag es nahe, dass eine der thematischen Veranstaltungen in der Stadtkirche dem „Volksbildungsbereich" gewidmet wurde. Als „zur Erziehung sozialistischer Schülerpersönlichkeiten nicht geeigneter" Lehrer, der damals das elfte Jahr mit einem Berufsverbot belegt war, wurde ich in die Vorbereitung einbezogen. Zu einem Donnerstagabend im November wurde eingeladen. Die Kirche war brechend voll, drei Viertel der Teilnehmer waren Lehrkräfte. Viele davon sahen das erstemal in ihrem Leben eine Kirche von innen. Als Gesprächspartner geladen waren der damalige Kreisschulrat und drei Schuldirektoren. Das Vorhaben einer sachbezogenen Diskussion scheiterte. Sehr schnell wurde die Versammlung zum Tribunal. Eine Unmenge von Verletzungen und Frustrationen brach hervor. Es war die erste Gelegenheit, Betroffenheiten aus dem DDR-Schulsystem auszudrücken. Nach Jahren und Jahrzehnten des Schweigens gab es der Öffentlichkeit so viel mitzuteilen, dass eine Einschränkung der Unmutsäußerungen unmöglich war.

Mit dieser Veranstaltung waren zwei Dämme gebrochen: Zum einen mussten die Vertreter des alten Systems erkennen, dass ihre Kirchenfeindschaft selbst in den Kreisen der ideologisch besonders indoktrinierten Lehrkräfte keinen hinreichenden Rückhalt mehr hatte; zum anderen erlebten die Christen, dass es für die Ausgrenzung religiöser Lebensformen aus der Schule kein als bedrohlich zu empfindendes Machtpotenzial mehr gab.

Unmittelbar nach diesem Abend nutzte Superintendent Traugott Schmitt einen Pfarrkonvent, um die Gemeindepfarrer aufzufordern, in den Schulen ihrer Gemeinden persönliche Präsenz zu zeigen. Dieser Ruf wurde durchaus unterschiedlich umgesetzt: Auf der einen Seite gab es Pfarrer, die sich sofort in der Schule einen Platz sicherten, um Kontakte mit Lehrkräften zu pflegen, in das Gespräch mit den Schülern zu kommen oder mindestens die für die Gemeindearbeit notwendigen Freiräume im Schüleralltag zu sichern. Andererseits gab es kirchliche Mitarbeitende, die durch die DDR-Schule persönlich so verletzt waren, dass sie diesen Schritt überhaupt nicht zu gehen vermochten.

M7

In dieser Weise gab es im Raum Rudolstadt noch 1989 die ersten Stunden „Religionsunterricht". Doch eigentlich war es eher „Christenlehre" am anderen Ort. Denn an einen schulbezogenen Lehrplan dachte noch niemand. Der Jahreskreis wurde thematisiert, das Weihnachtsfest 1989 fand an diesen Stellen im Unterricht und im Schulleben das erstemal nach langer Zeit wieder ein christliches Gepräge. Es wurde gesungen und die christliche Symbolik erläutert. (...) Ich selbst war in der Zwischenzeit beruflich rehabilitiert worden, durch den Runden Tisch in Rudolstadt nominiert und durch den (alten) Kreistag gewählt, als Kreisschulrat Anfang Februar 1990 in den Rat des Kreises einzuziehen.

In unserer Region nutzten wir die Zeit vor dem Beitritt zur Bundesrepublik Deutschland am 3. Oktober 1990 zur personellen, materiellen und inhaltlichen Absicherung von Religionsunterricht in der Schule. Wir konnten dabei die jahrelange Partnerschaft zur Württembergischen Kirche, speziell nach Ulm, nutzen, um alle Schulen mit Lehrbüchern, Bibeln und sonstigem Unterrichtsmaterial auszustatten.

Während in der Bevölkerung bei uns rund 27 % der evangelischen Kirche angehörten, waren es in der Lehrerschaft nur knapp 9 %. Unter diesen suchten wir Leute, die bereit waren, eine Zusatzqualifikation für den Religionsunterricht zu erwerben. Damit waren wir im Kreis Rudolstadt in nahezu jeder Schule erfolgreich. (...) Heute – mit einem Abstand von 16 Jahren – sehe ich diese Startphase als Zeit eines gelungenen Aufbruchs.

Bernd Zeuner, Die Einrichtung eines neuen Unterrichtsfaches. Ein gelungener Aufbruch. 2006
Aus: Leewe, Hanne/Neuschäfer, Reiner Andreas (Hg.): Zeit-Räume für Religion. Fünfzehn Jahre Religionsunterricht in Thüringen, Jena 2006 (Religionspädagogik im Diskurs; Bd. 3), S. 71-73

Gratwanderungen

M8

Es fällt nicht leicht über Werner Sylten zu sprechen. (...) Werner Syltens Geschichte beschämt in vielfacher Hinsicht und macht sprachlos. Sie beschämt die Thüringer evangelische Kirche, weil an der Lebensgeschichte Syltens ablesbar ist, wie in nationalsozialistischen Zeiten Vertreter unserer Kirche gehandelt und nicht gehandelt, in jedem Fall aber Folgen in Kauf genommen oder gebilligt haben, die für Werner Sylten und viele andere mit ihm tödlich waren. Es beschämt, wie schnell auch ältere Vertreter unserer Kirche und nicht nur die jüngeren Nationalsozialisten (...) sich an der Verfolgung und Entrechtung eines bewährten Pfarrers mit einer reichsweit bekannten und anerkannten Arbeit beteiligt haben. An dieser Lebensgeschichte ist erkennbar und beschämt, wie wenig brüderlich, ja, noch nicht einmal solidarisch, ja noch nicht einmal gemäß den geltenden Gesetzen sich eine ganze Führungsschicht dieser Kirche verhalten und damit den kirchlichen Auftrag verleugnet hat. Sie hätten es besser wissen und dieses Wissen in die Tat umsetzen müssen. Zu vielem schütteln wir heute nur stumm den Kopf oder fragen uns bedrückt, wie es dazu kommen konnte.

Doch zugleich bleibt die bohrende Frage, wie man sich selbst damals verhalten hätte, wie mutig, wie still, wie vorsichtig, oder schärfer, wie feige und heuchlerisch man sich selbst verhalten hätte. Kann man sich sicher sein, mutiger bekannt, treuer gebetet, fröhlicher geglaubt, brennender geliebt und ausdauernder widerstanden zu haben, als die Handelnden damals, die willfährigen Helfer der braunen Machthaber in der evangelischen Kirche? Diese Frage zu stellen, heißt nicht die individuelle und die institutionelle Schuld zu verkleinern, zu verharmlosen oder zu verdrängen. (...) Wenn wir aber als Christen unseren eigenen Ansatz ernst nehmen, dann muss auch über Verantwortung vor Gott und den Mitmenschen und das entsprechende schuldhafte Versagen gesprochen und gestritten werden. Eine Annäherung an die historische Wahrheit wird ohne Auseinandersetzungen und Differenzen nicht zu haben sein. Das jedoch macht diese Annäherung besonders schmerzhaft für jeden, dessen Leben in irgendeiner Form mit dieser Geschichte im Zusammenhang zu sehen ist.

Die Frage so zu stellen heißt aber auch, wenigstens den Versuch zu unternehmen zu begreifen, wie es dazu hat kommen können. (...)

Der Umgang mit den Erfahrungen der Konzentrationslager, ihre Instrumentalisierung und ihre nur partielle Wahrnehmung können wir wohl erst jetzt im Abstand zum realen Sozialismus und seiner massiven und einseitigen Geschichtspolitik genauer ansehen. Die Marginalisierung der nicht-kommunistischen Opfer (...) darf ja nicht dazu führen, den Unterschied zwischen Tätern und Opfern zu verwischen (...). Aber es gibt auch die minder beachteten Leidensgefährten und die Konkurrenz der verschiedenen Opfergruppen um die öffentliche Aufmerksamkeit, der nur durch Behutsamkeit und die strikte Beachtung des Grundsatzes zu begegnen ist, dass kein Leid durch anderes abgewertet und verdrängt werden darf, ein Problem, dem wir uns in Thüringen am Beispiel des Lagers Buchenwald in seiner nationalsozialistischen und seiner stalinistischen Phase zu stellen haben.

Christoph Kähler, 2005

Aus: Leiner, Martin u.a. (Hg.): Gott mehr gehorchen als den Menschen. Christliche Wurzeln, Zeitgeschichte und Gegenwart des Widerstands, Göttingen 2005, S. 233-240.

Erstellen Sie anhand dieses Textes ein Schaubild, dass die Begriffe Verantwortung, Erinnerung und Schuld zueinander in Beziehung setzt!

VI. So sehr hat Gott die Welt geliebt. Das Wort vom Kreuz, von Sünde und Opfer

M1

Durch Nachgeben siegen

Ju-Jutsu ist übersetzt die Kunst, durch Ausweichen oder Nachgeben die Kraft des Angreifers zu nutzen und ihn damit zu besiegen. Über allen Verteidigungstechniken steht das „ökonomische Prinzip", also mit dem geringsten Aufwand den größtmöglichen Nutzen zu erzielen. Sollen die Techniken voll wirksam werden, müssen ihre Prinzipien beachtet werden. „Wirksamkeit" heißt nicht Kraft oder Gewalt, sondern richtige Technikanwendung.

Durch Nachgeben retten

Fürwahr, er trug unsere Krankheit und lud auf sich
unsre Schmerzen.
Wir aber hielten ihn für den, der geplagt und von
Gott geschlagen und gemartert wäre.
Aber er ist um unsrer Missetat willen verwundet und
um unsrer Sünde willen zerschlagen.
Die Strafe liegt auf ihm, auf dass wir Frieden hätten,
und durch seine Wunden sind wir geheilt.

Jesaja 53,4f.

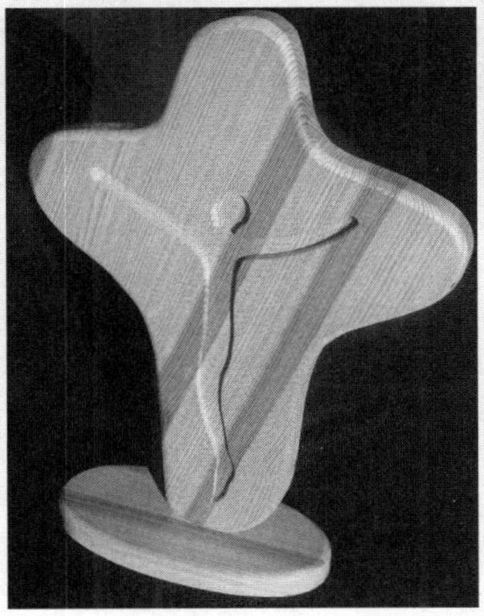

Theologisch-didaktische Aspekte

Ecce homo – einige Provokationen der Christologie kommen zur Sprache, um auszuloten, welche ungeahnten, im wahrsten Sinn wunderbaren Möglichkeiten das Menschsein in sich birgt, und um die Liebe zu ermessen, mit der Gott sich der Menschheit zugewandt hat. „Denn ich bin sanftmütig und von Herzen demütig", sagt Jesus Christus von sich selbst (Mt 11,28f.). Dieser Demut nachzuspüren, ist ein spannender Zugang – denn sie liegt den Sch. und dem Menschen von heute schlechthin fern. Das deutsche Wort „Demut" bezeichnet ursprünglich eine innere Haltung, die aus freier Entscheidung zum Dienen bereit ist. Das Wort war dem germanischen Denken fremd und konsequenterweise auch der Ideologie der „Herrenmenschen" verhasst. Den Sch. ist „demütigen" eher als die Herabwürdigung eines anderen Menschen bis hin zur Zerstörung seines Selbstvertrauens vertraut und wird mit Kriecherei und Unterwürfigkeit, durch die man sich gefügig stellt, um dadurch Vorteile zu erreichen, in Verbindung gebracht. Im Gegensatz dazu meint die Bibel keine opportunistische, evtl. feige und deshalb bis zum Selbstverzicht nachgiebige Anpassung an Situationen, in denen man sich mit dem Vorrang anderer arrangieren zu müssen meint, sondern leitet sich her aus der Gottesbeziehung: Wo der Mensch sich eingesteht, dass das Urteil über den eigenen Rang und Wert nicht ihm selbst zusteht, da kann Demut vor Gott und auch gegenüber anderen Menschen zum Tragen kommen. Ein in diesem Sinne demütiger Mensch verzichtet darauf, auf Kosten oder unter Herabsetzung anderer seine eigenen Ansprüche durchzusetzen. Dabei versinkt er nicht in stoische Unberührtheit, sondern leidet weiterhin mit unter destruktiven Verhältnissen und erstrebt deren Veränderung an – nicht ohne auf das Eingreifen Gottes zu vertrauen. Solche Demut ist weder Veranlagung noch durch Erziehung zu erreichen, sondern erwächst in letzter Konsequenz allenfalls aus einer Orientierung an Gottes Liebe. Oder mit den Worten von Jörg Zink: „Die Fähigkeit, in aller Schwachheit sich der Kraft Gottes anzuvertrauen, nennen wir Demut".[1] Hier wird deutlich, wie die Anthropologie letztlich auf der Christologie gründet.

Mit **M1** ließe sich überlegen und erarbeiten, was die „Ju-Jutsu-Demut" von Jesu Christi Demut unterscheidet – die Sch. gelangen direkt in das Herz der Christologie, wenn sie die geöffneten Arme des Gekreuzigten als das Eigentliche entdecken: Das ist kein Nachgeben, das auf eigenen Vorteil zielt, auf „Ökonomie", Resultat und Effekt – das ist ein Nachgeben um der anderen willen (s.o. das „Nimm mich" Jonas bzw. Dietrich Bonhoeffers).

Im Einzelnen schlage ich auf dieser Grundlage eine Christologie unter anthropologischen Aspekten in drei Schritten vor.

- Zum einen gilt es das *Paradox* zuzumuten und zu erfahren, dass Gott seinem eigenen geliebten Sohn *nichts* erspart.
- Da ist zum anderen zu entdecken, dass Jesus Christus keineswegs *alles macht*, was er kann.
- Zum Dritten: dass Jesus Christus die Menschen bedingungslos liebt – so wie sie sind – und dass sie durch dieses vorrangige Geliebt-Sein verändert, *menschlicher*, werden (Zachäus: Lk 19; Gerasener: Lk 8).

In diesem Sinne kann die Rede von Kreuz und Sünde mit dazu beitragen, Erfahrungen individuellen Scheiterns zuzulassen und zur Sprache zu bringen, weil diese nicht nur als Defizit oder Versagen, sondern zunächst schlicht als Ausdruck des Menschseins aller Menschen. Wo die Realität und Macht der Sünde zum Tragen kommt, entlastet das den Menschen, ohne prinzipiell seine Anfälligkeit für Schuld, Versagen und Verführung zu verleugnen. Denn Sünde ist letztlich nicht als Störung, sondern als Befriedigung der menschlichen Natur anzusehen (Hans Joachim Iwand). Gott bleibt auch in den fragwürdigen Entscheidungen des Menschen der Herr. Wo der Mensch Gott verfehlt, verfehlt er sich selbst. Dieser Sachverhalt und Zusammenhang wird in seiner ganzen Tiefe erst und nur dort erkannt, wo der Tod des Sohnes Gottes für die Sünde der Welt am Kreuz ertragen wurde. Demnach ist wahre Sündenerkenntnis insbesondere Christuserkenntnis. Aus der Perspektive der Versöhnung am Kreuz wird zugleich erkannt, dass im Scheitern auch Annahme liegt und dass Gott gerade seine fehlbaren Geschöpfe liebt. Es wäre reizvoll, mit den Sch. mögliche Rituale der Einsicht in die Sünde und der Vergebung der Sünde zu entdecken (Beichte, Abendmahl, Salbung, Heilungsrituale u.a.).

Das Wort vom Kreuz, ja: der Gekreuzigte selbst widerspricht jedem menschlichen Vorverständnis radikal. Ein *auch* an dieser Lebenswirklichkeit orientierter Anthropologiekurs sollte sich dieser Realität stellen und nicht versuchen, diese Radikalität und Provokation durch andere Worte oder Werte erträglicher zu machen:

1 Jörg Zink: Wie wir beten können, Stuttgart 2008 (8. Aufl.), S. 42.

„Will der Religionsunterricht mehr sein als theologischer Ausdruck des kulturellen Kontextes oder die Spiegelung des von den Schülern mitgebrachten Erfahrungshorizontes, dann muss er von seiner befremdlichen und charakteristischen Eigenart erzählen, die sich aus dem Erfahrungskontext nicht ableiten lässt. Zu dieser befremdlichen und charakteristischen Eigenart gehört die Rede vom Sühnetod Jesu im Religionsunterricht."[2]

Daher ist im Anthropologiekurs darauf zu achten, die Theodizeefrage nicht in die Frage nach dem rettenden Handeln *der Menschen* umzubiegen oder in einen Kontext mit der *menschlichen Freiheit*, die für Leid, Krieg und Übel der Welt verantwortlich gemacht wird, zu rücken. Vielmehr ist das Kreuz als ein möglicher Ausgangspunkt existenzieller Umorientierung in Blick zu nehmen gemäß 2Kor 5,14ff.: „Wenn einer für alle gestorben ist, so sind sie alle gestorben. Und er ist darum für alle gestorben, damit die Lebenden nicht mehr für sich selbst leben, sondern für den, der für sie gestorben und auferstanden ist ... Ist jemand in Christus, – neue Schöpfung! Das Alte ist vergangen, Neues entstanden."

Intentionen und Kompetenzen

- Die Sch. entdecken in dem Menschen Jesus Christus einen besonderen Weg, das Leben in Blick zu nehmen oder Lebensperspektiven zu eröffnen.
- Die Sch. setzen sich mit der Zumutung auseinander, dass Gott und der Gottessohn wahre Menschlichkeit nicht in der Stärke, im Machen-Können entdecken, sondern im Schwachen, Wehrlosen, im Opfer.
- Die Sch. lernen die Zusage kennen, dass Gott gerade im Leiden und in der äußersten Verlassenheit nah ist.
- Die Sch. bekommen eine Ahnung davon, wozu der Sühnegedanken in der aktuellen theologischen Diskussion und kirchlichen Praxis heruntergespielt wird.
- Die Sch. können das biblische Menschenbild mit der Rede von der Sünde in ein Plädoyer für ein realistisches Menschenbild einordnen.

Literatur und Medien

Adam, Gottfried u.a.: Illustrationen in Kinderbibeln. Von Luther bis zum Internet, Jena 2005 (AHRP; 3)

Adam, Gottfried u.a. (Hg.): Die Inhalte von Kinderbibeln. Kriterien ihrer Auswahl, Göttingen 2008 (Arbeiten zur Religionspädagogik; 37)

Adam, Gottfried/Lachmann, Rainer: Kinderbibeln. Ein Lese- und Studienbuch, Münster u.a. 2006 (Schriften aus dem Comenius-Institut: Studienbücher; 1)

Albrecht, Manuela: Für uns gestorben. Die Heilsbedeutung des Kreuzestodes Jesu Christi aus der Sicht Jugendlicher, Göttingen 2007 (ARP; 33)

Berg, Sigrid/Berg, Horst Klaus: Wege nach Golgatha (Biblische Texte verfremdet 10), Stuttgart/München 1989

Betz, Otto: Der Prozess Jesu im Licht jüdischer Quellen, hg.v. Rainer Riesner, Gießen 2007 (2., erw. Aufl.)

Die Bibel: Jesus. Video, München: Kinowelt Home Entertainment 1999 (ca. 172 Min.)

Büttner, Gerhard u.a.: Jesus Christus. Oberstufe Religion, Stuttgart 2008

Fischer, Helmut: Musste Jesus für uns sterben? Deutungen des Todes Jesu, Leipzig 2008

Flaig, Martin (Hg.): Warum Jesus? Antworten auf die Frage nach der Mitte des christlichen Glaubens, Wuppertal 2003

Gibson, Mel: Die Passion Christi (DVD, 121 Min.), 2004

Heiligenthal, Roman: Der verfälschte Jesus. Eine Kritik moderner Jesusbilder, Darmstadt 1999 (2. Aufl.)

Herrmann, Christian (Hg.): Wahrheit und Erfahrung – Themenbuch zur Systematischen Theologie Bd. 2: Christologie, Anthropologie, Erlösung, Heiligung, Wuppertal 2005

Hoeps, Reinhard: Bild-Konflikte, Paderborn u.a. 2007 (Handbuch der Bildtheologie; 1)

Kyong-Mi, Kim: Die religiösen Gemälde von Emil Nolde, Heidelberg 2006, unter: http://archiv.ub.uni-heidelberg.de/artdok/volltexte/2006/152/pdf/1_Textteil.pdf

von Lüpke, Johannes: Weg – Wahrheit – Leben. Christlicher Glaube in der Begegnung mit anderen Religionen, in: LuThK 25./2001, S. 157-174

Neuschäfer, Reiner Andreas: Mit Kinderbibeln die Bibel ins Spiel bringen. Ideen, Informationen und Impulse für Gemeinde, Schule und Zuhause, Jena 2005

zur Nieden, Eckart/Warkentin, John (Idee und Realisation): Zwei Balken (VIDEO, 30 Min.), Wetzlar 1990

Orth, Gottlieb: Mach's wie Gott, werde Mensch. Jesus Christus heute (RU praktisch für die Sekundarstufe II), Göttingen 2005

Raschzok, Klaus: Emil Noldes Grablegung Christi von 1915. Eine Meditation, in: Kirche und Kunst 65./1987 (Heft 2), S. 34-36

2 David Käbisch: Jungen Menschen klarmachen, was christlicher Glaube ist – Der Tod Jesu im ‚Kursbuch Religion', in: Wermke, Michael (Hg.): Keine Pflicht, aber Kür. Beiträge aus Theologie und Pädagogik. Festschrift für Klaus Petzold, Jena 2007, S. 115-131, hier S. 131. Vgl. die grundsätzlichen Überlegungen bei Martina Steinkühler: Was macht der Mann am Kreuz?, in: Loccumer Pelikan 2006 (Heft 4), S. 187-191.

Reuther, Manfred: Emil Nolde. Meine biblischen und Legendenbilder, Köln 2002
Siebald, Manfred: Spuren (CD), Neuhausen-Stuttgart 1988
Steinkühler, Martina: Was macht der Mann am Kreuz? Kindern die Heilsbedeutung Christi erschließen, in: Loccumer Pelikan 2006 (Heft 4), S. 187-191
Turner, Steve: Amazing Grace. John Newton und die bewegende Geschichte seines weltbekannten Liedes, Gießen 2007
Urban, Christina: Jesustypen im Film: Gibt es den typischen Jesusfilm?, in: ZNT 3./2000 (Heft 6), S. 54-63
Wermke, Michael: Mad Max goes to Golgatha. Drei Thesen und ein Nachwort, in: Theomag. Magazin für Theologie und Ästhetik 29/2004, unter: www.theomag.de/29/mw1.htm

Unterrichtsideen

Je nachdem, ob Christologie bereits Thema in der Oberstufe war, sollte der Kenntnisstand zu neutestamentlichen Kreuzigungstexten zur Sprache kommen. Eine Möglichkeit, in interessanter Weise einen Evangeliumstext ins Spiel zu bringen, ist die dramatisierte Einspielung aus „Die Große Hörbibel. Regie: Philipp Schepmann" (Stuttgart 2007).

Als Einstieg kann der den meisten Sch. vertraute Spottvers mit etlichen Oxymora (z.B. „grünbeschneit") verdeutlichen, wie sperrig die Reaktion auf völlig aus dem Rahmen fallendes (Un-Logisches), Unvereinbarendes sein kann und dass letztlich nicht nur das Einsichtige über Zustimmung oder Ablehnung entscheiden, sondern die menschlichen Bewusstseinsbindungen, das, woran mein Herz hängt und wovon ich mich bestimmen lasse:

Dunkel war's, der Mond schien helle,
als ein Auto blitzeschnelle
langsam um die runde Ecke fuhr.
Drinnen saßen stehend Leute,
schweigend ins Gespräch vertieft,
als ein totgeschossner Hase
auf der Sandbank Schlittschuh lief.
Drinnen saß ein holder Jüngling,
schwarzgelockt mit blondem Haar …

Es käme darauf an, mit den Sch. der spontanen inneren Reaktion beim Vorlesen nachzuspüren: Was wurmt mich beim Hören/Lesen? Wo sperrt sich da etwas? Evtl. ließe es sich arrangieren, die verschiedenen Varianten dieses Spottgedichtes (siehe z.B. bei Wikipedia) vorzutragen.

Ein Einstieg: Wie ein *behinderter Junge* in Bielefeld etwas begriffen hat:

Im Waisenhaus für geistig behinderte Kinder in Bielefeld wird Weihnachten gefeiert. Ein Junge darf eine Kerze anzünden und ist total aufgeregt. Vor lauter Anspannung bekommt er es nicht hin und einen Krampfanfall. Diese Situation erträgt der beste Freund des Jungen nicht und beginnt laut zu weinen: „Es hat alles einen Knacks!" Pastor Bodelschwingh, der Leiter des Hauses, nimmt diese verzweifelte Klage des Jungen auf und fragt die um den Weihnachtsbaum versammelten Kinder: „Was ist das Größte an Weihnachten?" Nach einigen Augenblicken antwortet eines der Mädchen: „Weihnachten ist so groß, weil Gott da seinen Sohn geschickt hat, unseren Heiland!" Darauf fragt Pastor Bodelschwingh sie: „Und warum hat er das getan?" Stille. Die Frage scheint das Mädchen zu überfordern. Doch plötzlich klettert es auf einen Stuhl und von da auf den Tisch und ruft ganz laut und jubelnd: „Darum, weil alles einen Knacks hat!" (Quelle unbekannt)

Anhand dieser Episode lässt sich ein Bezugspunkt von Kreuzesgeschehen und Krippenerleben herstellen: Worin besteht der „Knacks"? Was hat dieser mit Weihnachten und dem Kreuz zu tun? Was bedeutet es für die Sicht auf den Menschen, wenn er als „beknackt" vorgestellt wird? (Ließe sich damit auch Missbrauch betreiben?)

Das *Christusmonogramm* – eine eigenwillige Deutung:

Das Christusmonogramm setzt sich zusammen aus dem Anfangsbuchstaben des Jesus-Namens und den beiden ersten Buchstaben des Christus-Titels: Im Griechischen Iesus, daher der senkrechte Strich in der Mitte für das griechische I, und im Griechischen Christos, daher das griechische Chi (gleich dem deutschen Ch), das im Griechischen X geschrieben wird, und als zweiter Buchstabe r, das im Griechischen P geschrieben wird. – Das Zeichen P ist also doppelt benutzt: der senkrechte Strich gehört gleichzeitig zum I und zum P!

Die Sch. gestalten das Christusmonogramm kreativ, wobei diese Interpretation zum Tragen kommen soll durch Anordnung, farbliche Gestaltung, räumliche Wahrnehmung o.a. In Zusammenarbeit mit dem Grund- oder Leistungskurs Kunst lassen sich verschiedene Techniken ausprobieren oder kunstgeschichtliche Linien ziehen.

Zwei Balken und zwei Lieder

Gegen eine Verharmlosung des Kreuzesgeschehens selbst als Marter- und Hinrichtungswerkzeug kann man entweder eher sachlich oder mehr emotional einen Kontrapunkt setzen.[3] Insbesondere in rezeptionskritischer Perspektive eignet sich der Film von Mel Gibson *Die Passion Christi* zur Frage, welche Motive und Wirkungen ein solcher Film auf Menschen haben kann (siehe hierzu die kritischen Anmerkungen bei Michael Wermke: Mad Max goes to Golgatha, 2004). Der Film ist in erster Linie und fast ausschließlich die möglichst realistische Darstellung einer endlos gedehnten, blutigen Folter, deren emotionale Wirkung durch filmische Möglichkeiten ausgeschöpft wird. Eine Analyse einiger Stellungnahmen (Internet-Recherche) kann für die Sch. aufzeigen, wie umstritten diese filmische Umsetzung ist und wie mit Religion in der Öffentlichkeit sowie mit religiösen Überzeugungen und Gefühlen umgegangen wird. Als Kontrapunkt eignet sich – trotz seines Alters – das VIDEO *Zwei Balken* (Wetzlar 1990, 30 Min.), das neben einer anschaulichen Erörterung eines Arztes auch zwei Lieder von *Manfred Siebald* bietet. Während das erste Lied („Das kleine Kreuz an deinem Hals") auf die Realität des Kreuzes als Schmuckstück eingeht, präsentiert der zweite Titel („Grablegung") eine einfühlsame musikalische Bildinterpretation des gleichnamigen Gemäldes von Emil Nolde, dessen Ausdruck von Ohnmacht sich mit **M1** hervorragend verbinden lässt. Zugleich zeigt es einen möglichen Zusammenhang von Kreuz und Auferstehung auf und signalisiert hierdurch, dass eine Kreuzbetrachtung stets nur als *Nach*betrachtung möglich ist. Dieses Lied befindet sich auch als Titel 3 auf der CD „Zeitpunkte" (1978) von Manfred Siebald. Eine einfühlsame Meditation zum Gemälde von Emil Nolde bietet **M8**. Der Text eignet sich als Grundlage für eine meditative Bildbetrachtung durch die Lehrkraft oder die Sch. und bietet überraschende Querverweise zwischen Passion, Ostern, Weihnachten, Gegenwart und Zukunft. Eine Postkarte des Gemäldes, die den Sch. in die Hand gegeben werden kann, ist als Karte Nr. 33 bei der Stiftung Seebüll Ada und Emil Nolde (www.nolde-stiftung.de) zu erwerben.

Emil Nolde: Grablegung

Nachgeben

Das vorgezogene Arbeitsblatt **M1** eröffnet die Diskussion über die Grundfrage von Opfer, über vernünftiges Nachgeben und Nachgeben als Opfer. Impuls: Vergleichen Sie die Überschriften. Anschließend liegt der Fokus auf dem Jesaja-Zitat: Wie kann einer für andere Menschen „die Strafe" tragen? Die Sch. suchen Darstellungsformen zum Jesaja-Text (z.B. in Schmuckbibeln mit älterer oder moderner Kunst, in Kunstbildbänden, im Internet unter www.rpi-virtuell.de u.a.). Wo es sich anbietet, wäre eine kirchenraumpädagogische Annäherung an Kruzifixe in der Nähe der Schule eine Abwechslung im Lernzugang.

Eine Spezifizierung der Wahrnehmung von Kreuzesdarstellungen kann durch die Inblicknahme der *geöffneten Arme Christi am Kreuz* erfolgen. Diese haben einen Symbolcharakter, der sich z.B. an dem „Schutzmantelchristus" von Roland Peter Litzenburger 1917-1987) erarbeiten lässt. Weitere Impulse und Informationen sind zu entnehmen aus: Reinhard Hoeps (Hg.): Bild-Konflikte, Paderborn u.a. 2007 (Handbuch der Bildtheologie; 1). Darüber hinaus bieten sich Kinderbibeln als Medium zur Untersuchung von Kreuzesdarstellungen an:

- Was wird gezeigt, was nicht?
- Welche Perspektive wird dem betrachtenden Kind geboten (Kreuz von vorne, von hinten, aus der Ferne, in Auszügen)?
- Wie ist die Anordnung des Kreuzes Jesu zu den anderen beiden Gekreuzigten arrangiert?
- Wie verhalten sich Text und Illustration der Kinderbibel zueinander?

Die Exkursion bzw. Recherche zu Jesus-Illustrationen mündet in ein zuordnendes Sichten:

Jesus Christus herrscht als König
Krippe und Kreuz – Jesus ohne Königsmantel

3 „Unauswechselbar wird das Kreuz Jesu durch die Person dessen, der daran hängt (…). Hier liegt der eigentliche Skandal, der es unmöglich macht, das Kreuz Jesu lediglich als Beispiel universellen menschlichen Leidens zu sehen. In all diesem Elend ist das Kreuz der tiefste Beweis dafür, wie weit Gottes Liebe zu gehen bereit ist. Von dieser Liebe beginnen wir mehr zu ahnen, wenn wir uns das Leiden Jesu vergegenwärtigen, sei es mit Hilfe historischer Anschauungsmaterials oder in der Meditation von Passionsbildern und –Liedern." (Rainer Riesner: Art. „Kreuz/Kreuzigung. Archäologisch", in: GBL 2 (2004), S. 840-842).

Auch Kirchenlieder können übrigens in dieser Weise „sortiert" werden. Oder Sch. suchen für jede „Rubrik" ein besonders eindrückliches Beispiel und stellen es – kommentierend, interpretierend – vor.

Das Fazit der Betrachtung wird mit Arbeitsblatt **M2** erhoben: Wenn König, dann aber „Anti-König" …

Mt 4,1–11:
Jesus in der Wüste

„Dies ist mein lieber Sohn, an dem ich Wohlgefallen habe." Mt 3,17

So steht es über Jesu Leben, bevor er predigend und heilend an die Öffentlichkeit tritt. Vielleicht kann die Taufgeschichte (Mt 3,13–17) zur Erinnerung und Einstimmung vorgelesen werden – unkommentiert – und der oben zitierte Spruch kommt an die Tafel und bleibt dort. Auch wenn der geliebte Sohn gleich darauf wieder „in die Wüste geschickt", vom Geist dem Teufel ausgeliefert wird (Mt 4,1).

In Gruppen erarbeiten die Sch. die drei Versuchungen, jeweils mit folgenden Aufgaben:

- Wie soll die „Versuchung" funktionieren, also: Was ist in den Augen des Teufels das „unwiderstehliche Angebot"?
- Jesus widersteht, weil ihm etwas anderes wichtiger ist – was genau ist das?
- Jetzt übersetzen Sie: Erfinden Sie auf den erarbeiteten Grundlagen eine „moderne" Versuchung und die entsprechende Antwort des heute lebenden „Jesus".
- Gestalten Sie diese Szene als „Drehbuch" so aus, dass Sie sie vorstellen können.

Nach der Würdigung aller Ergebnisse bildet die Erörterung des letzten Satzes der Perikope den Abschluss: Was bedeutet es, dass Jesus nun (erst) „die Engel dienen"?

Die Versuchungsgeschichte bietet besondere Herausforderungen für eine filmische Interpretation. Die Sch. untersuchen die entsprechenden Szenen dreier Jesus-Filme.[4] Bei der Interpretation des Abschnitts durch den Schauspieler Armin Mueller-Stahl im Jesus-Film „Die Bibel: Jesus 1999" (München: Kinowelt, ca. 172 Min) spielt ein tiefrotes Tuch/ein roter Umhang eine wesentliche Rolle mit erheblichem Symbolcharakter. Es lohnt sich, die Sch. eine Erörterung über diese fast fünfminütige Szene verfassen zu lassen.

Lk 8,26-39; Lk 19,1–10:
Jesus macht Menschen zu Menschen

Die Sch. wiederholen die Zachäus-Geschichte und die Geschichte von der Heilung des Geraseners (bzw. lesen sie neu). Die Zusammenfassung/Besprechung geschieht im Vorher-Nachher-Schema: Was für ein Leben führten Zachäus/der Besessene? Was tun sie nach ihrer Begegnung mit Jesus? Sie entwickeln Standbilder, die das Vorher/Nachher deutlich machen. Wie wäre Jesu Anteil an dem Wandel darzustellen?

Die Sch. haben eine Viertelstunde Zeit, um eine eigene „Vorher"-Geschichte zu schreiben. Dann werden die Ergebnisse eingesammelt und neu verteilt. Jeder Sch. bearbeitet also einen ihm fremden Vorher-Text und erfindet dazu Heilung und Nachher. Dann schreibt er (als der Geheilte) einen Dankbrief an Jesus.

Mk 11,1–10; Mk 14,32–42:
Mein Gott, warum …?

„Dies ist mein lieber Sohn, an dem ich Wohlgefallen habe." Mt 3,17 – Es sollte wieder an der Tafel stehen, um das Paradox augenfällig zu machen: Gott macht seinen eigenen Sohn zum Opfer – und greift nicht ein. Ohnmächtiger kann der Mächtige nicht mehr sein – und ohnmächtig stehen auch Lehrer wie Sch. vor diesem Rätsel. Es kann nicht darum gehen, Fragen und Anstöße auszuräumen. Wichtig ist, dass die Sch. das Anstößige wahrnehmen und den Denkimpuls mitnehmen: Alles tun, bloß um Leid zu vermeiden – das ist jedenfalls nicht Gottes bzw. Christi Art. Hier wird das Sperrige des Kreuzes offensichtlich.

Zur Erarbeitung der beiden (beispielhaft) vorgeschlagenen Texte bietet sich die Verfremdung an (**M3** und **M4**). Eine Auswertungsaufgabe für beide Arbeitsblätter könnte sein:

- Lesen Sie das Gedicht zunächst still. Suchen Sie nach Abschnitten, so dass das Gedicht von mehreren laut gelesen werden kann.
- Finden Sie die Sinn tragenden Worte und entfalten Sie sie.
- Wie verändern sich die Konnotationen von „Schweigen" im Lauf des Gedichts?
- Schreiben Sie dem Autor einen fiktiven Brief, in dem Sie ihm schildern, wie sein Gedicht auf Sie wirkt.

4 Siehe nähere Informationen und Impulse bei Thomas Langkau: Filmstar Jesus Christus, Münster 2007.

Zu **M4**:

- Gott, warum hast du mich verlassen?, ruft Jesus am Kreuz. Was ist die Antwort – Die Auferstehung am dritten Tag? Jesu Wirken bis heute? Die Himmelfahrt? Wagen Sie annähernd, eine tröstliche Antwort zu gestalten – ein Gedicht? ein Bild?
- Ist Ihnen die Interpretation hilfreich, wonach Jesus diese Frage gar nicht gestellt, sondern lediglich den Beginn des 22. Psalms zitiert hat, quasi als Ersatz für den gesamten Psalm?

M5 und M6: Was hat Christus uns zu sagen?

Welche Wirkungen entfaltet eine Christologie, wie sie – in Eckpunkten – in den bisher vorgeschlagenen Arbeitsschritten entwickelt (wiederentdeckt) worden ist?

Christologie in anthropologischer Perspektive ist nicht nur eine Frage der Vernunfterkenntnis, sondern auch der Erfahrung. Hieran kann **M5** durch die Beschäftigung mit dem *Lied Amazing Grace* ansetzen, bei dem auch „das Gefühl" eine Rolle spielen darf. Eine erste Annäherung in Form einer zunächst verfremdeten Instrumentalfassung wird bei den Sch. zumindest die Reaktion hervorrufen „Habe ich schon mal gehört." Oder: „Das kommt mir irgendwie bekannt vor." Eine unkonventionelle Instrumentalfassung ist die von Heinrich Taube (1995) vom Zentrum für Kunst und Medientechnologie (Institut für Musik und Akustik. Mehr unter: http://on1.zkm.de/zkm/werke/AmazingGrace).

Ein biographischer und rezeptionsgeschichtlicher Zugang ist möglich über das Buch Steve Turner: Amazing Grace. John Newton und die bewegende Geschichte seines weltbekannten Liedes, Gießen 2007. Auf Grundlage dieses Buches können die Sch. eine Liedentstehungsvariante und die Wirkungsgeschichte des Liedes präsentieren, gegebenenfalls ergänzt durch eigene Ergebnisse aus einer Umfrage, wie groß der Bekanntheitsgrad des Liedes ist und was Menschen heutzutage mit diesem Lied verbinden.

Einen anderen Zugang ermöglicht das Bild *Jesus und Pilatus* von Azariah Mbatha (Bild-Suche unter www.google.de oder www.rpi-virtuell.de). Es entstand bereits 1965 im Kontext der Apartheidspolitik in Südafrika. In stilistisch reduzierter Weise greift es die Polarisierung zwischen Weiß und Schwarz auf und weist auf diesem Hintergrund auf die Bedeutung Jesu und des Kreuzesgeschehens hin. Das Gesicht Jesu, sein Wesen also, ist schwarz-weiß, genau so wie das der Maria. Beide gehören allen Menschen und lassen sich nicht von einer Seite vereinnahmen. Sie fordern vielmehr die Menschen dazu auf, Geschwister zu werden. Pilatus, Symbol für die weltliche Macht, steht dahinter mit schwarzem Gesicht, jedoch einer weißen und einer schwarzen Hand: Handeln und Entscheiden sind nicht im Einklang und wollen es allen Recht machen. Ulrich Bach (Theologe, der seit einer Erkrankung an Kinderlähmung im Rollstuhl sitzt), hat dieses Bild aus seinem ursprünglichen Kontext gelöst. Für ihn drückt es nicht nur die Apartheidstrukturen, sondern generell Eigenschaften/Strukturen menschlichen Denkens aus. Denn die Unterschiede, die es zwischen den Menschen in vielfältigster Form gibt, führen seiner Meinung nach zu Gruppenbildungen und gegenseitiger Missachtung. In diese Realität hinein fordert das Christentum jedoch zu einem Umdenken aus dem Glauben heraus auf.

Um die verschiedenen Ebenen des Bildes zu erschließen, sollten methodisch folgende Aspekte Beachtung finden:

1. Stilles Betrachten, immanente Beschreibung, Deutung im Kontext der Schwarzen Befreiungstheologie;
2. Herauslösen aus diesem Kontext und Verdeutlichen der anthropologischen Grundstrukturen, dabei kreativer Umgang mit eigenen Erfahrungen der Ausgrenzung und Vereinnahmung (Hierzu eignet sich ein Arbeitsblatt, auf dem nur Jesus und Maria sichtbar sind und das durch Zeichnen oder kreatives Schreiben von den Sch. selbst gestaltet werden kann), Auswertung;
3. Vertiefung durch Thematisierung der Frage nach dem perfekten Menschen. Insgesamt sollte bei dem Einsatz dieses Bildes beachtet werden, dass die Grundlagen der Apartheidpolitik und der Schwarzen Befreiungstheologie den Sch. heute nicht mehr vertraut sind. Dies kann jedoch mit einer kurzen Information durch die Lehrkraft ausgeglichen werden, so dass sich die allgemeinen Strukturen den Sch. nicht verschließen.

Kreuz-Spiegel

Das „Sperrige" des Kreuzes und der Sühnevorstellung des Leidens „für mich" lässt sich erfahrbar machen durch eine Spiegelvorrichtung in Kreuzform, in der die Sch. ihr eigenes Spiegelbild im Kreuz wahrnehmen: Am günstigsten ist es, Spiegel-Kacheln auf ein Brett in Kreuzform anzuordnen. Die Sch. können sich davor stellen und/oder fotografieren lassen. Günstig ist es, währenddessen leise Hintergrundmusik vorzuspielen. Anschließend sollen die Sch. aufschreiben, was ihnen beim Betrachten im Kreuz-Spiegel durch den Kopf gegangen ist. Wo man selbst keine Vorrichtung einrichten konnte, lässt sich auch eine Spiegelfolien-Karte einsetzen und fragen: Was geht Ihnen beim Betrachten des Fotos durch den Kopf? Je nach religiösem Hintergrund der Sch. ließen sich verschiedene Fragen und Gedanken zur Sprache bringen (evtl. auch eine Diskussion über diese Fragen und Gedanken selbst!):

- Sieht, wer auf das Kreuz schaut, auch immer sich selbst?
- Wenn es heißt, dass Jesus dort *meinetwegen* am Kreuz gehangen hat, müsste dann *ich* dort hängen?
- Im Spiegel des Kreuzes sehe ich mich, wie ich wirklich bin …
- Im Spiegel des Kreuzes halte ich mich aus …
- Im Spiegel des Kreuzes begegne ich mir selbst …

Einen Schritt weiter geht der Künstler Wolfgang Seehaus, der ein Spiegel-Kreuz mit dem Titel „Ich – zerbrochen in der Tiefe, gehalten durch das Kreuz“ geschaffen hat. Das Kreuz besteht aus zahllosen zerbrochenen Spiegeln, so dass man sich nur einschließlich der „Zerbruchspuren“ betrachten kann. Dies kann mit den Sch. erarbeitet werden unter der Fragestellung, inwieweit das Zerbrochene mit zum Leben gehört und wie der Titel des Kunstwerks zu deuten ist. Eine Spiegelfolien-Karte dieses Kunstwerks (für einen meditativen Einstieg, eine konkrete Betrachtung oder auch einen Schulgottesdienst) gibt es günstig beim Gottesdienstinstitut in Nürnberg unter folgendem Link:

https://www.gottesdienstinstitut.org/katalog/product_info.php?products_id=536&osCsid=b30626a771991ea28e6bf1f9d5baaa48

Gekreuzigter

Anhand des Arbeitsblattes **M6** ist mit den Sch. die (An)Frage zu erörtern, ob es automatisch zur Weltflucht führt (und von deren Problemen und Herausforderungen ablenkt), wenn in christlicher Spiritualität und Theologie das Kreuz in die Mitte gerückt wird? Das Lied „Gekreuzigter“ befindet sich als Titel Nr. 11 auf der CD „Spuren“ von Manfred Siebald (1988) und hat einen meditativ-fragenden Charakter. Es bietet sich einerseits eine Gedichtinterpretation anhand des Arbeitsblattes an oder auch ein kreativer Umgang mit dem Text, indem zu den einzelnen Strophen eine Collage erstellt wird. Zu fragen wäre u.a. nach dem Zusammenhang von Ostern und Karfreitag und Heute, wie er im Lied angesprochen wird.

Des Königs Geschenke

M2

Der Titel des Arbeitsblatts ist zweideutig: Geschenk für den König?/Geschenk vom König? Füllen Sie inhaltlich: Was hätte Herodes zu bekommen/zu geben, was Jesus?

Lesen Sie das titellose Gedicht und markieren Sie Sätze und Formulierungen, die Ihnen auffallen. Fügen Sie diese zu einer neuen Textgestalt zusammen, die Sie in das „Geschenk“ schreiben können.

Es mag die weisen Gelehrten gewundert haben,
dass der König Herodes sie vom Hof entließ
und in den unbedeutenden Ort Bethlehem schickt.
Aber sie gehen unbeirrt
und folgen ihrem strahlenden Stern,
bis er über einem glanzlosen Haus stehen bleibt,
in dem sie das Kind und seine Mutter Maria finden.
Hier breiten sie ihre Gastgeschenke aus,
die sie am Hof des Königs Herodes nicht auspackten.
Sie sind am Ziel.
Dann gehen sie wieder in ihr Land zurück.
Seitdem sie gefunden haben, hat sich ihr Weg geändert,
den ihnen schlafend ein Traum vorzeichnete.
Herodes mag sich selbst auf den Weg machen.
Sie haben ein Kind gefunden,
einen König der Juden ohne schimmernde Macht,
der Unmenschliches nicht dulden wird.
Nur einmal wird Jesus
König der Juden genannt werden,
wenn er sterbend Unmenschliches aushält.

Kurt Wolff
Aus: Berg, Sigrid / Berg, Horst-Klaus (Hg.): Bibeltexte verfremdet.
Bd. 1: Wege nach Golgatha, Stuttgart 1989. © Calwer Verlag

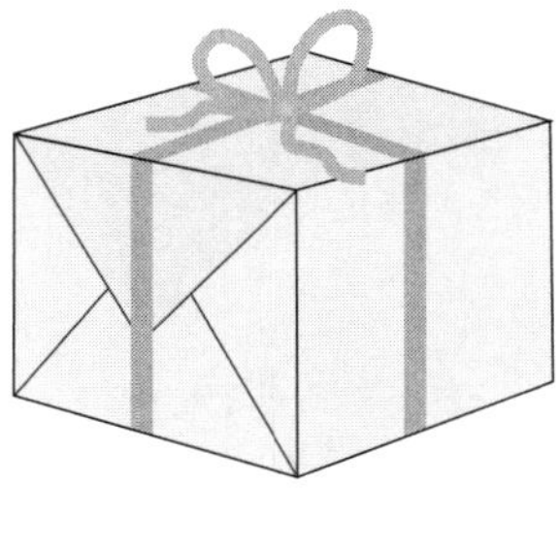

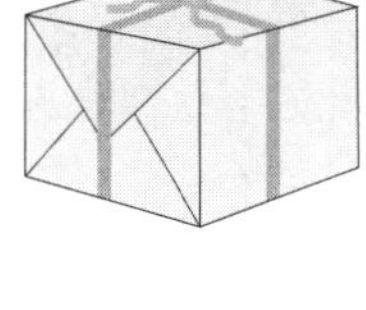

M3 Der Esel

Der Esel, so hörte ich, schämt sich, dass er ihn trug.
Er schämt sich des Einzugs in Jerusalem,
weil auf das Hosianna! das Kreuzige! folgte.
Also sei, der durch das Hosianna ihn trug,
sagt er, zugleich des Kreuzige Anfang.

O, ist nicht ein Esel der Esel, da er so
kleiner Ursache wegen sich schämt, und
ich, der Mensch, der schrie, der beides
schrie: Hosianna! schrie und: Kreuzige!
schäme mich nicht?

Rudolf Otto Wiemer

In diesem Graffito mit seinen Zeilen („Spottkruzifix vom Palatin") ist weder der Esel noch der Mensch der „Esel", sondern ...? Angenommen, der Urheber würde nach dem Sinn und der Absicht des Bildes gefragt: Was antwortet er?

Lesen Sie das Gedicht laut, Wort für Wort, möglichst ausdrucksstark. Sie können sich in der Gruppe besprechen: Was soll wie betont werden?

Wofür steht das Symbol Esel? Erarbeiten Sie das Sprachfeld.

Wofür stehen „Hosianna" und „Kreuzige"? Vergegenwärtigen Sie sich die Passionsgeschichte und füllen Sie die beiden Rufe: Das „Hosianna" mit Hoffnungen, das „Kreuzige" mit Ängsten.

Gethsemane

M4

Nächte des Schweigens.
Stimmen hallen in endlosem Raum.
Ein Schweigen des Menschen und ein Schweigen Gottes.
Vielleicht ist dies die menschliche Stimme unserer Zeit.
Wer versteht sie? Wie macht sie sich verständlich?
Und wenn sie redet, was sagt sie dann?
Herr, du hast diese Stunde bei deinem geliebten Vater verbracht.
Warum hast du diese Art Leben gewollt?
Warum hast du gebetet? Bist du nicht etwa Gott?
Um was hast du gebetet? Warum hast du deinen Freunden
nicht von deinen Begegnungen in dunklen und finsteren Nächten erzählt?
Zurückgezogen auf einen schönen und wie alle Schönheit schlichten Berg,
hast du deinen Vater um Frieden und Sinngebung gebeten
für deinen Auftrag,
für dein Leiden,
für deine Einsamkeit.
Manchmal, wenn ich dir begegne, treffe ich dich allein an.
Unverstanden. Verlassen.
Mein Vater, mein Vater, warum hast du mich verlassen?
Herr, hat dein Vater dich wirklich verlassen?
Was mich angeht, bin ich allein.
In einer Welt, von der ich nicht weiß, was sie für eine Welt ist,
Vielleicht eine Welt der Ungewissheit, aber auch der Hoffnung,
dich eines Tages von Angesicht zu Angesicht zu sehen.
Wie gerne möchte ich dich sehen und dich einfach fragen:
Was willst du von mir?
Hast du mich nicht ins Leben gerufen?
Aber warum lässt du mich im Stich?
Oder bin ich für deine Stimme schon taub geworden?
Stimmen des Schweigens,
Stimmen des Schmerzes,
Stimmen des Leidens, in das sich deine Art,
mir voranzugehen, mischt.
Was ist das Wort deines Schweigens?
Meines – das weißt du genau –
versteh ich selbst nicht einmal.
Nimm deinen Geist nicht von mir,
er darf sich nicht von mir entfernen.
Lass mich dich sehen!
Zeig mir dein Antlitz,
damit ich mich von deinen Armen getragen fühle
und dein Wiegenlied höre, wie ein Kind, das sich ganz
deinen tröstenden und Frieden stiftenden Armen anvertraut.
Tito de Alencar Lima

Aus: Berg, Sigrid/Berg, Horst-Klaus (Hg.): Bibeltexte verfremdet. Bd. 1:
Wege nach Golgatha, Stuttgart 1989.

M5 Amazing grace – verblüffende Gnade

Eines der berühmtesten und beliebtesten christlichen Lieder ist „Amazing grace". Sowohl die Melodie als auch den Text empfinden viele Menschen als sehr anrührend.

John Newton (1725-1807) dichtete die Zeilen nach der Rettung aus einem heftigen Sturm, in den er am 10. Mai 1748 als berüchtigter Kapitän mit seinem brüchigen Sklavenschiff vor Neufundland geraten war. Seine Einstellung zu und Behandlung der Sklaven veränderte sich in der darauffolgenden Zeit. Schließlich gab er den Beruf des Kapitäns auf und wurde ein Geistlicher, der sich mit Lord William Wilberforce für die Beendigung des Sklavenhandels einsetzte. Auf dem Grabstein des Pfarrers und Dichters ist zu lesen:

John Newton, Pfarrer, einst ungläubig und liederlich, im Dienst der Sklaverei in Afrika, wurde durch die reiche Gnade des Herrn und Retters Jesus Christus gerettet und erneuert. Als einer, dem Gott vergeben hatte, wurde er berufen, den Glauben zu predigen, den er zuvor lange zu zerstören getrachtet hatte.

In der sog. „freien Enzyklopädie" unter www.wikipedia.org, Eintrag „Amazing Grace" finden Sie Informationen zu Melodie, Text und Wirkung.

Es gibt verschiedene Möglichkeiten, das Titelwort „Amazing" zu übersetzen:

- unbegreiflich
- verblüffend
- staunenswert
- überwältigend
- erstaunlich

Reiner Andreas Neuschäfer, 2008

Welche Übersetzung passt Ihrer Meinung nach am ehesten zum gesamten (!) Lied?

Finden Sie eine zum Lied passende Umschreibung des Wortes „Gnade", achten Sie dabei auch auf die Anlehnungen des Textes an biblische Formulierungen (z.B. Eph. 2,8)!

Machen Sie eine Umfrage zum Bekanntheitsgrad des Liedes (Text und/oder Melodie) an Ihrer Schule bzw. in Ihrem Bekanntenkreis!

Nehmen Sie Stellung zu der Behauptung: „Das Lied hätte niemals soviel Anklang bei den Menschen, wenn sie von der Bedeutung des Textes Ahnung hätten!"

Vergleichen Sie die zumeist bekannte Melodie (New Britain) mit der 1958 in Kentucky entstandenen zweiten Melodie (Old Regular Baptist) auf ihre emotionale Wirkung und ihre Stimmigkeit mit dem Text. Probieren Sie – evtl. mit Unterstützung Ihrer Musiklehrkraft – den für Vokaltrios konzipierten Satz des „Amazing Grace" in der Fassung des Gesangbuchs „Southern Harmony"!

Vergleichen Sie die Textfassung von Renate Wagner (auf der CD von Siegfried Fietz: „Jerusalem. Zwischen Hoffnung und Vollendung", Asslar 1972/2005) mit dem Originaltext! Wo sehen Sie den Sinn verändernde Eingriffe?

Gekreuzigter

M6

Sie sagen mir, wer auf dich schaut, der verliert den Blick für die Welt,
für die Menschen in ihren Leiden und ihrer Not.
Als wärst du nicht voller Wunden, nicht geschlagen und nicht gequält,
und als risse die Schuld der Welt dich nicht in den Tod.

Gekreuzigter,
wo ist ein Leid, dessen Spur ich nicht sähe in deinem Gesicht?
Doch ich seh so viel mehr noch an dir, und du tauchst mir die Welt in ein anderes Licht.

Ich sah all die fernen Bilder voll von Kriegen und Tyrannei,
und Gemeinheit sah ich, und Unrecht vor meiner Tür.
Im Zorn ballte ich die Fäuste, doch ich merkte schon bald dabei:
das, wogegen ich kämpfte, steckte doch auch in mir.

Gekreuzigter,
du trägst die Spuren an dir von Gewalt und von Folter und Schwert,
doch ich seh auch die Liebe in deinem Gesicht, die den Haß und die Bosheit verzehrt.

Ich suchte das Leid der Menschen, und ich fand es um mich herum:
Ich sah Kranke sich krümmen, Sterbende von mir gehen.
Ich habe gebangt mit ihnen, aber irgendwann war ich stumm.
Konnte ich denn die trösten, die vor dem Tode stehn?

Gekreuzigter,
ich seh an dir unsern Schmerz, und ich ahne vor dir unser Grab.
Doch ich sehe auch den, der vom Tod auferstand und uns Hoffnung und Zuversicht gab.

Sie sagen mir, wer auf dich schaut, der muß blind für die Erde sein,
doch noch nirgendwo anders sah ich die Welt so klar.
Du lässt mich das Elend sehen, und mit dir wag ich mich hinein,
um zu lieben, wo ohne dich nichts zu hoffen war.

Auferstandener,
alles ist neu seit dem Tag, als der Tod fliehen musste vor dir.
Und nun gehe ich hier in das Leid, doch ich trag deine Liebe und Hoffnung mit mir.

Manfred Siebald, 1988

Analysieren Sie dieses Lied nach Text und Struktur insbesondere im Hinblick auf die Adressaten, an die bzw. gegen die sich der Autor wendet!

M7 Emil Noldes Grablegung Christi von 1915. Eine Meditation

Emil Nolde hat die Grablegung Christi 1915 gemalt. Ein Bild, aufgebaut aus Gelb und beherrschendem Blau. Das leichte Silberblau und das gelbliche Gold erzeugen ein einheitliches kühles Farblicht, das einen unirdischen Schein über die Szene legt. Joseph von Arimathia links und Maria, die Mutter Jesu, rechts, halten den Leichnam Christi in der Grabeshöhle und wollen ihn in das Grab betten. Zwischen dem Kopf des Joseph und Christi Leidensantlitz erscheint Johannes mit einem in warmen Rottönen dargestellten Gesicht.

Joseph von Arimathias Gewand ist mit dunklem Blau gemalt. Er hält Christi Füße mit den deutlich sichtbaren, in Rot und Schwarz gemalten Nägelwunden in den Händen und hat sich tief herabgebeugt. Sein Haar und Bart sind schlohweiß. Josephs Gesicht ist mit dunklen Ockertönen gestaltet und seine Augen sind weit aufgerissen. Sie starren ins Unendliche – so, als ob Joseph diesen Tod noch immer nicht begreifen kann.

Johannes, der Jünger Jesu, ist mit warmen Rottönen gemalt. Die Augen sind vor Schmerz geschlossen und sein Gesicht wirkt wie eine Leidensmaske. Der Mund ist zum Zeichen des Schmerzes und der Klage geöffnet. Und dennoch drückt das Rot dieses Gesichtes im Gegenüber zum fahlen Gelb des Leichnams Christi Wärme und Leben aus. Johannes hat die rechte Hand Christi mit der seinen umklammert. Eine Geste voller Verzweiflung. Fast scheint Johannes damit den leblosen Arm Christi zu zerbrechen, so intensiv umklammert er ihn.

Christus selbst ist in fahlem Gelb gehalten. Das umgebende Blau hüllt seinen Körper ein wie eine Schale ihren kostbaren Kern. In der Hülle des Blau sammelt Christi Leib trotz der fahlen Farbe das hellste Licht des ganzen Bildes auf sich. Die Augen Christi sind bereits geschlossen. Ein noch im Tod hoheitsvolles Gesicht, das dennoch in den senkrechten schwarzen Linien über der Nase die Spuren des durchlittenen Todeskampfes zeigt. Das lange schwarze Haar rahmt sein Gesicht und hebt sich vom zerbrechlich wirkenden und ausgemergelten Körper ab. Der Kopf ist in die Arme seiner Mutter gesunken. Zwischen den Armen und dem Schoß der Maria erscheint die Seitenwunde Christi in leuchtendem Rot. Sie ist der Zielpunkt des gesamten Bildaufbaus. Das helle Blau des Gewandes der Maria im Gegenüber zum fahlen Goldgelb des Körpers Christi und die Formen der Christus umgebenden Personen führen das Auge immer wieder auf die rot gemalte Seitenwunde Christi hin.

Maria, die Mutter Jesu, hat ihr Gesicht von uns abgewendet. Sie hockt auf dem Boden und hat ihre Füße gespreizt. Mit ihren Armen und mit dem Gesicht umschließt sie den Kopf ihres toten Sohnes, den sie eng an ihr Gesicht gedrückt hat. Christi ausgemergelter toter Körper ruht in ihrem Schoß. Fast scheint es, als wolle sie ihn wieder in sich hineinholen, zurück in den Mutterleib.

Marias Gesicht ist nicht zu sehen. Das ist einer der Unterschiede, die Emil Nolde hier im Gegensatz zu den vertrauten Bildern der Grablegung und der Beweinung Christi ausgeführt hat. Emil Nolde hat es nicht gewagt, das Gesicht der Maria zu zeigen. Ihr Schmerz, so will er uns damit zeigen, ist nicht von Angesicht zu Angesicht zu gestalten. Der Schmerz Marias ist nur zu erahnen. Er ist an ihrer Haltung und an ihrem Körper ebenso wie an dem leuchtenden Blau ihres Gewandes abzulesen.

Maria hockt auf ganz eigenartige Weise mit auseinandergespreizten Beinen auf dem Boden und drückt den Leichnam Christi in ihren Schoß. Emil Nolde hat mit dieser ungewöhnlichen Körperhaltung der Maria einen Hinweis auf die Geburt mit in seine Grablegung einbezogen. Ein Jahr vor seiner Grablegung hatte Emil Nolde als Teilnehmer einer wissenschaftlichen Expedition das Verhalten der Naturvölker in der Südsee studiert. Er greift hier in der Körperhaltung der Maria auf die urbildliche Gebärstellung dieser Naturvölker zurück und wählt für seine Maria die Haltung einer Frau, die ihr Kind auf ganz natürliche Weise auf dem Boden hockend mit auseinandergespreizten Beinen zur Welt bringt.

Emil Nolde wagt damit etwas Ungeheuerliches. Er stellt Maria mit ihrem toten Sohn im Schoß als Gebärende dar. Der erste Schrei in Bethlehem und der letzte Schrei in Golgatha fallen damit in eins, gehören zusammen und sind die Brennpunkte der göttlichen Heilsgeschichte. Jesus und seine

Mutter Maria waren für den Maler Emil Nolde ein ganz persönlich gefülltes Motiv. Im Gegensatz zum Vater hatte Emil Nolde zu seiner eigenen Mutter eine sehr enge und intensive Beziehung. Sie war es, die sein Leben und vor allem sein Selbstverständnis als Künstler aufs Eindrücklichste geprägt hatte. So hat Emil Nolde es nie gewagt, seine Mutter auf einem Bild darzustellen. Nur in seinen zahlreichen Blumenbildern wirkt die Erinnerung an die 1902 verstorbene geliebte Mutter nach, die in den kindlichen Erinnerungen des Malers stets mit ihrem Blumengarten verbunden bleibt. Aufgrund der engen Beziehung zur eigenen Mutter kann Emil Nolde das in der Grablegung Christi Darzustellende aufs Engste nachempfinden. Er kann den Schmerz der Maria um den toten Sohn in seinem Inneren mit nachvollziehen und dieser Schmerz wird dabei so intensiv, dass Emil Nolde Maria hier wie seine eigene Mutter nicht von Angesicht zu Angesicht, sondern nur abgewendet zeigen kann. Aber er zeigt Maria in leuchtenden Farben, in einem hellen himmlischen Blau – so, wie er auf seinen Blumenbildern die Erinnerung an die eigene Mutter sich wach hält und gestaltet.

Emil Noldes biblische Bilder sind innere Bilder. Es sind frühe Bildeindrücke, die der Maler als Kind beim intensiven Lesen in der Heiligen Schrift bereits vor Augen stehen hatte. Und es sind Bilder, die erst drei Jahrzehnte später beim reifen Mann aus der Erinnerung auftauchen und dann auf der Leinwand Gestalt und vor allem Farbe annehmen. Darin liegt auch das Besondere der Grablegung. Es sind Bilder, die nach Innen führen. Deshalb strahlen Emil Noldes Farben heilende Kräfte aus. Emil Nolde hat in diesen inneren biblischen Bildern sein eigenes Leben und seine Konflikte verarbeitet. Er hat dies vollzogen, indem er sein Leben und seinen Schmerz in Einklang gebracht hat mit Christus und mit seinem Leben. An diesem heilenden inneren Prozess des Künstlers lassen uns seine Bilder teilnehmen. Emil Nolde hat in der Grablegung Christi das Aushalten der Spannung zwischen Leben und Tod gestaltet. Die Spannung zwischen dem Anteil der Christen an Gottes neuer Welt ohne Sterben und Tod und zwischen unserer Todesverfallenheit, die wir täglich spüren und erleben.

Aber Emil Nolde zeigt in diesem Bild auch Wege auf, diese Spannung aufzulösen. Einmal geschieht das durch die Farben. So sammelt der fahlgelbe Leichnam Christi, der in den Blautönen der Gewänder Josephs und Marias geborgen wird, alles Licht des Bildes auf sich und birgt damit bereits das Licht des kommenden Ostermorgens in sich. Zum Anderen ist für die Überwindung der Spannung zwischen Leben und Tod das Bild der gebärenden Mutter mit dem toten Sohn im Schoß aufschlussreich. Emil Nolde mutet zunächst einmal zu, die Spannung des Lebens zwischen Geburt und Tod auszuhalten. Beide entscheidenden Lebensstationen fallen für ihn hier zusammen. Zugleich jedoch ist die gebärende Maria mit dem toten Sohn ein Bild für das, was die Tradition unter Wiedergeburt versteht. Ein Hinweis, dass die Auferweckung Christi mit einer Geburt zu vergleichen ist. Dass der tote Leib Christi das neue Leben bereits in sich trägt wie ein Kind im Leib der Mutter heranreift.

Emil Noldes biblische Bilder weisen über das Dargestellte hinaus. Sie sind mehr als Abbildungen eines biblischen Geschehens. Es sind aus dem Inneren der Seele entstammende Bilder. In diesem Ursprung liegt ihre Kraft. Durch diese Bilder werden tiefe Geheimnisse des Glaubens anschaulich in Farbe und Form umgesetzt. Wir sind eingeladen, uns mit in diese inneren Bilder Emil Noldes hineinzuversenken – um so ebenfalls Anteil am Geheimnis des Lebens in Christus zu bekommen.

Klaus Raschzok, 2008
Aus: Emil Noldes Grablegung Christi von 1915. Eine Meditation, in: Kirche und Kunst 65./1987 (Heft 2), S. 34-36

VII. Der Cherub steht nicht mehr dafür? Auf dem Weg zu Glück und Segen

Bothos Mutter

M1

Roland fragte in der Pause, ob Botho mitkomme ins Freibad, und Botho antwortete: „Ich weiß nicht, ob ich kommen kann." „Warum weißt du das nicht?", fragte Roland. „Hast du keine Lust, oder was?" „Es ist wegen meiner Mutter", antwortete Botho. „Sie ist krank. Ich kann sie nicht allein lassen." „Hat sie Grippe, oder was?", fragte Roland. „Nein, es ist anders", sagte Botho. „Wie denn anders?" Botho zögerte mit der Antwort. „Sie ist anders", sagte er schließlich.

Roland hatte keine Lust, noch einmal vergeblich auf Botho zu warten. Er würde jetzt einfach zu Bothos Wohnung gehen, ihn herausklingeln und mitnehmen. (...) In der Talstraße war der Gehweg mit großen quadratischen Steinplatten belegt. Die dunklen Ritzen zwischen den hellen Vierecken bildeten ein gitterförmiges Strichmuster. Roland ging mit großen Schritten und setzte den Fuß immer genau in die Mitte der Platten. *Wenn ich es schaffe, bis zu Bothos Wohnung zu kommen, ohne ein einziges Mal auf den Strich zu treten, bedeutet das Glück. Wenn ich es schaffe, kein einziges Mal auf den Strich zu treten, ist Bothos Mutter gesund.*

Die nächsten Platten waren in der Mitte gebrochen. Schräg über die Platten lief ein dunkler Riss. Roland blieb unschlüssig stehen. *Wenn ich auf diese Platten trete, trete ich auf einen Strich. Aber ein Riss gilt nicht als Strich. Oder doch? Gilt das dann als Fehler?*... Entschlossen ging er weiter, trat schnell in die Mitte der gesprungenen Platten, ohne die dunklen Risse zu beachten, und holte tief Luft, als er die zehnte erreicht hatte.

Es dauerte eine ganze Weile, bis er von drinnen zögernde Schritte hörte. Dann öffnete sich die Tür einen kleinen Spalt und Botho schaute heraus. „Was willst du denn hier?", fragte Botho. Es sah so aus, als ob er die Tür gleich wieder schließen wollte. Roland stellte seinen Fuß in den Türspalt und sagte: „Hallo, Botho ..." (...) „Was ist denn los? Was habe ich dir getan?", fragte Roland und drängte sich an Botho vorbei in den Flur. „Frau Helmbrecht, ich bin's, Roland!", rief er von dort. „Darf Botho mit ins Freibad?" Er lauschte und auch Botho schien aufmerksam zu lauschen. Es kam keine Antwort. „Sie ist im Wohnzimmer", sagte Botho leise. (...) „Rede mit ihr. Vielleicht ist sie bei dir ja anders." (...)

„Es hat keinen Zweck. Sie will uns nicht hören", sagte Botho. (...) „Sie will nur sitzen und vor sich hingucken. Nur sitzen und gucken!" „Warum macht sie das?", fragte Roland. „Warum!", wiederholte Botho ärgerlich. „Weil sie krank ist. Hab ich dir doch gestern schon gesagt. Und jetzt geh wieder. Und wehe, du erzählst den anderen aus der Klasse was davon!" Er nahm Roland am Arm, zerrte ihn durch den Flur und schubste ihn aus der Haustür.

Einen kurzen Augenblick stand Roland unschlüssig vor der verschlossenen Tür. Dann nahm er die Badetasche vom Boden auf, drehte sich um und ging. *Der Spalt in der Platte hat also doch als Strich gegolten. Ich hätte nicht auf diesen Strich treten dürfen. Es war ein Fehler. Ich bin auf einen Strich getreten und Bothos Mutter ist immer noch krank. Ich bin selbst schuld, wenn ich nun ohne Botho ins Freibad gehen muss. Aber wie hätte ich das mit dem Strich auch vorher wissen können!*

Paul Maar
Aus: Paul Maar: Große Schwester, fremder Bruder, 2. Aufl. Hamburg 2004, S. 100-107 i.A. © Verlag Friedrich Oettinger, Hamburg 2004

Theologisch-didaktische Aspekte

Was wünschen sich Menschen, die es gut miteinander meinen, zu Geburtstagen und anderen besonderen Anlässen?

Viel Glück und viel Segen auf all deinen Wegen,
Gesundheit und Wohlstand
(bzw. Frohsinn oder Freude)
sei auch mit dabei.

Ich wünsche dir
einen wolkenlosen Himmel
den Duft der schönsten Blumen
ein Lied
ein Lachen
einen Wunsch, der in Erfüllung geht,
einfach alles, das dir Freude schenkt
und dich rundum glücklich macht!

Heil sein, an Seele und Körper, das ist, bei unterschiedlicher Füllung, der gemeinsame Nenner – an Geburtstagen und auch an Silvester, wenn Zettel mit guten Wünschen aus den geknackten Glückskeksen gezogen werden. Kurz ist der Weg von solchen Wünschen und Hoffnungen zu Paradies-Sehnsüchten: Ein Leben ohne Mühen, ohne Einschränkungen, vollkommen und makellos. Dazu passend die Menschen: – jung, schön, erfolgreich, Traumfiguren, Traumkarrieren. Hochglanz.

Kann jemand glücklich sein, der diesem Ideal nicht entspricht? Kann auch auf einem Leben ein Segen liegen, das nicht von Uneingeschränktheit und Vollkommenheit geprägt ist? Kranke, Alte, Menschen, die Ziele nicht erreichen, ihren eigenen und fremden Vorstellungen nicht zu genügen scheinen, die nicht gewinnen, – die schon verloren haben? Schließen Schmerz und Segen sich aus?

Insbesondere für das Alte Testament ist das Erleben wie auch das Ausbleiben von Glück durchweg auf Gott zurückzuführen (Gen 39,2; Dtn 28,29; 2 Chr 31,21; Jer 22,30). Das Glück des Gottlosen (Ps 37; Ps 73) und das Unglück des Glaubenden (Hiob) bricht daher als besonders herausfordernde Lebensfrage auf und erschüttert schnelle Antworten oder eine statische Vergeltungslehre.[1]

Biblisch gesprochen ist das Paradies verloren, ja, verworfen durch die Menschen selbst, die so viel Vollkommenheit nicht ertrugen. So müssen sie alle damit leben, *jenseits* der Vollkommenheit zu sein, gebrochene Existenzen, schuldig, bedürftig, angewiesen auf den Halt und Zuspruch eines Höheren. Dass das auch und gerade für die Reichen und Mächtigen, für die scheinbar so Glanzvollen gilt – ein Blick in die Regenbogenpresse macht es deutlich.

Zwei Wege gibt es, um Glück und Segen zu suchen jenseits von Eden:

- Das verzweifelte Mühen, aus eigener Kraft zurückzugewinnen, was nicht mehr gegeben und geschenkt ist. Selbstgemachtes Glück – wie der Prediger sagt: Haschen nach Wind.
- Oder aber: sich Glücksmomente schenken lassen, flüchtige, unvollkommene, wie sie bisweilen von Eden herüberwehen. *Sollt ich zum Augenblicke sagen: Verweile doch, du bist so schön* ... (Wobei Faust den Spagat versucht – Er weiß, dass Glück geschenkt sein muss, und will es doch erkaufen – und daran scheitert). Das dankbare Bewahren solcher Glücksmomente kann dazu führen, dass man im Rückblick auf „Freud und Leid" sagen kann: Es war ein gutes, erfülltes, gesegnetes Leben.

Biblische Gestalten sind von Gott gesegnet und durchleiden doch Höhen und Tiefen, gehen Umwege, erleben Enttäuschungen, versagen. Das stellt nicht den Segen in Frage, sondern bedeutet realistisch: Anders ist Leben jenseits von Eden nicht zu haben. Das Glücklichste, was sich über ein Leben im Rückblick sagen lässt: *Er starb alt und lebenssatt.* Lebenssatt – das umfasst Erfahrungen jeglicher Qualität.

Gewiss ist das Ideal der Vollkommenheit auch der Bibel nicht fremd: Wie wunderbar sorglos ist Hiobs Leben, bevor der Teufel auf den Plan tritt! Und doch ist es am Ende der kranke, verzweifelte, einsame Hiob, der Gott dazu bringt, sich mit ihm auseinanderzusetzen, ernsthaft und voll Leidenschaft.

In Jesu Augen sind die, die sich – aus eigener Kraft – für glücklich halten, von vornherein der Selbsttäuschung überführt (man denke an den reichen Kornbauern); aber die, die sich für verloren halten, denen verheißt er Fülle (Mt 5) – Reich Gottes, gewissermaßen ein wiedergewonnenes, neues Eden. Ein Vorgeschmack ist mit Jesus, dem geliebten Sohn Gottes, auf die Erde gekommen. Die letzte Erfüllung steht bis heute aus. Doch gerade im Neuen Testament erhält das Glücklichsein noch eine andere Dimension, für die der Glaube an Jesus Christus als konstitutiv vorgestellt wird: Glück-

1 Siehe ausführlich Hanne Leewe/Reiner Andreas Neuschäfer: Ich hatte von dir nur vom Hörensagen vernommen. Gottesbilder. Unterrichtsentwürfe und Arbeitsvorschläge für die Sekundarstufe II, Göttingen 2005, S. 63-72.

lich ist, wer Jesus Christus nicht verleugnet, sondern bekennt (Mt 16,17); wer nicht nur als hörender, sondern auch als tätiger Mensch auf das Evangelium reagiert (Joh 13,17; Jak 1,25); wer eine Anfechtung des Glaubens erduldet (Jak 1,12); wer ohne zu sehen glaubt (Joh 20,29) und wer als glaubender Mensch gestorben ist (Offb 14,13). Hier wird eine andere Perspektive eingenommen und kommt letztlich die Relativierung menschlicher Vorstellungen zu Glück, Leid und Unglück zum Tragen.

Bis dahin: „Lass dir an meiner Gnade genügen; denn meine Kraft ist in den Schwachen mächtig", sagt Gott seinem Apostel (2 Kor 12,9). Und Jesus sagt: „Nimm dein Kreuz und folge mir nach." Er sagt nicht: „Wirf es weg." – Aber wiederum heißt es auch, dass ihm selbst auf dem Weg nach Golgatha sein Kreuz zu schwer wurde. Ein Stück weit hat Simon von Kyrene es ihm abgenommen.

Im weltlichen Umfeld ist das „Haschen nach Wind", das Streben nach Perfektion, nicht erst neuerdings verbreitet. Die Philosophien haben auf der Suche nach Vollkommenheit von Eudaimonia bis Nirwana, von Deontologie bis Utilitarismus viele Konzepte entwickelt. Die Triebfeder politischer Ideologien, gesellschaftlicher Utopien, des Fortschritts in Geistes- wie Naturwissenschaften ist, *dass es den Menschen besser gehe*.

Im Religionsunterricht erfahren die Sch., dass es richtig ist, sich nicht zu früh zufrieden zu geben. Dass es aber christlich nicht sachgemäß und eine Überforderung wäre, selbst Vollkommenheit herstellen zu wollen – und eine Unbarmherzigkeit grausamster Art, anderen, scheinbar Unvollkommeneren, abzusprechen, dass sie, jenseits von Eden, ihr Leben gern, bewusst und dankbar leben. An der Pforte des Paradieses stehen alle Menschen *gemeinsam*: voller Sehnsucht auf Erfüllung, die nicht nur verloren, sondern auch – als Geschenk – neu verheißen ist (siehe auch das Gedicht „Christen und Heiden" von Dietrich Bonhoeffer, das in den Satz mündet: „und vergibt ihnen beiden!".

Intentionen und Kompetenzen

- Die Sch. lernen verschiedene Konzepte von „Glück" kennen.
- Sie setzen sich mit der allgemein menschlichen Erfahrung auseinander, dass Glück nichts ist, das man erwerben, messen oder festhalten kann.
- Sie vergleichen ihre Erwartungen an ein erfülltes Leben mit anderen und entdecken, wie sich die Träume von Glück unterscheiden.
- Sie stellen den Anspruch der Vollkommenheit für die Welt, wie sie ist, in Frage.
- Sie entdecken, dass der gläubige Mensch sich auch in seiner Unvollkommenheit von Gott gesegnet weiß.
- Sie erfahren, dass vor Gott gerade die vermeintlich Schwachen, Verlorenen, Zu-kurz-Gekommenen Ansehen und Würde haben.

Literatur und Medien

Bergold, Ralph u.a. (Hg.): Ich bin so frei ... Zur Aktualität des christlichen Freiheitsverständnisses, Loccum 1995

Böhm, Uwe: Wertorientierungen in Daily Soaps, in: Glaube und Lernen 22./2007 (Heft 2), S. 168-178

Bubmann, Peter/Landgraf, Michael (Hg.): Musik in Schule und Gemeinde. Grundlagen – Methoden – Ideen. Ein Handbuch für die religionspädagogische Praxis, Stuttgart 2006

Bunners, Christian: Paul Gerhardt. Weg – Werk – Wirkung, Göttingen 2006

Deichgräber, Reinhard: Nichts nimmt mir meinen Mut. Paul Gerhardt als Meister christlicher Lebenskunst, Göttingen 2006

Frey, Christofer: Arbeitsbuch Anthropologie, Stuttgart 1986 (allgemeine Einführung).

Hausmann, Jutta: Wegweisung zu gelingendem Leben., in: Elsenbast, Volker u.a. (Hg.): Die Bibel als Buch der Bildung, Wien 2004, S. 119-129

Kliemann, Peter/Reinert, Andreas (Hrsg.): Thema Mensch, Stuttgart 1998

Kruhöffer, Gerald: Der Mensch – das Bild Gottes, Göttingen 1999

Maar, Paul: Große Schwester, fremder Bruder, 2. Aufl. Hamburg 2004, S. 100–107

Moos, Thorsten: „Befiehl du deine Wege". Paul Gerhardt – Dichter zwischen Tod, Schöpfungsfreude und Glaubensmut, in: Schönberger Hefte Nr. 138 37./2007, S. 19-22

Müller, Wolfgang Erich: Argumentationsmodelle der Ethik, Stuttgart 2003

Nagel, E./Vietinghoff, E., v.: Was ist der Mensch – noch? Hanns-Lilje-Forum, Protestantische Beiträge zu Fragen der Zeit, Band 6, Hannover 2002

Nipkow, Karl Ernst: Was meinen „Sinn- und Wertfragen"? Sinn und Sinnlosigkeit im Lebenslauf, in: Nipkow, Karl Ernst: Bildungsverständnis im Umbruch – Religionspädagogik im Lebenslauf – Elementarisierung, Gütersloh 2005, S. 163-178

Peters, Hansjürgen: Menschenbilder der Gegenwart. Zur Alltagsanthropologie, in: Hille, Rolf; Klement, Herbert H. (Hg.): Ein Mensch – was ist das?, Wuppertal 2004, S. 311-326

Reilly, George: Zwischen Shoppingmeile und Klassenzimmer. Ein Beitrag zur Alltagsästhetik und Religionspädagogik des Jugendalters, in: Bahr, Matthias u.a. (Hg.): Subjektwerdung und religiöses Lernen. Festschrift für Georg Hilger, München 2005, S. 114-123

Schibilsky, Michael: Kursbuch Diakonie. Neukirchen-Vluyn, 1991

Schneider-Flume, Gunda: Leben ist kostbar. Wider die Tyrannei des gelingenden Lebens, Göttingen 2002

Schulte, Andrea: Jugendliche und ihre Vorstellungen über das „rechte Leben", in: Bultmann, Christoph u.a. (Hg.): Mahnung und Warnung. Die Lehre der Religionen über das rechte Leben, Münster 2006, S. 15-27

Söderblom, Kerstin: Vorbilder oder Superstars? Eine kritische Annäherung an das Phänomen „Deutschland sucht den Superstar", in: Schönberger Hefte 37./2007, Nr. 139 (Heft 3), S. 8-12

Wittersheim, Werner: Kirchenmusik in den elektronischen Medien, in: Bönig, Winfried (Hg.): Musik im Raum der Kirche. Fragen und Perspektiven, Ostfildern 2007, 198-217

Unterrichtsideen

Stellen Sie die Unterrichtseinheit von vornherein unter die Doppelsymbolik von Glück und Leid – die Sch. beschäftigen sich mit Glückssymbolen aller Art, die gesammelt und sichtbar ausgestellt werden: Glückwunschkarten, Glücksbringer, Symbole, die von einem glücklichen Moment erzählen; „geformtes Glück" (Sch. schneiden aus Tonpapier beliebige Formen und schreiben darauf: Glück ist ...). Das ist die eine Seite, die möglichst sichtbar im Klassenraum, mindestens aber auf einer Stellwand gestaltet sein soll. Kreuze, die die Sch. mitbringen, basteln, gestalten; Steine, die Lasten symbolisieren, körperliche, seelische, das ist die andere Seite. Schon beim Sammeln kann angedacht werden: Für was alles steht die Kreuzform: Wehrlosigkeit, offene Arme, Wege, Begegnung, Achtung, für das „Ja".

In der Abschlussstunde könnte eine sichtbare Zusammenfassung beider „Teile" erreicht werden, indem man ein Spruchband der Worte Jesu am Kreuz „Es ist vollbracht" über beiden anbringt. Damit ist augenfällig: Glück und Leid *zusammen* – das ist eine andere, befreiendere Vollkommenheit als die der künstlichen Träume.

Zurück zum Anfang: Es wird – in der Sammelphase „Glück" – nicht schwierig sein, mit den Sch. zu folgenden Ergebnissen zu gelangen: *Glück geht alle an.* Als ein gemeinsamer Nenner kristallisiert sich vermutlich heraus: Glück ist mehr als Äußeres, mehr als Quantität; Glück ist relativ; Glück ist nicht fassbar, nicht machbar, kaum zu beschreiben. Vielleicht zeigen sich auch schon thematische Schwerpunkte: Glück hat seinen Preis – Glück im Märchen – Glücksspiel – „sein Glück machen" – Glück in der Werbung usw. – Glückssymbole in den Religionen und Kulturen. Referate können verteilt und im Lauf der Einheit gehört werden. Wichtig ist, dass stets ein Ergebnis in die Gesamtgestaltung eingeht.

Das Suchen, Formen, Bedenken von Kreuzen soll die Augen dafür öffnen, dass buchstäblich im Kreuz, aber im Leiden kreative Energie steckt. Das Kreuz als Wegweiser, Mut, der im Leid wächst, schmerzliche Erfahrung, die Befreiung und Erlösung erlebbar macht. Im Betrachten von Porträts alter und junger Menschen kann deutlich werden: Falten haben viel zu erzählen. Sie machen unverwechselbar.

Ein nächster (oder alternativer) Einstieg ist mit dem vorgezogenen Arbeitsblatt **M1** möglich:

M1: Wenn ich es schaffe – ist es Glück!

Das Arbeitsblatt **M1** präsentiert Ausschnitte aus einer Kurzgeschichte von Paul Maar, geschrieben für Kinder ab etwa 8 Jahre. Gerade diese in der Oberstufe eher ungewohnte Textsorte kann neugierig machen und zum Entdecken reizen. Was bedeutet Glück für Kinder? Wie gehen sie mit Unglück um? Das Material ermöglicht Zugänge zu vielen relevanten Aspekten des Themas:

> Krankheit wird versteckt; bei Krankheit herrscht Unsicherheit; angesichts realer Ohnmacht nehme ich Zuflucht zur Magie; ich will es zwingen; wenn ich's nicht zwingen kann, muss ich wohl einen Fehler gemacht haben; besser Schuld zugeben als Ohnmacht. Nichts darf unmöglich sein!

Am schönsten vielleicht – und da erlaubt die Erzählung Entlastung: Roland ist fern jeden sentimentalen Mitleids; eigentlich geht es darum, nicht allein ins Schwimmbad zu müssen.

Die Geschichte ist in Wirklichkeit sieben Seiten lang; **M1** präsentiert Ausschnitte, die grob dem Gang der Handlung folgen. Wenn die Arbeit am Thema „Glück" für zwei (Doppel-) stunden arbeitsteilig laufen soll (was sich bei der Menge der Assoziationen anbietet), wäre es gut, die Geschichte – nach einer ersten Gesamtpräsentation – in „Schnipseln" zu verteilen, mit differenzierten Arbeitsaufträgen. Die Arbeitskarten enthalten je eine Aufgabe zum Text, die spontan bearbeitet werden kann, und eine Erweiterung, für die Planung und Materialbeschaffung erforderlich ist. Dies wäre dann die Gruppenarbeit der zweiten (Doppel-) stunde.

Arbeitskarte 1: Was Roland will

„Ich finde Roland ganz schön mutig. Der geht ja durch Wände …" So beginnt die Lehrerin ein Gespräch mit ihren Drittklässlern. Erfinden Sie in Ihrer Gruppe eine Fortsetzung.
Schlüpfen Sie dazu in die Rollen verschiedener Schülerinnen und Schüler. Protokollieren Sie das Gespräch zur späteren Präsentation.

„Jetzt ist es aus", dachte ich. „Aber dann …" – Einigen Sie sich in der Gruppe auf ein oder zwei bekannte Persönlichkeiten, zu deren Lebensgeschichte dieser Satz passen würde.
Sammeln Sie Informationen und bereiten Sie eine Präsentation vor, die beispielhaft deutlich macht, dass es wichtig ist, *sich nicht zu früh zufrieden zu geben.*

Arbeitskarte 2: Was Roland hofft

Wenn du deinen Teller leer isst, scheint morgen die Sonne. – Kinder haben keine Schwierigkeiten, solche „magischen Kausalitäten" für wahrscheinlich und wahr zu halten.
Manchmal sind aber auch Erwachsene nicht immun dagegen: Freitag der 13., schwarze Katzen … – was bringt angeblich Glück, was Unglück?

Informieren Sie sich über magische Religionen und Praktiken und/oder aktuellen Aberglauben.
Bereiten Sie eine Vortrag vor unter dem Gesichtspunkt: Wie kann der Mensch – nach magischem Verständnis – *Glück und Unglück beeinflussen*? Was macht den Reiz der Magie aus?

Arbeitskarte 3: „Mutter ist anders"

Beschreiben Sie nach den wenigen Angaben im Text, an welcher Art von Krankheit Bothos Mutter leidet. Versetzen Sie sich in die Rolle von Bothos Vater und entwickeln Sie mehrere verschiedene Dialoge, in denen der Vater mit dem Sohn über die Mutter spricht.

Anders sein – Einigen Sie sich in der Gruppe auf ein Beispiel zu dem Themenkomplex:
Ich werde abgelehnt/versteckt/ausgegrenzt, weil ich anders bin. Bereiten Sie eine Präsentation vor, die das Problem und zugleich auch Lösungsansätze zeigt.

Arbeitskarte 4: Vielleicht ...

Als Roland schließlich in der Wohnung steht, ändert Botho seine Meinung: Rede mit ihr ... Schreiben Sie auf ein Blatt, dass Sie schweigend in Ihrer Gruppe herumgehen lassen, Gedankenfetzen, die Botho in diesem Augenblick durch den Kopf gehen.

Heilungen im Neuen Testament werden als Wunder beschrieben.
Experten sagen: Da kommen immer drei Dinge zusammen: Jesu besondere Vollmacht, Jesu Zuwendung zu den Kranken und ...
Betrachten Sie verschiedene Wundergeschichten und zeigen Sie, dass die Experten Recht/ nicht Recht haben. Entdecken Sie die dritte Komponente? (Hinweis: Beitrag der Kranken?)
Sie können z.B. betrachten: Mk 2,1–12 ; Mk 5,1–22; Mk 5,21–24.35–43; Mk 7,31–37; Mk 10,46–52; Lk 7,2–10; Lk 17,11–19

Arbeitskarte 5: Muss einer schuld sein?

Mein Fehler!, sagt Roland am Schluss der Erzählung. Als er abends bedrückt nach Hause kommt, fragt ihn seine Mutter ... – Entwickeln Sie einen Dialog, in dem zur Sprache kommt, dass Krankheit und Schuld *nicht* zusammenhängen.

> Da ist einer schuldlos in Not geraten. Und alle sagen: Was hat der denn bloß angestellt?
> Da ist eine krank geworden. Und alle sagen: Sie hätte vorbeugen müssen!
> Da hängt einer am Kreuz. Und alle sagen: Verbrecher!

Überlegen Sie, warum Menschen immer wissen wollen: warum? Welche Folgen falsche Begründungen haben können. Wo die Frage nach Schuld Leben verdirbt und wie man sie überwinden könnte. Schreiben Sie *keinen* Aufsatz! Überlegen Sie sich eine gestalterische Form, durch die Sie Ihren Mitschülern zu denken geben können.

Nach dem Sichten der Aspekte werden aus ihnen die nächsten To-Do's abgeleitet:

- Aus 1: Wege zum Glück (**M2** bis **M4**)
- Aus 2: Ich bin anders – gut so! (**M5**)
- Aus 3: Liebe tut Wunder (**M6**)
- Aus 4: Leben aus der Vergebung (**M7**)

Anti-Wunschzettel

Anhand einer Karikatur (z.B. Charly Brown: Peanuts) ist zu zeigen, was *nicht* Glück ist (Menge der Geschenke) und auch, dass es mühsam sein kann, sich nicht mit dem, was als Glück „verkauft" wird, zufrieden zu geben. Die Sch. schreiben einen Weihnachtsmann-Brief und erklären, warum man nicht alles haben kann, was man sich wünscht.

M2–M4: Wege zum Glück ...

Das Ringen um Glück hat verschiedene Argumentationsmuster für ethisches bzw. moralisches Handeln hervorgebracht. Anhand des Arbeitsblattes **M3a** lassen sich verschiedene Argumentationstypen aufzeigen, die unterschiedliche Wege zum Glück der Menschen vorschlagen. Die Vorstellung und Redeweise von Autonomie wird in **M3b** unter die Lupe genommen und in Beziehung gesetzt zur Frage: Wonach richte ich mich? Was sind die Grundlagen meiner Entscheidungen? Wovor fürchten sich Menschen? Die biblischen Vorbilder des „Gerechten" und des „Selig Gepriesenen" werden in **M4** zur Sprache gebracht.

M4: Hier sind zwei ethische Argumentationstypen erläutert, die in der philosophisch-ethischen Tradition eine zentrale Rolle spielen. Die *Deontologie* stellt weniger die Ergebnisse als die Merkmale einer Handlung in den Mittelpunkt. Ziel jeder Handlung müsse es ungeachtet der Folgen sein, die Würde jedes einzelnen Menschen zu bewahren und so dem Menschen als Person gerecht zu werden.

Demgegenüber gehört der *Utilitarismus* zu der teleologischen Ethik, die eine Handlung von den angestrebten Zielen und den voraussichtlichen Ergebnissen her beurteilt. Als Ziel formuliert der Utilitarismus das größtmögliche Glück für möglichst viele Menschen und damit die Verminderung von Schmerz und Leid.

- Erläutern Sie die Argumentationsweisen der in **M4** vorgestellten Ansätze.
- Stellen Sie jeweils die Konsequenzen heraus (Beispiele!).
- Fassen Sie Ihre Antworten in einer übersichtlichen Tafelskizze zusammen.
- Ordnen Sie die Stellungnahmen aus **M4b** den ethischen Traditionen begründet zu!
- Nehmen Sie selbst kritisch Stellung zu diesen beiden ethischen Ansätzen!

M2 und **M4**: Die Arbeitsblätter enthalten Arbeitsimpulse.

M5: Hauptsache gesund?

Das Arbeitsblatt **M5** enthält unter einer provokanten Überschrift einen Text mit verschiedenen Aspekten, die zum Nachdenken über das eigene Daseinsverständnis anregen können. Zur Bearbeitung der im Arbeitsblatt gestellten Aufgaben benötigen die Sch. Gesangbücher bzw. die Liedtexte zu „Laudato si" und zu christlichen Abendliedern. Ein Einstieg, der die Gestalt Franz von Assisi stärker in den Mittelpunkt stellt, lässt sich arrangieren mithilfe der CD „Herr, mache mich zu einem Werkzeug deines Friedens. Musikalische Fenster in die Gedankenwelt des Franz von Assisi" (Asslar: Gerth Medien, 2001). Ein Vergleich der dort als Titel 4 zu entdeckenden Version des „Laudato si" mit der Variante auf der CD „Ein neues Lied. Lieder aus dem Evangelischen Gesangbuch" (Titel Nr. 16; Stuttgart: Gesangbuchverlag, 1995) ist eine Anregung zu Wahrnehmung und Wirkung unterschiedlicher Arrangements von Gesangbuchliedern: Welche Version drückt die Lebensfreude und Schöpferdankbarkeit angemessen aus?

M6: Daily Soaps – Einsichten und Ansichten junger Gesichter

Sendungen mit vermeintlichen Alltagsszenarien wie Gerichtsshows, Super Nanny und vor allem Daily Soaps, Daily Doku, Daily Talks oder das ‚Big brother'-Genre werden tagtäglich von den Sch. konsumiert und haben über Internetforen, Fanartikel usw. einen erheblichen Einfluss auf Einstellungen zu den Herausforderungen des Alltags. Vor allem Gefühle, Gedanken, Charaktere und Gemeinheiten spielen eine Rolle. „Die Handlung ist einfach und klar gestaltet, sodass jeder jederzeit in den Handlungsablauf einsteigen kann, obwohl die genaueren Zusammenhänge und Beziehungsstrukturen sich erst durch die Rezeption mehrerer Folgen erschließen. Die Dialoge sind einfach strukturiert."[2] Daily Soaps erzählen insbesondere private und intime Themen, während gesellschaftskritische Aspekte eher außen vor bleiben. Die Analyse von und der Umgang mit Konflikten bietet für die Sch. den Resonanzboden für die eigene Auffassung von Leben. Nicht selten werden die Daily Soaps als eine Art „Ersatzfamilie" angesehen. Daher ist es interessant, mit den Sch. die Inhalte, Wertvorstellungen, Handlungsmuster und Lebensstile genauer unter die Lupe zu nehmen. Wer sich an dieses Unternehmen wagt, sollte ältere Szenen heranziehen, damit die Entmythologisierung der Darsteller/innen besser gelingen kann. Die in den Daily Soaps angebotenen Vorstellungen und Lösungen sollten mit den eigenen Überzeugungen und Konzepten der Sch. verglichen, antizipiert und auf ihren „Lebenswert" hin untersucht werden. Die Thematik „Glück und Leid" ließe sich von den Sch. auch in einer eigenen Daily-Soap-Szenenfolge niederschreiben. Hierzu können sie zunächst ein Storyboard entwickeln und verfilmen. Ebenso können die Sch. ein fiktives Tagebuch eines Schauspielers/einer Schauspielerin in Anlehnung an betrachtete Szenen ausarbeiten. In einer Art Brainstorming oder Stiller Diskussion wird an die Tafel zunächst der Begriff „Daily Soap" angeschrieben. Nun schreiben die Sch. alles, was sie dazu sagen möchten, dazu – wobei Schweigen herrscht. Allerdings kann ein Beitrag/eine Frage auch Bezug nehmen auf Beiträge anderer Sch.

2 Uwe Böhm: Wertorientierungen in Daily Soaps, in: Glaube und Lernen 22./2007 (Heft 2), S. 168-178, hier S. 169. Die Anregungen entstammen diesem hintergründigen Beitrag zur Stärkung der religiösen Kompetenz.

Der Interviewleitfaden (**M6**) kann als Vorlage/Vorschlag für ein Interview den Sch. vorgestellt und mit ihnen diskutiert werden. Ergänzungen und Veränderungen tragen wiederum selbst zur Reflexion über Erfahrungen mit den Daily Soaps bei.

Da in den Daily Soaps die ethischen Herausforderungen multioptional präsentiert werden, ist keine eindeutige Zuordnung zu Gesinnungs- oder Verantwortungsethik zu treffen, sondern vielmehr dem Patchwork-Charakter der Daily Soaps auch in dieser Richtung Rechnung zu tragen. Zur Bearbeitung einzelner Szenen von Daily Soaps lässt sich auch **M4** heranziehen.

Ein neuer Zugang ermöglicht der Titel „In der Popfalle", in dem aktuelle „Glücksbringer" entlarvt werden, z.B. mit der Zeile „Wer nicht in ist, wird geoutet". Anhand dieses Textes, der sich auch als Klausurtext eignet, lassen sich aktuelle anthropologische Tendenzen festmachen, problematisieren und in den Kontext eines sog. „christlichen Menschenbildes" stellen:

- Was versteht der Autor unter „Popfalle" (die genaue Übersetzung lautet …)?
- Wo spricht der Autor anthropologische Themen an?

Der Titel (2:24 Min.) findet sich auf der CD „Hat alles seine Zeit" (2005) von Rolf Zuckowski und entspricht in der musikalischen Gestaltung dem Textinhalt.

Dass das Glück nicht in dem, was „angesagt ist" allein zu finden ist, vermittelt aggressiv-eindrücklich der Titel „Kopf frei" (4:06 Min.) von PUR auf der CD „Mittendrin" (2000). Das Wesentliche steht auf einem anderen Blatt und wird in dem Lied eindrücklich herausgestellt durch die permanente Frage bzw. Infragestellung: „Bist Du zufrieden?" Anhand des Liedtextes können die Sch. Collagen mit dem Titel „Kopf frei für das Glück" kreieren.

Befiehl du deine Wege

Ein altes Kirchenlied steht am Ende dieses Bausteins über die Suche nach dem Glück. EG 361 wird zumeist zu Beerdigungen gesungen. Es ist vielen Sch. gewiss fremd – kann aber, ohne Melodie, als Rap gesprochen, neue Kraft gewinnen. Probieren Sie zunächst die ersten zwei Strophen und teilen Sie dann Gesamttexte aus, die die Sch. in Gruppen lesen (evtl. arbeitsteilig). Zum Verständnis der sprachlichen Gestaltung der Strophenanfänge sollten die Sch. darauf hingewiesen werden, dass es sich bei diesem Gedicht um ein Akrostichon handelt. Ein biographischer Zugang mithilfe von akustischen und visuellen Lebensbildern kann die Verankerung des Liedtextes in einer bestimmten Lebenssituation vor Augen führen.

Mögliche Medien:

- Hanno Herzler: Du füllst des Lebens Mangel aus. Paul Gerhardt – Leben und Lieder, Asslar 2007
- Die güldne Sonne. Wortmalereien von Paul Gerhardt, Asslar 2007
- Werner Hoffmann/Chor Con Spirito: Die Sonne, die mir lachet. Paul Gerhardt. Seine Lebensgeschichte und schönsten Lieder, Wesel 2007

Mögliche Aufgaben:

- Finden Sie Überschriften für die Strophen.
- Suchen Sie Strophen aus, die Sie tröstlich finden – für eine Sterbende; für einen Manager mit Magengeschwür; für einen Unfallfahrer, den das schlechte Gewissen belastet, für eine Frau, die ihren Mann verlassen hat o.Ä.
- Greifen Sie sprachlich ein, wo Ihnen die Sprache zu altmodisch erscheint.
- Schreiben Sie eine weitere Strophe: Trost für einen, der „anders" ist.
- Überprüfen Sie die Stimmigkeit einer „popularisierten Kirchenmusik" in moderner musikalischen Fassung (Vorschlag: Dieter Falk: A Tribute to Paul Gerhardt, Hamburg: Random House Audio 2006).

Der Text in **M7** greift die teils inflationär gebrauchte Redewendung vom „christlichen Menschenbild" auf und präsentiert einige Thesen. Es bietet sich an, spontane Äußerungen zum Titel des Textes zu sammeln und erst dann mit den Sch. den Text zu erarbeiten.

Anschließend bietet es sich an, nach dem Menschenbild der eigenen Schule (oder Lerngruppe) zu fragen und Konsequenzen eines christlichen Menschenbildes auch auf andere Institutionen wie Familie, Kindergarten, Beruf, Parteien usw. zu übertragen.

Der glücklichste Mensch

M2

> Sag mir doch, spricht Krösos, der reichste König der Welt, zu Solon, dem Weisen:
> Wer ist wohl der glücklichste Mensch auf der Welt? Wie ist er enttäuscht, als Solon nicht gleich auf ihn zeigt. Ich nicht, Solon? Wieso denn nicht?
> Weiß ich, was dir geschieht, bevor du stirbst?, sagt Solon.
>
> Nach Herodot

Für Solon reicht die Momentaufnahme nicht. Er fragt nach der Summe des Lebens. Vergleichen Sie mit Ihrer eigenen Erfahrung: Wie dauerhaft ist Glück?

Allzu glücklich?

„Er stand auf seines Daches Zinnen und schaute mit vergnügten Sinnen auf das beherrschte Samos hin …" So beginnt die Ballade „Der Ring des Polykrates" von Friedrich Schiller (nach dem griechischen Historiker Herodot). Polykrates, Tyrann von Samos, demonstriert einem Gast, dem König von Ägypten, sein Glück. Alles scheint zu gelingen. Wie Solon (oben) warnt auch hier der Gesprächspartner vor der Flüchtigkeit des Glücks. Da wird er selbst Zeuge weiterer Glücks-Nachrichten.

Das hört der Gastfreund mit Entsetzen.
„Führwahr, ich muss dich glücklich schätzen!
Doch", spricht er, „zittr' ich für dein Heil.
Mir grauet vor der Götter Neide;
Des Lebens ungemischte Freude
Ward keinem Irdischen zuteil.

Auch mir ist alles wohl geraten,
Bei allen meinen Herrschertaten
Begleitet mich des Himmels Huld;
Doch hatt ich einen teuren Erben,
Den nahm mir Gott, ich sah ihn sterben,
Dem Glück bezahlt ich meine Schuld.

Drum, willst du dich vor Leid bewahren,
So flehe zu den Unsichtbaren,
Dass sie zum Glück den Schmerz verleihn.
Noch keinen sah ich fröhlich enden,
Auf den mit immer vollen Händen
Die Götter ihre Gaben streun.

Und wenn's die Götter nicht gewähren,
So acht auf eines Freundes Lehren
Und rufe selbst das Unglück her;
Und was von allen deinen Schätzen
Dein Herz am höchsten mag ergötzen,
Das nimm und wirf's in dieses Meer!"

Und jener spricht, von Furcht beweget:
„Von allem, was die Insel heget,
Ist dieser Ring mein höchstes Gut.
Ihn will ich den Erinnyen weihen,
Ob sie mein Glück mir dann verzeihen."
Und wirft das Kleinod in die Flut.

Und bei des nächsten Morgens Lichte
Da tritt mit fröhlichem Gesichte
Ein Fischer vor den Fürsten hin:
„Herr, diesen Fisch hab ich gefangen,
Wie keiner noch ins Netz gegangen;
Dir zum Geschenke bring ich ihn."

Dichten Sie noch ein oder zwei Strophen weiter. Was wird das Fazit dieser Geschichte sein? (Vgl. Sie anschließend mit dem Original, z.B. im Internet.)

Was halten Sie von den hier präsentierten Vorstellungen: Neidische Götter? Glück hat seinen Preis … ?

Wie würden Sie mit einem Bekannten sprechen, der sich glücklich preist?

M3a

Grundlegende ethische Argumentationstypen

a) Der deontologische Argumentationstyp

Hierbei geht man davon aus, dass „das Gute" etwas immer schon Feststehendes ist und es letztlich lediglich darauf ankäme, dieses moralisch Gebotene auch zu erkennen und zu befolgen. Nach der deontologischen Ethik (griech. *to deon*: das Erforderliche, die Pflicht) hat der vernunftbegabte Mensch immer die Möglichkeit, entsprechend dem moralisch Gebotenen zu handeln – selbst wenn dies mit negativen Konsequenzen verbunden sein sollte. Für Immanuel Kant war beispielsweise der „Kategorische Imperativ" die ethische Grundnorm, der damit letztendlich den Maßstab für die Unterscheidung von Gut und Böse in den Menschen selbst legte. Damit sind die Möglichkeiten des Menschen sehr hoch eingeschätzt.

b) Der utilitaristische Argumentationstyp

Beim Utilitarismus, der vor allem im angelsächsischen Raum weit verbreitet ist, kann man nicht alle Ausprägungen dieses Argumentationstyps „über einen Kamm scheren". Vielmehr gibt es klassische und veränderte Formen. Zu den einflussreichsten aktuellen Vertretern dieser ethischen Theorie zählt der deutsche Philosoph Norbert Hoerster. Für den Utilitarismus gilt grundsätzlich: Die beste Handlung ist diejenige, die das größte Glück der größten Zahl von Menschen hervorbringt. Demnach ist die Richtigkeit einer Handlung davon abhängig, welche Folgen sie hat (teleologische Ethik: telos = Ziel). Diese Folgen werden von ihrem Gewinn/ihrem Nutzen (ihrer Utilitarität; lat. utilis = nützlich) her eingeschätzt. Die Motive und die Gesinnung des Handelns stehen dabei letzten Endes nicht zur Debatte. Dies ist ein ganz anderer Weg als der der deontologischen Ethik, die weniger die Folgen als die zugrundeliegende Pflicht vor Augen hat. Schwierigkeiten hat der Utilitarismus damit, zu erklären, wie einzelne Menschen feststellen können, was der Menschheit zum Glück verhelfen kann. Wenn die letztgültige Norm der allgemeine Nutzen ist, hängt alles von der Definition dieses Nutzens ab. Wie problematisch die Orientierung an einem nicht näher definierten Nutzen sein kann, malt z.B. Aldous Huxley im Jahr 1932 bzw. 1952 vor Augen mit seinem Buch „Schöne neue Welt".

c) Der relativistische Argumentationstyp

Nach dem kulturellen Relativismus ist jede moralische Vorstellung relativ zu sehen, d.h. sie darf keine universelle Gültigkeit beanspruchen. Vielmehr unterliegen moralische Auffassungen und Verhaltensweisen Veränderungen und hängen ab von den menschlichen Bedürfnissen und sozialen Bedingungen der jeweiligen Kulturen. Alle vorhandenen Werturteile sind demnach völlig abhängig von den kulturellen Verhältnissen (sog. Dependenz-These), so dass es auch keine allgemeingültigen moralischen Grundsätze geben kann (sog. Divergenz-These). Dieser relativistische Argumentationstyp beschreibt lediglich die Handlungsweisen und ist für die Frage nach der ethischen Richtigkeit eines Tuns vollkommen irrelevant. Wenn Moralität nicht überkulturell vergleichbar ist, bestimmt letztendlich derjenige, der die Macht hat, was möglich bzw. unmöglich ist.

d) Der selbstverwirklichende Argumentationstyp

Bei einer Ethik der Selbstverwirklichung (z.B. Hedonismus; Narzissmus) spielen allein die Konsequenzen für die eigene Person eine Rolle. Sie ist egoistisch und auf das eigene Vergnügen orientiert unter dem Motto „Erlaubt ist, was (mir) gefällt!". Dies geht jedoch in der Regel auf Kosten anderer und lässt eine Gesellschaft als Solidargemeinschaft zerbrechen.

Reiner Andreas Neuschäfer, 2008

Was ist eigentlich Autonomie?

M3b

Der Hinweis auf die Autonomie und Mündigkeit des neuzeitlichen Menschen seit der Aufklärung liefert weitere Argumente gegen die Verbindlichkeit und Unveränderlichkeit der Gebote Gottes. Autonomie wird als ein Fortschritt in der Entwicklungsgeschichte der menschlichen Vernunft angesehen, den sie von der Fremdbestimmung/Heteronomie zur Selbstbestimmung macht. Heteronomie wird nach verbreiteter Auffassung als Bevormundung durch religiöse Autoritäten aufgefasst, während Autonomie die Selbstbestimmung des mündigen Menschen in eigener Verantwortung und persönlicher Freiheit bezeichnen soll. Der geistesgeschichtliche Entwicklungsgedanke wird so gerade im Bereich der Ethik mit der Vorstellung einer Emanzipation – das ist wörtlich Sklavenbefreiung – verbunden. „Befreiungsschritte“ werden dann vorgeführt, die sich gegen überholte christliche Vorstellungen (...) richten.

Das Ja zum Wollen des Ich und der Befriedigung seiner Wünsche erscheint unter dem Gedanken der Emanzipation als Norm des Fortschritts in der Veränderung herkömmlicher Verhaltensweisen, die als repressiv ausgegeben bzw. empfunden werden, weil der gute und schützende Wille Gottes gegenüber dem bösen Willen von Menschen nicht erkannt wird. (...)

Doch was ist eigentlich Autonomie? In Kants „Grundlegung zur Metaphysik der Sitten“ (B 87-89) ist „Autonomie des Willens“ „die Beschaffenheit des Willens, dadurch derselbe ihm selbst (unabhängig von aller Beschaffenheit der Gegenstände des Wollens) ein Gesetz ist. Das Prinzip der Autonomie ist also: Nicht anders zu wählen, als so, dass die Maximen seiner Wahl in demselben Wollen zugleich als allgemeines Gesetz mitbegriffen sein.“ Dies aber schließt jeden Subjektivismus sowohl in Form des Hedonismus als auch in der Form des Utilitarismus aus. Autonomie geht von einem absoluten Vernunftgesetz aus, an das sich die Vernunft in Freiheit bindet und das jederzeit und für jedermann unwandelbar und unabhängig von der Situation Geltung hat. Heteronomie hingegen ist eine Fremdbestimmung des Willens, und sie beruht darin, dass der Wille sich nicht an den allgemeinen und absoluten Grundsätzen ausrichtet, sondern an Objekten, Bedürfnissen und Zwecken. Die unbedingte Geltung des Gesetzes (kategorischer Imperativ) wird bei der Autonomie zu einer bedingten (hypothetischen) Geltung: „Ich soll etwas tun darum, weil ich etwas anderes will“ – also nicht um des Gesetzes selbst willen, sondern um des erwünschten Zieles willen. „Ich soll nicht lügen, wenn ich bei Ehren bleiben will.“ Das ist Orientierung an der Zustimmung von anderen und dem Ansehen vor andern. „Ich soll nicht lügen, ob es mir gleich nicht die mindeste Schande zuzöge“ – das ist die unbedingte Geltung des Gesetzes im Sinne der Autonomie. Daran wird deutlich: Was unter dem Vorzeichen von neuzeitlicher Autonomie sich an den individuellen Bedürfnissen und sozialen Leitbildern orientiert, ist im Verständnis von Kant in Wirklichkeit Heteronomie. Der Wille wird nicht von Grundsätzen, sondern von Zwecken und Nützlichkeiten geleitet; er richtet sich nicht nach dem Gericht Gottes, sondern nach dem Gericht des Menschen. (...) Was heute alle tun und was man deshalb vom heutigen Menschen nicht mehr verlangen kann, das ist ein erdrückendes Argument, gegen das die Berufung auf Wort und Gebot Gottes sehr rasch in eine hilflose Minderheit gedrängt wird. Und jeder weiß, dass herrschende Verhaltensweisen auf Anerkennung drängen und keinen Widerspruch dulden. Im konkreten Fall wird dann vielmehr die Gemeinschaft aufgekündigt, ein schmerzlicher, aber unausweichlicher Vorgang. Es sind nicht erst die theologischen Richtungen, sondern die persönlichen Beziehungen, in denen dann Entscheidungen fallen, ob man die Gemeinschaft auf Kosten des Glaubensgehorsams durchhalten will oder ob unter dem Glaubensgehorsam die Gemeinschaft zerbricht.

Reinhard Slenczka: Kirchliche Entscheidung in theologischer Verantwortung. Grundlagen – Kriterien – Grenzen, Göttingen 1991, S. 169-172.

M4 Psalm 1: Wie ein Baum ...

Glücklich ist, wer nicht lebt wie Menschen, die von Gott nichts wissen wollen. Glücklich ist, wer sich kein Beispiel an denen nimmt, die gegen Gottes Willen verstoßen. Glücklich ist, wer sich fernhält von denen, die über alles Heilige herziehen. Glücklich ist, wer Freude hat am Gesetz des Herrn und darüber nachdenkt – Tag und Nacht. Er ist wie ein Baum, der nah am Wasser steht, der Frucht trägt jedes Jahr und dessen Blätter nie verwelken. Was er sich vornimmt, das gelingt. Ganz anders ergeht es allen, denen Gott gleichgültig ist: Sie sind wie dürres Laub, das der Wind verweht. Vor Gottes Gericht können sie nicht bestehen. Weil sie ihn abgelehnt haben, sind sie von seiner Gemeinde ausgeschlossen. Der Herr sorgt für alle, die nach seinem Wort leben. Doch wer sich ihm trotzig verschließt, der läuft in sein Verderben.

Psalm 1 in der Übertragung „Hoffnung für alle".

Hört, wen Jesus glücklich preist

1. Hört, wen Jesus glücklich preist, Halleluja,
   wem er Gottes Reich verheißt, Halleluja.
2. Dem, der Gott nichts bieten kann, Halleluja,
   bietet Gott die Freundschaft an. Halleluja.
3. Wem hier großes Leid geschah, Halleluja,
   dem ist Gottes Trost ganz nah. Halleluja.
4. Wer von Macht und Krieg nichts hält, Halleluja,
   erbt am Ende Gottes Welt. Halleluja.
5. Hungert uns nach Gerechtigkeit, Halleluja,
   steht uns Gottes Tisch bereit. Halleluja.
6. Keinen, der barmherzig ist, Halleluja,
   Gottes Liebe je vergisst. Halleluja.
7. Die hier rein durchs Leben gehn, Halleluja,
   werden Gottes Antlitz sehn. Halleluja.
8. Wer zum Frieden sich bekannt, Halleluja,
   der wird Gottes Kind genannt. Halleluja.
9. Wer hier leidet für den Sohn, Halleluja,
   den erwartet Gottes Lohn. Halleluja.

Text: nach Matthäus 5,2-10 Kurt Hoffmann/Friedrich Walz 1964; Melodie: Spiritual
Aus: Neue Kinderlieder BE 807.

Beide Texte sind moderne Übertragungen von Bibeltexten – scheinbar Beschreibungen von Menschen „im Glück".

Dabei wird von dem Mann (Menschen) in Psalm 1 eine Menge erwartet – bei Jesus hingegen ...?

In beiden Fällen verwendet Luther eine andere Vokabel statt „glücklich":

Psalm 1 beginnt:
„Wohl dem, der ..."
Und in der Bergpredigt heißt es:
Selig sind ...

Spüren Sie den Worten nach:
Ändert sich durch die Wortwahl der Sinn?

Zum Psalm: Gehen Sie dem Bild des Baumes nach – Malen Sie es so aus (mit Worten oder kreativ), dass das „Glück" sichtbar wird.

Zur Bergpredigt:
Finden Sie einen „gemeinsamen Nenner" für die, die Jesus glücklich nennt.
Bringen Sie auch noch den „Glücklichen" aus dem Psalm mit unter?

Mit dem Tod wird das Leben auch menschlicher

M5

> Da sprach der Herr: Mein Geist soll nicht immerdar im Menschen walten, denn auch der Mensch ist Fleisch. Ich will ihm als Lebenszeit geben hundertundzwanzig Jahre.
>
> 1. Mose 6,3

Der Mensch ist auch nicht mehr als „Fleisch“: begrenzt haltbar, vergänglich, verletzbar und sterblich wie jede andere Kreatur auf der Erde. Der Lebensodem, von Gott geschenkt, ist nur für eine bestimmte Zeit gegeben. Auch wenn die „hundertundzwanzig Jahre“ eher die große Ausnahme sind, signalisiert dies: die Dauer ist Gottes Sache, nicht die des Menschen.

Es gibt jedoch nicht wenige Versuche, dagegen zu rebellieren. Am liebsten wäre es vielen, den Tod ganz „abzuschaffen“ oder so weit wie möglich hinauszuzögern. Manche Forscher gaukeln fantastische Möglichkeiten der Lebensverlängerung vor. Doch wie viel Verbissenheit liegt in so einer Verdrängung des Todes! Wie viel verkrampfte Lebensgier und welcher zwanghafte Leistungswille „bis zum geht nicht mehr“!?

Dabei lebt gerade der Mensch, der seine eigene Sterblichkeit bejahen kann, viel gelöster. Ein den Tod bejahender Mensch bekennt sich zu seiner Kreatürlichkeit. Damit wird das Leben nicht eingeengter, sondern menschlicher.

Ein Beispiel aus der Kirchengeschichte ist Franz von Assisi. Er war sich seiner Geschöpflichkeit so sehr bewusst, dass es heute für viele befremdlich wirkt, was Legenden dazu ausgeschmückt haben, z.B. bei der „Predigt vor den Vögeln“. Eine Grundlage dafür ist das Verständnis des Menschen als den Tieren und Pflanzen verwandtes Wesen: auch endlich und begrenzt durch den Tod. In seinem berühmt gewordenen „Sonnengesang“ spricht Franz von Assisi den Tod sogar als „Bruder“ an: „Gepriesen seist du, mein Herr, durch unseren Bruder, den leiblichen Tod. Selig jene, die sich in deinen heiligen Willen finden, denn der zweite Tod wird ihnen kein Leides tun.“ Damit gewinnt für Franz von Assisi das Leben eine gelöste Heiterkeit: indem der Mensch sich als Geschöpf bejaht, seine Endlichkeit anerkennt und dem die Ehre gibt, der dem Menschen das Leben ermöglicht hat.

Reiner Andreas Neuschäfer, 2008

Diskutieren Sie in einer Kleingruppe, inwiefern der Tod das Leben menschlicher macht!

Forschen Sie nach den Vorstellungen und Einstellungen des Franz von Assisi. Inwiefern tauchen diese in dem Lied „Laudato si“ (EG 515) auf? Wie kommt textlich und im Aufbau des Liedes die Relativität des Menschen hinsichtlich der Mitschöpfung und des Todes zum Ausdruck?

Analysieren Sie zwei Abendlieder aus dem Gesangbuch aus unterschiedlichen Jahrhunderten (z.B. EG 467-493): Wie wird hier der Tod zur Sprache gebracht?

M6

Daily Soap-Interviewleitfaden

1. Welche Daily Soaps kennen Sie bzw. haben Sie schon selbst einmal gesehen?
   - Gute Zeiten – schlechte Zeiten
   - Unter uns
   - Marienhof
   - Verbotene Liebe
   - Schloß Einstein
   - ____________________

2. Wieviel Zeit verbringen Sie zur Zeit wöchentlich mit dem Anschauen der Folgen?
   - 1 Stunde
   - 2 Stunden
   - Mehr als 5 Stunden
   - Mehr als 10 Stunden

3. Sie schauen sich eine Daily Soap am liebsten an:
   - alleine
   - mit den Geschwistern
   - mit den Freunden/Freundinnen
   - mit der gesamten Familie
   - zur „Echtsendezeit"
   - aufgenommen auf Video/DVD
   - ____________________

4. Folgende dort zu sehende Sachen haben Auswirkungen auf Ihre Lebensgestaltung:
   - Kleidung
   - Ansichten
   - Einstellungen
   - Sprache
   - Schmuck
   - Musik
   - Umgangsformen
   - ____________________

5. Folgende Szenen fallen Ihnen ein, wenn ich an das Thema „Glück und Leid" denke:
   - ____________________
   - ____________________

Kann denn Leistung Sünde sein?

M7

„In unserem pädagogischen Handeln orientieren wir uns am christlichen Menschenbild." So oder ähnlich steht es in den Leitbildern und Werbeflyern evangelischer Schulen. Aber was ist das „christliche Menschenbild"?

Gott schafft die Menschen sich zum Gegenüber (Gen 1,26-31)

Alle Menschen haben als Geschöpfe Gottes und als Gottes Gegenüber eine unantastbare Würde. Schülerinnen und Schüler ebenso wie Lehrerinnen, Lehrer, Eltern, pädagogische und nicht-pädagogische Mitarbeiterinnen und Mitarbeiter sowie alle am Schulleben Beteiligten werden in ihrer Unterschiedlichkeit, mit ihren Fähigkeiten und Grenzen mit Respekt behandelt. Niemand wird beschämt oder gedemütigt, auch wenn Grenzen gesetzt und Auseinandersetzungen geführt werden müssen.

Gott schafft uns als soziale Wesen (Gen 2,18-23)

Menschen sind nach Gottes Willen auf Gemeinschaft angelegt. Darum sind evangelische Schulen Lebensräume mit vielfältigen Sozialformen und Kooperationsfeldern, in denen miteinander gearbeitet, geredet, gegessen, gefeiert, gebetet, gespielt und gelernt werden kann. In evangelischen Schulen herrscht eine Kultur des Dialogs, in der besonderer Wert auf die Entwicklung und Pflege von Beziehungen und das Wahrnehmen der/des Anderen gelegt wird.

Leben ist begrenzt (Gen 3,1-19)

Leben ist gekennzeichnet immer auch durch Mühe, durch Vergeblichkeit, durch Feindschaft, und stößt an mindestens eine Grenze: den Tod. Diese letzte Grenze steht auch für all die vielen Begrenzungen und Begrenztheiten, die jede Lebenserfahrung kennzeichnen. Diese Erkenntnis kann dazu genutzt werden, Menschen klein zu machen und ihre Aktivität zu bremsen. Sie kann aber auch entlastend wirken: Bei aller Anstrengung und allem Engagement sind unsere Möglichkeiten begrenzt. Darum wollen wir uns und andere nicht an Leitbildern der Vollkommenheit messen, sondern im Gegenteil das Leben mit Brüchen und Begrenzungen lernen und lehren.

Rechtfertigung (Mk 10,13-16)

Paulus sagt: Wenn ihr euch und euer Leben über das definieren müsst, was ihr leistet, dann seid ihr einem hoffnungslosen Kampf gegen euch selbst ausgeliefert. Ihr werdet nie genug sein. Diese Grundeinstellung nennt Paulus „Sünde": allein aus seiner Leistung, den guten Werken, heraus leben zu müssen bzw. immer zu fürchten, wegen seiner mangelnden Leistung nicht bestehen zu können. Ob Leistung Sünde ist oder Segen, entscheidet sich an ihrem Ziel: Dient sie der Selbstverwirklichung oder der gemeinsamen Arbeit an der Schöpfung?

Evangelische Schulen und alle, die in ihnen arbeiten und leben, können aus dieser Gesellschaft mit ihrer individualistischen Leistungsideologie nicht aussteigen, aber wir können – wenigstens in den Bereichen, in denen wir Verantwortung tragen – einiges verändern.

Hanne Leewe, in: AUFbrüche (Pädagogisch-Theologisches Institut der Ev. Kirche in Mitteldeutschland und der Ev. Landeskirche Anhalt, Drübeck) 14./2007 (H. 2), S. 17-24 i.A.

VIII. Wenn man mich fragt … Frag-würdiger Ausklang und Abschluss

Theologisch-didaktische Aspekte

Religiöse Bildung und Kompetenz zeigt und erweist sich letztlich nicht nur in abprüfbaren mündlichen oder schriftlichen Äußerungen beim Abitur oder bei Klausuren. Letzten Endes ist beides gefordert und gefragt im alltäglichen Umgang mit fremder und eigener Religiosität, mit Überzeugungen, Vorstellungen und – vor allem – mit Menschen. Da es im Kurs Anthropologie um den Menschen und das Menschsein ging, ist es sinnvoll, vor und mit anderen Menschen das Erarbeitete zu präsentieren und damit im besten Sinne des Wortes „in Frage zu stellen". Das fängt mit vorbereitenden Überlegungen zur Darbietung an und hört mit der Präsentation selbst nicht wirklich auf. Hierbei spielt eine Rolle, dass der Mensch nicht nur vom Brot allein lebt, sondern Religion eine von mehreren Ausdrucksformen des Menschen ist und zugleich Quelle seiner Existenz. Der Mensch ist dabei auf Gemeinschaft angelegt und bedarf vielfältiger Sozialformen und Kooperationsfelder, in denen miteinander gearbeitet, geredet, gefeiert, gebetet, gegessen, gespielt und gelernt werden kann. Diese Kultur des Dialogs kommt besonders dort zum Ausdruck, wo ein besonderer Wert auf die Entwicklung und Pflege von Beziehungen bzw. Begegnungen und auch das Wahrnehmen des/der Anderen gelegt wird.

Intentionen und Kompetenzen

Die Sch. erhalten durch solche oder ähnliche Impulse die Möglichkeit, das im Anthropologiekurs Erarbeitete zu bündeln, zu gewichten und zu präsentieren. Hierdurch überprüfen die Sch. das im Anthropologiekurs Gelernte auf seine Relevanz für erlebte oder mögliche Lebenssituationen. Dieses Bündeln und Abwägen des Erlernten fordert Sach-, Selbst- und Methodenkompetenz und kann evtl. vorbereitend für den Kurs Eschatologie, Christologie oder Gottesvorstellungen wirken.

Literatur und Medien

Dam, Harmjan: Abitur Religion. Aufgabenstellungen und methodische Hilfen für besondere Lernleistungen und Präsentationen, Braunschweig 2007

Ernst, Carl W.: Mohammed folgen. Der Islam in der modernen Welt, Göttingen 2007

Husmann, Bärbel/Klie, Thomas: Gestalteter Glaube. Liturgisches Lernen in Schule und Gemeinde, Göttingen 2005

Karsch, Manfred/Rasch, Christian: Schulgottesdienste, Göttingen 2006

Mehdi Anisa: Pilgerfahrt nach Mekka, DVD von National Geographic (57 Min.), 2006

Tworuschka, Udo u.a.: Religiopolis. Weltreligionen erleben (CD-ROM), Leipzig 2005; Begleitbuch: Leipzig 2005

Wrogemann, Henning: Religionen im Gespräch. Hinduismus – Buddhismus – Islam. Ein Arbeitsbuch zum interreligiösen Lernen, Stuttgart 2008

Unterrichtsideen

Die Sch. tragen zusammen, was ihnen im Kurs „Anthropologie" besonders vor Augen war bzw. neu deutlich wurde. Es wird überlegt und entschieden, ob überhaupt und was davon auch anderen Sch. vermittelt werden kann und soll.

Die Sch. können in einem Schulgottesdienst ihre Einsichten und visualisierbaren Ergebnisse aus dem Unterricht einbringen und andere Personen in der Schule einladen, mit ihnen das Menschsein vor Gott in einem Gottesdienst zu feiern. Hierdurch wird die liturgische Kompetenz der Sch. herausgefordert, wobei allerdings grundsätzlich vier Aufmerksamkeitsrichtungen zu beachten sind:

- die Sch. und Lehrer sind als Subjekte aufzufassen, die mit ihren Bedürfnissen und Vorstellungen den Schulgottesdienst in einem Prozess gestalten;
- ein Schulgottesdienst ist nicht als Fremdkörper zu initiieren und zu inszenieren, sondern an den Religionsunterricht oder eine Projektgruppe rückzubinden;
- mit Blick auf die Position des Schulgottesdienstes „zwischen" Schule und Gemeinde ist zu betonen, dass die „Schulgemeinde" christliche Gemeinde ist;
- ein Schulgottesdienst lebt nicht nur von seiner „Aufführung", sondern vielmehr ist sein Prozesscharakter wesentlich.

Mit den Sch. kommt es darauf an zu (hinter)fragen, wie alltagsrelevant religiöse Lehren und Praktiken tatsächlich für den Menschen sind. Das fängt bei der Reflexion über den eigenen Glauben an und hört bei einer angemessenen Darstellung fremden Glaubens nicht auf. Auch hierzu gibt es Möglichkeiten, die über konventionelles Abfragen hinaus gehen:

- Der Film „Pilgerfahrt nach Mekka. Hinter den Kulissen" zeigt verschiedene Menschen aus aller Welt mit ihren persönlichen Erfahrungen und spirituellen Erlebnissen vor und während ihrer Pilgerreise. Geben Sie auf Grundlage einer Sequenz aus dem Film eine Stellungnahme zu dem Dargestellten ab. Achten Sie dabei auf eine Würdigung der Religion der Personen und beziehen Sie aus christlicher Sicht eine Position. Wie wird der Mensch hier gesehen?
- Inmitten einer Diskussion zur Gestaltung der Abitur-Feier stellt die Schulleiterin klar: „Das passt nicht zu unserem christlichen Menschenbild!" – Erörtern Sie, was im engeren Sinne unter „christliches Menschenbild" verstanden werden kann!
- In einer Stadtbibliothek soll eine Ausstellung mit dem Thema „Religionen in Kinderbüchern – Wie Kinderliteratur Religionen ins Spiel bringt" veranstaltet werden. Sie werden als „Experte für Religion" gebeten, diese Ausstellung einzuschätzen im Hinblick darauf, wie die Unterschiedlichkeit von Religionen zum Tragen kommt. Erstellen Sie einen Kriterien-Katalog unter Einbezug des Arbeitsblattes **M1**!
- Die CD-ROM „Religiopolis. Weltreligionen erleben" (2005) erhielt als Auszeichnung von „Öko-Test. Richtig gut leben" die Einschätzung „sehr gut". Überprüfen Sie diese Beurteilung, indem Sie anhand der CD-ROM nach dem Menschenbild in verschiedenen Religionen forschen. Inwieweit wird dieses Medium dem Anspruch seines Untertitels „Weltreligionen erleben" gerecht?

Im Rückblick auf den Halbjahreskurs „Anthropologie" schreiben die Sch. in Einzelarbeit (15 Min.) auf Kärtchen, was ihnen wichtig geworden ist: Erkenntnisse, Erfahrungen, Einschätzungen. Die beschrifteten Kärtchen werden sichtbar aufgehängt. Eventuelle Nachfragen sind möglich, allgemeine Diskussionen aber nicht. Ein Rückblick auf die erste(n) Stunde(n) im Vergleich zu dem auf den Kärtchen Stehenden kann in Frage stellen: Was hat sich verändert? Wer hat sich verändert? Warum? Wozu?

Am Ende des Anthropologiekurses sollte ein je eigener Schreibauftrag für die Sch. stehen:

- Wer bin ich?
- Was hält mich?
- Wozu muss ich STOP sagen?
- Wie halte ich es aus auf der Welt?
- Wie verhalte ich mich zu und in der Welt?

Vergleiche können hinken …

M1

„Häufig vergleicht man Einzelinhalte einer nicht-christlichen Religion mit christlichen und stellt eine besondere Nähe fest. So sieht man beispielsweise in der islamischen Vorstellung von Allah als dem einen Gott und Schöpfer eine große Übereinstimmung mit dem christlichen Schöpfungsglauben und postuliert eine besondere Nähe der drei „abrahamitischen Religionen" Judentum, Christentum und Islam zueinander.

Dagegen ist zweierlei einzuwenden:

- Die einzelnen christlichen Symbole und Lehren sind nicht aus ihrem Zusammenhang mit den anderen, d.h. aus dem Gefüge herauslösbar, in welchem sie ihre Bedeutung gewinnen. Zum vollen Verständnis von Gottes Schöpfungshandeln gehört sein erlösendes und vollendendes Wirken. Die christliche Anthropologie bleibt unvollständig, wenn der Mensch nur als Geschöpf Gottes, nicht aber als das Geschöpf verstanden wird, dem sich Gott in der besonderen Weise der Menschwerdung des Sohnes zuwenden wollte und welches er zu ewiger Gemeinschaft mit sich bestimmt hat.

- Der zweite Einwand gegen solche Vergleiche einzelner Lehren und Symbole und gegen manche Folgerungen einer besonderen Nähe christlicher und nicht-christlicher Symbole und Lehren lautet: Die christlichen Symbole und Lehren geben nicht primär objektive Sachverhalte wieder, sondern sie explizieren eine personale Beziehung: Es geht stets um die Person Christi, in der Gott als Ich den Menschen als Du anspricht und auf die hin das menschliche Ich dem göttlichen Du betend antwortet. Eine Person ist nicht nur Subjekt von Handlungen und Objekt von Widerfahrnissen, die als solche auch isoliert betrachtet, von ihr abgelöst und auf andere übertragen werden könnten. Vielmehr ist sie als solche unverwechselbar, unaustauschbar, unersetzlich. Die Person Christi stellt nicht selbst nur ein Symbol dar für die Ich-Du-Qualität der Beziehung zwischen Gott und Mensch, wie man dies von mythischen Götterfiguren sagen könnte. Christus ist vielmehr dieser besondere Jesus von Nazareth, den es nur einmal gegeben hat, der auferstanden und zum Grund dafür geworden ist, dass sich Christen von Gott mit Du angeredet wissen und ihn mit Du anreden. Die Personalität der Gottesbeziehung drückt die Bibel durch das Insistieren auf den „Namen" aus. Der Name ist eben nicht einfach eine austauschbare Vokabel. Er weist auf diese unverwechselbare Person und unterscheidet sie von anderen. Wenn für jedes christliche Symbol und jede christliche Lehre konstitutiv ist, dass sie die Ich-Du-Beziehung zwischen Christus und dem Christen expliziert, dann darf man die Bedeutung sekundärer semantischer Gemeinsamkeit zwischen christlichen und nicht-christlichen Symbolen und Lehren nicht überschätzen. Die „Grundthese des Christentums" lautet, „dass Jesus der Christus ist … Daraus folgt, dass das Christentum in der Begegnung mit anderen Religionen und Quasi-Religionen diejenigen Lehren verwerfen muß, die das christliche Prinzip unausgesprochen oder ausgesprochen verneinen" (Tillich V, 1964, 65).

Günter Rudolf Schmidt: Religionspädagogik. Ethos, Religiosität, Glaube in Sozialisation und Erziehung, Göttingen 1993, S. 161f.

C Lernerfolgsüberprüfungen

Klausur: Kriegslied (1779)

's ist Krieg! 's ist Krieg! O Gottes Engel wehre,
Und rede du darein!
's ist leider Krieg – und ich begehre
Nicht schuld daran zu sein!

Was sollt ich machen, wenn im Schlaf mit Grämen
Und blutig, bleich und blaß,
Die Geister der Erschlagnen zu mir kämen,
Und vor mir weinten, was?

Wenn wackre Männer, die sich Ehre suchten,
Verstümmelt und halb tot
Im Staub sich vor mir wälzten, und mir fluchten
In ihrer Todesnot?

Wenn tausend Väter, Mütter, Bräute,
So glücklich vor dem Krieg,
Nun alle elend, alle arme Leute,
Wehklagten über mich?

Wenn Hunger, böse Seuch und ihre Nöten
Freund, Freund und Feind ins Grab
Versammleten, und mir zu Ehren krähten
Von einer Leich herab?

Was hülf mir Kron und Land und Gold und Ehre?
Die könnten mich nicht freun!
's ist leider Krieg – und ich begehre
Nicht schuld daran zu sein!

Erstdruck im Vossischen
Musenalmanach für 1779, Hamburg 1778, S. 75.
Um eine Strophe gekürzte Endfassung im IV. Teil der
Sämmtlichen Werke, Breslau 1783, S. 143f.

– Interpretieren Sie dieses Gedicht unter anthropologischem Aspekt und Einbezug folgender Informationen:

- Matthias Claudius hat im zweiten Satz der ersten und letzten Strophe kein Komma gesetzt. Wenn man das Komma hinter „Nicht" setzt – wie es dem poetischen Mittel des Zeilensprungs entspricht – enthält der Satz eine andere Sinn-Nuance, als wenn das Komma hinter „begehre" gesetzt würde.
- Das „Kriegslied" veröffentlichte Matthias Claudius (1740-1815) im Jahr 1779 – als in seiner unmittelbaren Umgebung nirgends Krieg war. Mit dem ,,Kriegslied" hebt sich Claudius von einer Liedgattung jener Zeit ab, die nach dem Vorbild der Grenadierlieder die schreckliche Kriegsrealität ignorierten bzw. beschönigten.

– Erörtern Sie, welche Relevanz dieses „Kriegslied" im Hinblick auf heutige kriegerische Auseinandersetzungen haben kann!

– Gegenüber der Ethik wird oft der Vorwurf geäußert, sie käme mit ihren Argumenten angesichts der Realität zu spät. Das „Kriegslied" ist hier eine individuelle Antwort, die das Kriegsgeschehen in einen unmittelbaren Bezug zum individuellen Handeln setzt: Verheißene Ehre, die Verleihung einer Krone oder die Zuteilung von Land können nicht die Schmach ersetzen, Schuld am Kriegsgeschehen zu teilen. Nehmen Sie Stellung zu diesem Antwortversuch!

Vorschläge für Facharbeitsthemen

- Der Einfluss des Menschenbildes auf Alltagsentscheidungen. Darstellung und Beurteilung.
- Ethische Konflikte in Zusammenhang mit dem Beginn des Lebens (Abtreibung; Zeugungsunfähigkeit; Behinderung; Stammzellforschung)
- Menschlichkeit und „unmenschlich“ – Humanität und inhuman – begriffliche Klärungen in evangelischer Perspektive
- Die Beeinflussung des öffentlichen Menschenbildes im DDR-Sozialismus. Entwicklungen und Entscheidungen und die Stellungnahme der Evangelischen Kirchen

Mündliche Abiturprüfung

Foto: Reiner Andreas Neuschäfer, Erkelenz

René Descartes Einschätzung „cogito ergo sum“ wird in der Regel wiedergegeben mit der Übersetzung „Ich denke, also bin ich!“.

- Erörtern Sie Ähnlichkeiten und Unterschiede beider „Slogans“!
- Deuten Sie die Kaufhausfassaden-Aufschrift einer Kleinstadt in Thüringen unter Einbezug der auf dem Foto zu erkennenden Details sowie seines Gesamteindrucks (Aufbau; Was ist zu erkennen? Was nicht?)!
- Schätzen Sie den Zeitungskommentar „Ein Spruch? Einspruch!“ in christlich-anthropologischer Perspektive ein!

Ein Spruch? Einspruch!

„Ich kaufe, also bin ich!“ Eindrucksvoll leuchten die Worte von der Fassade des neuen Einkaufszentrums einer ehemaligen Thüringer Residenzstadt. Die Kunde, dass ich nur als Kunde Mensch bin, leuchtet mir allerdings gar nicht ein. Zwischen dem Hauptwort „Ich“ am Anfang und am Ende der Zeile ist nur noch Platz für das Kaufen. Doch was mir hier als Slogan verkauft wird, wage ich kaum auf der Zunge zergehen zu lassen: Ich bin, weil ich einkaufe? Mein Leben zeichnet sich dadurch aus, dass ich etwas erwerbe? Mein Dasein hat seinen Wert im Wechsel von Waren und Geld? Hängt mein Herz an Konsum und Kommerz?

Dass andere etwas an mir verdienen ist nicht das, was meinem Leben Sinn gibt, oder? Es macht aber auch keinen Sinn, nicht mehr einzukaufen. Mein Wert als Mensch und mein Erwerb von Sachen sind einfach zwei Paar Stiefel.

Ich bin auch ein Mensch und wertvoll, wenn ich nicht unentwegt darauf aus bin, etwas zu bekommen. Es ist durchaus menschlich, nicht immer etwas haben zu müssen. Oder etwas darstellen zu müssen. Oder etwas leisten zu müssen. Weder meine Leistungen machen meine Menschenwürde aus, noch meine Fehlleistungen. Sondern dass ich ein Geschöpf bin. Dass ich jemand bin, der einem anderen sein Dasein zu verdanken hat. Und dem ich sagen kann:

„Ich danke dir, dass ich wunderbar gemacht bin!“

(Psalm 139)

Weder meine Vorzüge machen mich als Menschen aus, noch meine Vorlieben. Sondern dass ich ein geliebter Mensch bin.

Ich lebe und bin auch deshalb, weil andere ihr Leben für mich auf's Spiel gesetzt haben.

Ich bin da und einmalig, weil zwei Menschen eins geworden waren.

Ich bin auf der Welt, weil Menschen mich aufgenommen haben: auf den Arm, in ihre Hände, in ihr Haus, an ihre Brust, in ihr Herz.

Ich verdanke mich, weil andere mich losgelassen haben, sich von mir getrennt haben, als nur die Nabelschnur die Verbindung hielt.

Ich erblickte das Licht der Welt, weil ein Mensch mich monatelang „ausgehalten“ hat und zuletzt sogar die schwersten Schmerzen ausgehalten hat.

Ich existiere, weil ich anderen nicht egal war und sie mich nicht links oder sonst wo liegen ließen, sondern ich ihnen am Herzen lag.

Ich habe überlebt, weil andere sich Sorgen gemacht haben, mich umsorgt haben.

Mir wurde das Leben gegönnt.
Ich gönne es gerne anderen!

Ich gönne es gerne den Kindern, die oft nur noch als Konsumenten oder Käufer gesehen werden. Und die nicht selten selbst von ihren Eltern nur noch als Belastung und Problem angesehen werden und nicht mehr als das, was sie sind: einmalige Geschöpfe, ein Geschenk des Lebens und der Liebe! Es lohnt sich, einem Kind dieses Signal zu geben: Ich habe Zeit für dich! Ich nehme dich ernst! Du darfst mir auf die Nerven gehen! Meine Liebe ist nicht davon abhängig, ob du mir etwas bringst oder sogar einbringst. Gerade in der unterrichtsfreien Zeit der Winterferien kann ein Kind diese Zeit, diese Zuneigung und diesen Zuspruch gut gebrauchen: Du darfst das sein, was du bist: ein geliebtes Kind!

Reiner Andreas Neuschäfer, 2008
In: http://blog.rpi-virtuell.net/index.php?op=ViewArticle&articleId=142&blogId=78 (9.11.2008)